FUJA DO ÓBVIO

25 ideias não convencionais para impulsionar sua marca

Nick Liddell e Richard Buchanan

FUJA DO ÓBVIO

25 ideias não convencionais para impulsionar sua marca

TRADUÇÃO
UBK Publishing House

ubook

Publicado mediante acordo com Kogan Page. Edição original do livro, *Wild Thinking: 25 Unconventional Ideas to Grow Your Brand and Your Business*, publicada por Kogan Page.

COPIDESQUE	Lohaine Vimercate
REVISÃO	Mariana Moura e Larissa Salomé
CAPA E PROJETO GRÁFICO	Bruno Santos
DIAGRAMAÇÃO	Abreu's System

Dados Internacionais de Catalogação na Publicação (CIP)
(Câmara Brasileira do Livro, SP, Brasil)

Liddell, Nick
Fuja do óbvio: 25 ideias não convencionais para impulsionar sua marca / Nick Liddell, Richard Buchanan; tradução UBK Publishing House. – Rio de Janeiro: Ubook Editora, 2020.

Título original: Wild thinking
ISBN 978-65-87549-74-3

1. Administração de empresas 2. Branding (Marketing) 3. Marca comercial 4. Marca comercial – Administração 5. Marca comercial – Marketing 6. Marketing – Administração 7. Sucesso nos negócios I. Buchanan, Richard. II. Título.

20-40450 CDD-658.827

Ubook Editora S.A
Av. das Américas, 500, Bloco 12, Salas 303/304,
Barra da Tijuca, Rio de Janeiro/RJ.
Cep.: 22.640-100
Tel.: (21) 3570-8150

Aos dedicados.

Sumário

Introdução

Que pessoa no trabalho é mais eficaz em sabotar sua marca?

Talvez seja você.

Este livro começou como uma série de perguntas para pessoas que são curiosas sobre maneiras diferentes de pensar o trabalho. Algumas dessas questões são deliberadamente provocativas, como a que acabamos de fazer. Algumas se destinam a incentivar a reflexão pessoal, enquanto outras são projetadas para serem discutidas em equipe. Todas as perguntas foram desenvolvidas com nossos amigos da The School of Life, uma organização global de filósofos, psicólogos, professores e terapeutas dedicados ao desenvolvimento da inteligência emocional. Há um método por trás da loucura.

Escolhemos 25 perguntas que exploram diferentes aspectos da vida e do trabalho e escrevemos um capítulo em torno de cada uma: por que é relevante, como outras pessoas tendem a pensar sobre o assunto e o que nós mesmos pensamos. Além disso, cada capítulo contém uma entrevista com uma pessoa inspiradora que encontramos durante nosso trabalho. Somos tremendamente privilegiados por termos trabalhado com algumas das mais interessantes instituições de caridade, organizações culturais e empresas do mundo e somos gratos pela honestidade e generosidade de todos os que concordaram em fazer parte deste livro. Cada capítulo termina com um "Território Compreensível e Defensável" — um ponto de vista único, acompanhado por uma ilustração que desenhamos para dar vida ao pensamento de cada capítulo.

Não há maneira certa ou errada de ler este livro. Suspeitamos que a maioria das pessoas que o pegarem irá ver as ilustrações no fim de cada capítulo. Se houver um título de capítulo ou uma ilustração ou um Território Compreensível e Defensável que chame a atenção particularmente, então esse é um bom lugar para começar. Você pode decidir ignorar nossos pontos de vista e focar nos pensamentos dos entrevistados. Também é uma ótima maneira de iniciar. Fizemos nosso melhor para encontrar uma variedade de pessoas e incluí-las neste livro, para que, quer seu interesse seja no setor sem fins lucrativos, nas artes, no esporte ou no empreendedorismo, haja alguém aqui para chamar sua atenção.

E, se você não estiver interessado nas ilustrações ou nos entrevistados ou nos Territórios Compreensíveis e Defensáveis, então reserve um momento para contemplar as duas primeiras frases desta introdução.

1
Quem ou o que é a nêmesis da sua marca?

Uma conversa com **John Allert**
Diretor de marketing
McLaren

Marty Neumeier é um grande fã de escolher batalhas. *Zag* é seu livro de receitas para fazer marcas radicalmente diferentes e, nele, Neumeier encoraja o leitor a "enfrentar o maior e mais bem-sucedido concorrente que encontrar". Não se trata de chutar areia na cara do grandalhão, trata-se de esclarecer quem você é definindo quem você odeia. Como diz Neumeier, "Davi não seria nada sem Golias".[1]

Adoramos uma história de "vira-lata": a Virgin ultrapassou a British Airways; a Ben & Jerry's está conquistando a cota de mercado da Häagen-Dazs; a Netflix está destruindo a Blockbuster. Contudo, por mais convincentes que essas histórias sejam, há um grande problema com a narrativa dos mais desfavorecidos nos negócios: cada Davi quer tornar-se um Golias, e cada Golias começou a vida como um Davi. Virgin, Amazon, Ben & Jerry's e Netflix eram todos vira-latas na memória recente. Agora, são os senhores das suas categorias. Eles podem reter o espírito desafiador de sua juventude, mas carregam bazucas em vez de estilingues.

A Apple é a epítome do vira-lata que se transformou em rei. Não importa o quão grande ela fique, o espírito de Steve Jobs parece ter incutido no negócio uma mentalidade desafiadora que inspira as pessoas que trabalham na empresa a se alçarem a alturas cada vez maiores de inovação e rentabilidade. Essa mentalidade é mais visível nas amargas rixas corporativas em que a Apple se envolveu ao longo dos anos. Em 2010, Steve Jobs prometeu uma resposta "termonuclear" à percepção de violação de propriedade intelectual pelo sistema operacional Android do Google.[2] Sua concorrência com a Nokia tem sido pontuada por disputas judiciais, que supostamente custaram à Apple centenas de milhões de dólares em honorários e acordos.[3,4] A Apple também ficou presa em uma ação judicial amarga e longa com a Samsung sobre qual empresa é dona do conceito de smartphones com cantos arredondados (sim!) — centenas de milhões de dólares também estão em jogo aí.[5] Parece que, em cada ponto de sua evolução, a Apple teve algum tipo de nêmesis a ser combatida. O agora icônico comercial do Super Bowl de 1984 foi claramente destinado a irritar a IBM, assim como o mantra "Think Different" ["Pense diferente", em tradução livre] - a IBM vinha usando o slogan "Think" ["Pense"] desde 1911 e registrou a palavra como marca em 1935 (catorze anos antes de registrar IBM). Como a IBM se voltou para consultoria e aplicações B2B, a Apple voltou sua atenção para a competição com a Microsoft e executou uma série de campanhas "Mac vs. PC". O Google é o mais recente negócio a entrar na mira do fogo e da fúria termonuclear característicos da Apple.

TODO HERÓI PRECISA DE UM VILÃO

Nessas rivalidades, a Apple se posicionou claramente no papel de herói. E todos os heróis precisam de um vilão. Há um número crescente de evidências que sugerem que a escolha do vilão certo pode tornar um negócio mais atraente para seus clientes. Um estudo de 2012 com usuários da Apple descobriu que, quanto mais eles se identificam com a marca, maior a alegria que sentem com relatos de infortúnios da Microsoft.[6] Isso nem sempre é uma coisa positiva. Um estudo de 2007 na Apple demonstrou que os usuários de Mac que se identificam com a marca não apenas se deliciam com os infortúnios de uma marca rival, eles se veem como diferentes e superiores aos usuários dessa "inimiga".[7] A rivalidade e o conflito claramente têm o potencial de engajar os clientes, mas essas rivalidades também podem ser divisórias e desumanas.

E quanto ao impacto da rivalidade em um negócio? Pesquisas acadêmicas sugerem que encontrar um vilão para vencer é uma ferramenta motivacional potencialmente poderosa para os gestores. Um estudo de 2010 sobre a psicologia da concorrência concluiu que a rivalidade entre empresas diminui a possibilidade de elas se tornarem presas da complacência.[8] No entanto, os autores do estudo também assinalam que esse tipo de motivação tem algumas desvantagens: pode levar a administração a dar prioridade aos concorrentes em detrimento da criação de valor para os acionistas ou clientes; desencorajar a administração de se envolver em uma cooperação intersetorial em áreas como sustentabilidade e responsabilidade empresarial; e encorajar uma mentalidade de "ganhar a todo custo", que resulta em um comportamento pouco ético ou em riscos excessivos.

A Uber é um estudo de caso de concorrência excessiva, tendo passado grande parte do ano de 2017 lidando com as consequências de seu envolvimento com esse exato tipo de comportamento. Em janeiro de 2017, a empresa pagou vinte milhões de dólares para resolver um inquérito federal nos Estados Unidos sobre alegações de que enganava os condutores sobre quanto ganhariam. Um mês depois, Susan Fowler publicou um blog sobre a atmosfera tóxica e misógina a que foi submetida durante seu tempo como engenheira da Uber. No mesmo mês, a marca de veículos autônomos do Google, Waymo, processou a Uber por "apropriação indevida" de sua tecnologia. O presidente da Uber pediu demissão em março, citando "inconsistência" com os valores da empresa. Em abril, a Uber foi exposta por desenvolver um programa chamado "Hell" para espionar a arquirrival Lyft e, em setembro, perdeu sua licença para operar em Londres devido à falta de responsabilidade corporativa.[9]

Assumir uma nêmesis pode ser um negócio arriscado. Isso tem o poder de inspirar colaboradores, bem como estabelecer uma marca diferente e desejável aos olhos dos clientes. Mas com o poder vem a responsabilidade: é importante escolher seu inimigo sabiamente para evitar as consequências "sombrias" de uma abordagem contraditória do trabalho.

Então, como se escolhe a nêmesis certa?

McLaren
Focando no inimigo certo

Poucos ambientes são mais competitivos do que a Fórmula 1, e poucas rivalidades são tão profundas e duradouras como a da McLaren com a Ferrari. Enzo Ferrari investiu toda sua paixão e conhecimento para construir uma equipe capaz de dominar um esporte criado para testar limites físicos, mentais e técnicos. A Ferrari é a realeza da Fórmula 1 — a única equipe do atual *grid* a ter participado da corrida inaugural da competição em 1950 — e, com dezesseis títulos de construtores e quinze títulos de pilotos, é a equipe mais condecorada da história.

A McLaren entrou na Fórmula 1 em 1966 com um objetivo simples: desafiar o domínio da Ferrari. Marty Neumeier teria aprovado a abordagem deles. A McLaren é o *zag* do *zig* da Ferrari. Enquanto a Ferrari é extrovertida, extravagante e expressiva, a McLaren é cautelosa, comedida e exata. A Ferrari se empolga, enquanto a McLaren simplesmente executa. Dois anos após seu lançamento, a McLaren terminou em segundo lugar, atrás da Ferrari, no campeonato dos construtores. Após dois anos, Bruce McLaren morreu tragicamente durante os testes. E, quatro anos depois disso, a equipe honrou sua memória com seu primeiro título de construtores, deixando a Ferrari em segundo lugar. As equipes têm lutado pela liderança desde então, competindo pelos pilotos e engenheiros mais talentosos da história, bem como pelos títulos de pilotos e construtores.

Visitamos o Centro de Tecnologia da McLaren para conhecer John Allert, diretor de marketing, e obter uma visão privilegiada de como uma empresa pode usar sua nêmesis para impulsionar o desempenho em um campo tão competitivo. A Ferrari é um tema óbvio para começar a conversa:

> **John Allert:** Se você fizer a pergunta "Quem é a nêmesis da marca McLaren?", a maioria das pessoas provavelmente dirá Ferrari. As duas principais indústrias em que operamos, a Fórmula 1 e os supercarros, contam com uma força de narrativa. Essa história chega ao clímax quando a Ferrari e a McLaren estão competindo uma contra a outra. *Star Wars* não é tão interessante apenas com Luke Skywalker, é preciso ter o Luke e o Darth Vader. Em ambas as indústrias você pode argumentar que somos o Darth Vader. Não somos o campeão popular. Somos um pouco mais sombrios, mas Darth Vader é um dos personagens mais populares de *Star Wars*.
>
> Acho que o outro papel que a disputa entre essas marcas desempenha é o de um mecanismo de sinalização para que pessoas de diferentes valores ou tipos de personalidade se identifiquem com uma marca ou outra. Ou você gosta do Luke Skywalker ou do Darth Vader. Marcas diferentes ressoam com mentalidades diferentes, e isso é uma coisa saudável.

Enquanto poucos diretores de marketing aceitariam uma comparação com Darth Vader, esse é um distintivo com o qual John Allert se sente inteiramente confortável. O Centro de Tecnologia da McLaren é a construção mais próxima de um covil de vilão de James Bond que você encontrará na vida real. Projetado pela famosa empresa de arquitetura Foster and Partners, é a quintessência da precisão de engenharia. É arrebatador e cavernoso, mas o design de acústica incrivelmente inteligente significa que os níveis de ruído mal excedem um sussurro silencioso. Não há brilho ou pompas, mas a sutileza é esmagadoramente impressionante. Nas palavras do *Architects' Journal*: "Está montado como um relógio suíço. Não é só o alinhamento das juntas, é que as juntas entre materiais têm exatamente a mesma largura." Como a personificação física da marca, o design do Centro de Tecnologia McLaren fala muito sobre a verdadeira nêmesis da organização, e não é a Ferrari:

> A maioria das pessoas diria que nosso maior adversário é a Ferrari. Mas nossa nêmesis, para mim, é uma força maior, e acho que é a mediocridade.
>
> Temos inimigos tradicionais: Ferrari, outras equipes de Fórmula 1, Aston Martin, outras marcas de carros, empresas de tecnologia. Mas nossa nêmesis — a coisa que mais nos preocupa — é nos decepcionar e não cumprir com a premissa da nossa marca com performances medíocres, erros, falhas, ou mesmo simplesmente fazer algo que é visto como mediano. Não suportamos mediocridade, e há todo tipo de pesos e contrapesos para tentar impedir que isso aconteça. O que tem a maior capacidade de nos derrotar não é a Ferrari, é a mediocridade.

Essa alergia à mediocridade é a verdadeira força motivadora por trás da marca e do seu sucesso. E isso explica o imenso cuidado e controle com que o Centro de Tecnologia McLaren é projetado. E é a qualidade que a McLaren procura na sua equipe.

> Atenção aos detalhes. Estrutura e articulação do pensamento. Um senso inato de ambição. Uma inquietação para tentar melhorar a si mesmo ou a equipe ou a organização em que se atua.

É claro que essas qualidades estão ligadas à cultura da McLaren. E nem todo mundo prospera ou se encaixa em um ambiente de trabalho tão forte e seguro. As avaliações dos ex e atuais empregados da empresa no Glassdoor revelam uma cultura muito específica — as pessoas amam ou odeiam e muitos parecem ter ambos os pontos de vista ao mesmo tempo. É descrita como "fantástica" e "empolgante" e "de vanguarda", mas também como "estressante", "agressiva" e "um pesadelo total". Ame-a ou odeie-a, o que está claro em nossas conversas é que a cultura de trabalho na McLaren é uma consequência direta das características de seu fundador.

> Isso veio de Bruce McLaren, que era um visionário, mas também, pelo o que dizem, pedante, hiperativo, altamente motivado e extraordinariamente determinado. Mesmo no início da empresa, como proprietário, chefe, designer-chefe, piloto e financiador da equipe, ele mesmo varria o chão todas as manhãs antes que alguém fosse autorizado a começar a trabalhar, e varria ao fim da noite, quando todos já tinham ido para casa. Então, quando Ron Dennis entrou na McLaren, em 1980, ele tinha essas mesmas características. E acrescentou à visão inicial de Bruce mais uma camada de inovação e um desejo de superar no dia seguinte qualquer coisa que tenha sido feita hoje.
>
> Isso exigiu certa mentalidade e certa dinâmica de equipe muito seletivas. Algumas pessoas foram atraídas para (ou repelidas por) esse tipo de cultura, antes mesmo que a cultura organizacional ou de marca se tornassem conhecidas, quanto mais discutidas ou celebradas. As pessoas que se adaptaram fizeram-no no longo prazo, e essa cultura, então, passou a se perpetuar por conta própria. Não havia hipótese de qualquer coisa acontecer de outra forma que não a ótima — quer fosse em design, construção, corridas, disciplina de equipe, apresentação de pessoas, uniformes, limpeza, padrões, ou o ambiente e a garagem. Essa cultura veio de Bruce em 1963, mas foi aperfeiçoada e desenvolvida por Ron Dennis a partir dos anos 1980.

A McLaren não é a única empresa no mundo a lutar pela otimização em tudo o que faz — treze das empresas do FTSE 100 listam a "excelência" como um valor. Mas a McLaren se destaca como uma das poucas organizações dispostas a lidar com as consequências positivas e negativas de assumir tal objetivo punitivo. Excelência não é algo de que se fale na McLaren. É algo que vem do esforço.

> Não gosto do conceito de ter a excelência como um valor. A excelência é um resultado. Temos valores como abertura, humildade, coragem.

Eles nos levam, eu espero, a esse tipo de resultado, mas pressupor isso como um resultado e afirmá-lo como um valor é, penso, um pouco arrogante e, possivelmente, até mesmo ilusório. Os valores têm o poder de levar você a resultados ótimos. Comemore esses valores e construa uma cultura que os manifeste e maximize suas chances de alcançá-lo. Declarar o resultado não é a maneira de consegui-lo.

Para além das questões culturais, a excelência é um objetivo problemático de ser atingido na prática. Por um lado, pode ser uma ambição extremamente cara. Poucas organizações têm recursos para investir em uma sede corporativa inspiradora, e os carros que a McLaren vende estão além das condições da maioria, menos da elite. As duas principais áreas de negócios da McLaren, Fórmula 1 e supercarros, são a própria definição do luxo. Mas nem todos os clientes exigem o melhor ou estão dispostos a pagar por isso. Nem todos os funcionários estão dispostos a sacrificar noites e fins de semana pelo trabalho. A teoria de inovação disruptiva de Clayton Christensen baseia-se na ideia de que a maioria das empresas acaba produzindo produtos ou serviços "sofisticados demais, caros demais e complicados demais para muitos clientes no seu mercado".[10] O papel dos inovadores disruptivos é enfraquecer e prejudicar essas empresas, desenvolvendo alternativas mais simples e baratas. A excelência pode ser uma meta aspiracional, mas nem sempre torna um negócio competitivo.

A mediocridade pode ser prática e lucrativa. E essa é uma questão confrontada até pela McLaren.

Um dos desafios que temos é fazer com que as pessoas parem de trabalhar, porque em algum momento as coisas precisam acontecer. Um carro de Fórmula 1 realmente precisa começar uma corrida, ou um supercarro realmente precisa ser vendido a um cliente. Onde você fica mais tentado pelas forças sombrias da mediocridade é exatamente onde você está tentando maximizar a margem. Vamos tomar a mercadoria como exemplo. Você terá fornecedores que podem encontrar maneiras de cortar custos ou diminuir a qualidade dos materiais porque "você vai se safar". É aí que você entra na zona cinzenta da tentação. Portanto, é importante ter pessoas suficientemente firmes para reconhecer essas situações quando acontecem e resistir a elas.

Há uma linha tênue entre ambição e arrogância que a marca McLaren segue cuidadosamente. As "forças das trevas da mediocridade" são onipresentes e, apesar da sua capacidade de engenharia, nem mesmo a McLaren consegue erradicar completamente a mediocridade. John Allert e seus colegas são ambiciosos, mas não são idealistas. A mediocridade é uma nêmesis digna, precisamente porque é uma ameaça existencial aos negócios — uma ameaça que nunca irá embora. A ambição da McLaren não é eliminar a mediocridade, mas geri-la. A humildade desempenha um papel vital na garantia de que uma ferramenta prática para a tomada de decisões não evolua para uma obsessão insalubre.

> Ao dizer que a mediocridade é nossa nêmesis, quero dizer que é o inimigo que mais tememos. Não é o que saímos para tentar matar e destruir. É o inimigo que tira nosso sono à noite e nos mantém honestos e fiéis ao que estamos tentando ser. E assim vem a necessidade de reconhecer que você nunca pode alcançar a perfeição. Tudo o que pode fazer é se certificar de que você está caminhando para a perfeição sem fim, mas nunca vai chegar lá. Portanto, isso traz consigo um grau de humildade, porque, mesmo quando se cria um supercarro extraordinário de um milhão de euros que todas as pessoas descrevem como perfeito, sabemos que nunca é perfeito, porque sabemos que, no dia seguinte ao seu lançamento, há outra coisa que poderíamos ter feito se tivéssemos tido aquele dia extra ou uma semana extra ou um mês extra.

Esse pragmatismo demonstra como uma nêmesis pode ser muito mais do que uma ferramenta motivacional. A alergia da McLaren à mediocridade não apenas demonstra sua cultura, ela está no centro da abordagem da resolução de problemas e design de processos assumida pela empresa.

Se, por exemplo, estragarmos um *pit stop*, faremos uma análise sobre o que ocorreu mal, ou se foi uma falha de equipamento, e nesse caso haverá uma análise sobre como e por que isso aconteceu, e que solução podemos encontrar; ou se foi um erro humano; ou um erro de processo. Essa mesma análise vai para a compreensão do processo que levou essa pessoa a cometer um erro, em vez de apenas culpar a pessoa. Não há nenhum ganho nisso. Se essa pessoa comete um erro repetidamente apesar de o processo ser fixo, é uma questão diferente, mas não há uma cultura de procurar aqueles que cometem erros e eliminá-los. Não é assim que trabalhamos.

Encorajamos as pessoas a encontrar qual é a fronteira ou o limite de possibilidade, e você não pode encontrar essa fronteira a menos que a ultrapasse em alguma ocasião. Nunca vamos culpar nossos pilotos por terem acelerado demais e batido, porque o que eles estão tentando fazer é encontrar a fronteira da fronteira. Sempre haverá mais respeito por um piloto que faz isso do que por um que pensamos que ainda tem um pouco de combustível que não está explorando.

Essa abordagem para a resolução de problemas tem aplicações muito além da Fórmula 1 e da produção de supercarros. Em 2004, a empresa lançou a McLaren Applied Technologies para aplicar sua filosofia de resolução de problemas em desafios cruciais em setores tão diversos como saúde, transporte e automotivo. O grupo está trabalhando com a GlaxoSmithKline para transformar a prestação de serviços de saúde e tem uma parceria com a Deloitte para criar produtos de negócios orientados por dados.

A filosofia dos ganhos marginais foi fundada na McLaren. Esses ganhos são o resultado dessa análise sobre como os resultados ideais podem ser alcançados. É a filosofia de como abordamos as coisas, que surgiu da nossa necessidade de otimizar na Fórmula 1 e depois no desenvolvimento de supercarros, e agora estamos usando essa filosofia em outras indústrias para trazer inovação.

O sucesso da McLaren Applied Technologies é a ilustração perfeita do poder de escolher o inimigo certo. Se a McLaren existisse puramente para desafiar a Ferrari, a organização focalizaria exclusivamente em desenvolver carros com desempenho cada vez maior. Sua adoção de uma nêmesis mais desafiadora e universal tem dado ao negócio uma fonte mais convincente de motivação, uma filosofia clara de resolução de problemas que tem lhe permitido aumentar sua influência muito além da estrada ou da pista. A nêmesis da McLaren é universal e deu à empresa um rumo claro para se estender por todos os aspectos da vida atormentados pela mediocridade.

Uma nêmesis não é o mesmo que um rival ou um inimigo. A rivalidade nos negócios pode ser uma enorme causa de distração, ela incentiva uma organização a olhar para os lados em vez de para a frente. A Ferrari não está nem perto de ser a maior ameaça ao futuro da McLaren — mudanças climáticas, inovação tecnológica, crescimento populacional e desigualdade de renda terão um papel muito mais poderoso no futuro da empresa. A mediocridade como nêmesis da McLaren mantém o negócio honesto e focado no que é mais importante. Garante que a empresa permaneça fiel ao *ethos* de seu fundador, ao mesmo tempo em que fornece um modelo para inovações futuras. Escolha seu inimigo com cuidado. Não é o rival que você mais quer derrotar. É o perigo oculto que ameaça a própria existência do seu negócio.

TERRITÓRIO
COMPREENSÍVEL
E DEFENSÁVEL

—

Uma nêmesis não é o rival que você mais quer derrotar. É o perigo oculto que ameaça a própria existência do seu negócio.

MEN
AGE

2

O QUE ACORDA SUA MARCA ÀS QUATRO DA MANHÃ?

Uma conversa com **David Benson**
Diretor global, líder em ideias e iniciativas em escala
GOOGLE

A paranoia pode ser uma coisa boa? É improvável que faça de você um excelente namorado ou namorada, mas alguns a veem como a marca registrada de um líder de negócios de primeira linha. Andy Grove era o maior incentivador corporativo da paranoia. Em 1996, ele escreveu o livro *Only the Paranoid Survive: How to exploit the crisis points that challenge every company and career* [*Só os paranoicos sobrevivem: como explorar os pontos de crise que desafiam qualquer empresa e carreira*, em tradução livre].[11] No ano seguinte, foi eleito o Homem do Ano pela revista *Time* — possivelmente devido ao sucesso de seu livro, mas talvez também porque era CEO e presidente da Intel. Ele foi o primeiro funcionário da empresa e supervisionou a transformação de um pequeno fabricante de chips de memória na sétima maior empresa do mundo, com um valor ligeiramente inferior a duzentos bilhões de dólares. O livro atraiu elogios públicos de pessoas como Peter Drucker e Steve Jobs, bem como resenhas brilhantes da *Forbes* e da *Harvard Business Review*.

O livro de Grove apresenta um caso claro e convincente de paranoia: o medo é sua receita contra a complacência corporativa. A ansiedade causada pelas mudanças reais ou possíveis que têm ocorrido no mundo encoraja a vigilância e melhora a probabilidade de que a transformação fundamental seja antecipada e correspondida: "O sucesso do negócio contém as sementes da sua própria destruição. O sucesso gera complacência. A complacência gera fracasso. Só os paranoicos sobrevivem."

Mas a utilidade do medo na tomada de decisões corporativas tem seus limites.

Além de paranoico, Grove foi um forte defensor do "confronto construtivo", em que os subordinados não devem se abster de dar más notícias ou discordar das grandes decisões tomadas pelos líderes da empresa. Essa forma interna de medo — que, em última análise, parece ser um medo de mudanças que limitam a carreira — é o "medo ruim". O medo bom é o medo do exterior, mudanças de paradigma nas motivações dos clientes, no ambiente competitivo, na regulação, na dinâmica dos fornecedores, na tecnologia e na economia. Essas forças têm o poder de matar uma organização ainda inebriada pelos sucessos passados. O medo é um motivador poderoso e sóbrio. Se o que desperta sua marca às quatro da manhã é o medo de uma ameaça externa, então Grove argumentaria que algumas horas de sono perdido são um pequeno preço a se pagar por uma paranoia saudável.

E SE SUA AVALIAÇÃO DAS AMEAÇAS EXTERNAS SE REVELAR ERRADA?

Somos notoriamente ruins em julgar mudanças. No mesmo ano em que Andy Grove escreveu seu livro, Bill Gates observou que: "Nós sempre superestimamos a mudança que ocorrerá nos próximos dois anos e subestimamos a mudança que ocorrerá nos próximos dez. Não se deixe levar pela inércia."[12] Parecemos ser particularmente falíveis quando se trata de julgar concorrentes. Um grande número de pesquisas acadêmicas demonstra que tendemos a superestimar os orçamentos de marketing e os níveis de agressividade dos concorrentes e, consequentemente, a reagir excessivamente a essas ameaças competitivas percebidas com grandes cortes de preços e orçamentos de marketing inflacionados. Quando as decisões se baseiam em uma avaliação paranoica de uma ameaça da concorrência percebida, é provável que elas estejam repletas de erros e mal-entendidos. É assim que as guerras de preços acontecem.

Um artigo acadêmico de 2011 sobre o impacto da raiva e do medo na tomada de decisões sugere que a intensidade do medo que sentimos é importante quando tomamos uma decisão relacionada ao trabalho.[13] Os autores constataram que o medo de alta intensidade leva a tomadas de decisão ineficazes e intuitivas. Então, se sua marca está acordando aterrorizada às quatro da manhã, pode ser melhor não agir até que a calma seja restaurada. É extremamente difícil tomar uma boa decisão quando se está assustado. A outra desvantagem que os autores observaram em situações de grande medo é que as pessoas tendem a priorizar a eficácia pessoal em detrimento da eficácia da tarefa; em outras palavras, quanto mais temeroso você estiver, mais chances terá de agir de forma egoísta.

Isso não deve ser surpreendente; o medo existe para nos ajudar a evitar situações de ameaça à vida. O problema em um contexto organizacional é que, quando um gerente ou um empregado é colocado em uma situação de grande medo, é inevitável que priorize sua própria sobrevivência, e não a da organização. Essa é uma má notícia para os fãs de Andy Grove: o "medo ruim" sempre triunfará sobre "medo bom", particularmente em uma organização onde o medo faz parte da cultura. Também vale a pena mencionar outra conclusão do artigo — que o medo moderado leva apenas a uma tomada de decisão racional moderadamente eficaz. Parece que estabelecer uma cultura de paranoia, mesmo que moderada, não vai ajudar os colaboradores a tomarem decisões melhores.

O estudo demonstra claramente que a paranoia existe em um espectro. No fim, somos consumidos pelos nossos medos, vemos ameaças potenciais em todo lugar, interpretamos mal as motivações dos outros e somos obrigados a agir para salvar a própria pele. No outro extremo do espectro da paranoia está a posição de vigilância sensível de Andy Grove. O truque é entender como promover a vigilância em uma cultura sem abrir as portas à paranoia.

Google
Como aprender a parar de se preocupar e ser pleno

Dependendo do seu ponto de vista, o trabalho de David Benson é garantir que as organizações pensem seriamente sobre o futuro ou se tornem paranoicas sobre suas chances de sobreviver na era digital. Ele é diretor de liderança em ideias e iniciativas em escala na Equipe de Aceleração de Marca Avançada do Google, responsável por ajudar os clientes a utilizar a inteligência para antecipar e moldar o futuro. Sua resposta à pergunta sobre o que deve manter seus clientes acordados às quatro da manhã é rápida e firme: "Estou evoluindo rápido o suficiente?"

> **David Benson:** Eu acho que há muitos elementos do comportamento humano que estão mudando, e agora eles estão mudando mais rápido do que as organizações e as marcas conseguem acompanhar. É uma loucura. Quando eu saí da universidade, você deveria começar em um emprego, aprender algumas coisas nos primeiros cinco anos, seguir uma carreira aplicando o que aprendeu nos vinte anos seguintes e, então, com sorte, você se tornaria um especialista. O que acontece agora é que aquilo que você aprendeu há três anos é mais difícil de ser aplicado. Há coisas novas com que tem que se preocupar. O ritmo de mudança é mais rápido do que o ritmo em que as organizações conseguem construir e aprender. Então, "Estou evoluindo rápido o suficiente?" é a pergunta que deve manter as marcas acordadas. Ela certamente me mantém acordado.

Evoluir rapidamente parece sexy, mas também parece bastante imprudente. O *ethos* do Facebook tem sido a causa de muitos de seus problemas, desde o escândalo da Cambridge Analytica, que começou em 2018, até a disseminação de *fake news* — sem mencionar um memorando de 2016 vazado por um vice-presidente do Facebook que sugeria que a crença da empresa em conectar "mais pessoas, com mais frequência" se estende aos terroristas.

Tais histórias encorajam a ideia de que "evoluir rápido o suficiente" deve ser associado a uma dose saudável de "parar para pensar no que está fazendo por tempo suficiente". Mas Benson tem uma alternativa mais ambiciosa: além da pergunta "Estou evoluindo rápido o suficiente?", as empresas também deveriam se perguntar: "Estou aprendendo rápido o suficiente?"

> Dados são o que permite que você evolua rapidamente. Se tudo o que você faz é evoluir rapidamente, mas indo na direção errada, você apenas se perde mais rápido, não é verdade? Se não consegue capturar seus dados, organizá-los e entender o que está acontecendo, então qualquer movimento que você faz é apenas um passeio na floresta.

Não é um choque ouvir alguém do Google falar sobre a importância da tomada de decisões baseada em dados, mas o que é chocante é ouvir sobre a facilidade e a frequência com que as empresas utilizam ou interpretam mal os dados que possuem. Um exemplo que frequentemente utilizamos é o de um cliente de tecnologia que desenvolveu e direcionou sua variedade de TVs *premium* para públicos de faixa etária mais avançada, porque seus dados indicavam que era o público com maior probabilidade de gastar mais em um aparelho de televisão. Intuitivamente, essa parece ser uma interpretação justa, dado que os rendimentos tendem a aumentar com a idade. No entanto, uma análise mais profunda dos dados revelou que, embora o público mais velho esteja relativamente mais propenso a comprar uma TV *premium*, em termos absolutos as TVs *premium* são mais compradas por consumidores mais jovens — eles podem ser menos abastados, mas compram TVs com mais frequência. Os mesmos dados levaram a duas conclusões, mas apenas uma delas conduziu à estratégia de inovação e de marketing certa.

Mesmo os analistas de dados "sofisticados" são falíveis. Byron Sharp tem sido descrito pelos fãs do marketing baseado em dados como "a melhor coisa feita pela Austrália desde Kylie Minogue". Ele é diretor do Ehrenberg-Bass Institute for Marketing Science, que visa "ser o lar do marketing baseado em evidências" e seu livro *How Brands Grow* [*Como as marcas* crescem, em tradução livre] usa dados, principalmente dos mercados de FMGC, para ilustrar sete regras para o crescimento de marca.[14]

Algumas das regras são extremamente banais ("seja notado", "assegure que a marca seja fácil de comprar", "seja competitivo"), mas sua grande popularidade pode ser explicada, pelo menos parcialmente, por CEOs e diretores de marketing paranoicos que se preocupam em saber se estão extraindo as conclusões certas dos seus dados.

Benson é menos confiante do que Sharp na sabedoria de usar dados de um número limitado de categorias para criar regras de marketing universal:

> Trata-se da cobertura da categoria. Acho que ainda há uma verdade nisso. Se você é a Mars e todo mundo come chocolate em algum momento, você quer alcançar a todos, exceto os diabéticos. Mas setenta por cento das pessoas neste edifício se deslocam com frequência, além de viverem em cidades, então o que uma marca de carro deveria estar dizendo a elas? Como você deve posicionar seu carro e sua marca para eles, e para que finalidade? De quem é o trabalho de formar esse ponto de vista?
>
> Se você olhar no Google Trends, verá que o interesse em aprender a dirigir vem caindo. Agora é metade do que era há dez anos. Se você olhar para os anúncios de carro, eles ainda são todos baseados na crença de que você quer ter um carro e gosta de dirigir. Mas está se tornando cada vez mais claro que estamos caminhando para um futuro elétrico e sem condutor. Acho que, ou existirão carros que as pessoas simplesmente compartilharão e solicitarão, e que chegarão sem problemas porque não têm condutor, ou será o contrário, as pessoas que vivem em regiões

afastadas vão dizer: "Isto é fantástico. Posso comprar um carro e ele me levará ao trabalho a 125 quilômetros por hora, cortando todos os outros carros, e ainda posso ler no caminho."

Ao contrário dos miojos ou biscoitos, a preferência por marcas de automóveis é construída muito antes da compra, por isso os comerciantes dessa indústria precisam correr para onde a bola está indo, em vez de ficarem obcecados pelo lugar onde ela está hoje. E isso requer uma capacidade de aprender rápido para ser capaz de antecipar o futuro.

Aprender rápido não é apenas uma questão de seguir as leis de marketing ou regras da categoria, especialmente se elas estiverem baseadas em dados emprestados de outras pessoas. Não existem atalhos para a tomada de decisões baseada em dados. Sem uma visão relevante de seu público, suas motivações, atitudes e preferências, você é um escravo do acaso. O problema é que a incapacidade de aprender rápido não impede as empresas de evoluírem rápido: quer se venda televisores, telefones ou papéis higiênicos, a inovação é um imperativo dos tempos modernos. Isso explica por que papéis higiênicos são impressos com quadros de *sudoku*, as televisões são curvas e uma década de inovação em smartphones culminou no emoji de um *stormtrooper* em realidade aumentada.

No momento, todos estão lançando telas dobráveis. Há uma grande suposição de que o consumidor — ou alguém — quer uma tela dobrável. Claramente, a questão é: "Qual é a próxima grande inovação ou característica de um smartphone que vai fazer com que as pessoas queiram comprar?" Vimos isso com televisões 3D: os ciclos de compra estão se abrandando. Temos que dar às pessoas outra razão para sair e comprar uma nova televisão. A suposição era de que as pessoas queriam outra característica ou um tipo diferente de experiência em sua televisão. Na verdade, só queremos uma boa imagem e um bom som, certo? Aquilo foi certamente um engano que todo o mercado de TV seguiu. A Samsung fez o mesmo com as telas curvas. Esse é outro exemplo de "Ei, vamos inventar algo em que mais ninguém esteja pensando". Tem a ver com fazer a pergunta errada versus comprometer-se com o que faz as pessoas ficarem insatisfeitas com o produto, que é: os pretos ainda parecem um pouco cinzentos, ou o aparelho não funciona bem em certas condições, ou eu quero uma tela maior e mais barata. Se essas são as verdades do seu mercado, você ainda precisa reconhecê-las.

O problema com telas dobráveis não é simplesmente mostrar que as empresas estão fazendo a pergunta errada sobre como crescer, é que elas estão fazendo a si mesmas apenas uma pergunta de cada vez. A estratégia tem e sempre terá o foco como resultado. Mas o processo pelo qual se deve passar para chegar a esse resultado é uma questão a ser debatida. Alguns acreditam que uma boa estratégia começa com a pergunta certa. Por exemplo, Clayton Christensen desenvolveu a ideia de "jobs to be done" (JTBD) ["trabalhos a serem terminados", em tradução livre] para focar os profissionais de marketing no problema oculto que eles estiverem resolvendo para o cliente.[15] O JTBD foi criado como uma resposta à ideia de que os profissionais de marketing estão tentando saber muito sobre seus clientes, a intenção é focar a atenção no que mais importa. Benson é da escola de pensamento oposta, quanto mais perguntas você faz, maior é sua capacidade de aprender, então por que se limitar a uma pergunta de cada vez?

Acho que aprender a fazer as perguntas certas é realmente importante, e as máquinas são muito melhores nisso do que nós. Elas não se distraem com sentimentos ou opiniões. Se você consegue obter um conjunto de dados grande o suficiente e vinculá-lo corretamente a algum tipo de resultado alcançável, pode colocar essa coisa para funcionar, e ela aparecerá e dirá: "Aqui estão as vinte coisas que encontramos, todas correlacionadas à melhoria nas vendas." Isso é tão, tão poderoso. Se você fosse uma companhia aérea, por exemplo, e estivesse tentando otimizar e preencher todos os assentos mais caros, você realmente saberia o que faz as pessoas comprarem as passagens a um preço mais elevado, além do programa de fidelização? Você realmente saberia o preço certo a ser colocado nos diferentes momentos do dia, de acordo com cada plataforma em que os clientes o procuram? O número de variantes é infinito. É muito difícil lidar com esse lado. Não estou dizendo que isso vale para todos os negócios, mas, para mim, é apenas mais uma vertente de inteligência. Por que você não iria querer isso ao lado das suas abordagens convencionais?

Nesse ponto da conversa, fomos lembrados de uma experiência que tivemos há alguns anos, quando um cliente nosso trabalhou com a plataforma de inteligência artificial (IA) Watson da IBM para entender quais aspectos de seu negócio deveriam ser melhorados para aumentar a margem de lucro e o crescimento. Todos os dados à disposição da empresa foram introduzidos na plataforma — dados de pesquisa, de clientes e dados financeiros no nível mais detalhado — e a Watson revelou um conjunto de áreas de alto impacto recomendadas para foco. Embora muitas das sugestões parecessem razoáveis para nós, a empresa as descartou, elas eram os meandros sem sentido de uma máquina irracional. Honestamente, não sabíamos dizer se a máquina era genuinamente infrutífera, ou se era inteligente demais para o próprio bem. De qualquer forma, o negócio tinha tão pouca fé na Watson, que nenhuma outra recomendação foi pesquisada ou seguida. Benson conhece bem esse tipo de reação à inteligência artificial:

> Você tem uma empresa que ainda está fixa em uma mentalidade binária: "Fazemos isto ou aquilo." Uma empresa que tivesse uma mentalidade mais descontraída diria: "A Watson apareceu com vinte ideias. Só temos a oportunidade de testar cinco delas. Vamos manter oitenta por cento do nosso negócio principal da maneira que está e vamos encontrar uma forma de testar essas cinco ideias." Na verdade, evoluir rápido o suficiente não significa correr em uma única direção. Significa aprender. Não apenas sobre os consumidores. Aprender sobre as diferentes maneiras de abordar os consumidores e as diferentes maneiras de abordar o mercado. Aprender sobre as formas como os consumidores estão utilizando o produto, ou não, por diferentes razões. Significa aprender maneiras diferentes de ampliar e usar os ativos.

A questão aqui não é que as máquinas vão dominar o mundo e nos impedir de pensar por nós mesmos. A questão é que o aprendizado informatizado nos dá a oportunidade de complementar uma maneira humana de pensar com um modo de pensamento diferente, e que unir essas duas abordagens resultará em um conjunto mais interessante de ideias e uma maior capacidade de aprender em ritmo acelerado. E, quanto mais depressa aprendermos, mais depressa e com mais confiança poderemos evoluir. Na mente de Benson, as organizações que podem aprender e evoluir rapidamente têm três características.

Primeiro, elas dispõem de uma plataforma que lhes permite aprender. Se você não conseguir coletar, armazenar e examinar os dados, o aprendizado acontecerá lentamente. Isso é o que Benson descreve como "canalização".

Em segundo lugar, elas desenvolvem processos e espaços físicos que proporcionam ambientes seguros para a experimentação. Afinal, a capacidade de aprender significa muito pouco, a menos que esteja aliada à capacidade de agir de acordo com os dados recolhidos.

> A pergunta "Estou evoluindo rápido o suficiente?" pressupõe que eu tenho uma empresa que vai agir de acordo com esse aprendizado, o que nem sempre é verdade. É preciso ter essa ligação entre aprendizagem e movimento. A aprendizagem adequada é sempre sustentada por dados de alguma maneira, forma e formato. Se você for capaz não só de filtrar, mas também de agir com base nesses dados, então conseguirá se otimizar muito melhor do que a concorrência. Você precisa ter uma organização que encoraje e valorize a aprendizagem e que tenha realmente desenvolvido um campo para jogar. Esse campo é um campo físico. Posso fazer uma campanha? Posso fazer testes de maneira prática?

Terceiro, elas estabelecem uma cultura sem medo — "bom" ou "ruim". A paranoia é o resultado da falta de informação ou percepção e não tem lugar em um ambiente de trabalho rico em dados e alimentado por feedbacks.

> O que você também precisa é daquele campo emocional: quando eu apareço em uma reunião e digo: "Ei, a Watson nos deu essas vinte ideias, elas são absurdas?" a resposta tem que ser: "Sim, elas são. O que vamos fazer com elas?", em vez de: "Por que você trouxe isto?" Trata-se de ter permissão para falhar de maneira responsável. Não é permissão para falhar com irresponsabilidade, porque isso nunca deve acontecer. Também significa que você não vai questionar tudo o que eu faço. Você não vai questionar minha sanidade ou dizer: "Pode me dar outra informação?" A certa altura, você só precisa dizer: "Cara, você é realmente esperto. Você tem seu escopo. Domina o que está fazendo. Agora tem permissão sobre esse domínio para sair e tentar algumas coisas. Se você acabar com uma série de falhas contínuas, então é claro que vou fazer perguntas. Se tiver três fracassos, mas um êxito incrível, vou me concentrar no seu êxito, e não no seu fracasso." Para mim, é disso que se trata a segurança psicológica. É saber que vou ser celebrado pelos meus sucessos e ter permissão para experimentar sem ser questionado constantemente. Acho que é o campo emocional que fica ao lado do campo físico.

O verdadeiro perigo que a paranoia representa para uma empresa é que ela se alimenta do sentimento de segurança psicológica necessário para aprender e evoluir em ritmo acelerado. No extremo, o medo é paralisante; em pequenas quantidades, ainda pode ser incapacitante. O caráter lúdico, por outro lado, é um dos instintos criativos mais poderosos à nossa disposição. Embora seja uma palavra que tendemos a associar à infância — e lutamos para associar aos negócios — é uma ferramenta essencial para a resolução de problemas sérios e um recurso subutilizado na maioria dos negócios. Carl Jung escreveu: "A criação de algo novo não é realizada pelo intelecto, mas pelo instinto lúdico." É por isso que o campo físico e emocional de Benson é tão importante para o crescimento e uma salvaguarda importante contra as tendências limitantes da paranoia e do medo: quando se trata de fazer um negócio crescer, o lúdico é mais poderoso do que a paranoia.

TERRITÓRIO
COMPREENSÍVEL
E DEFENSÁVEL

—

O caráter lúdico é mais poderoso do que a paranoia.

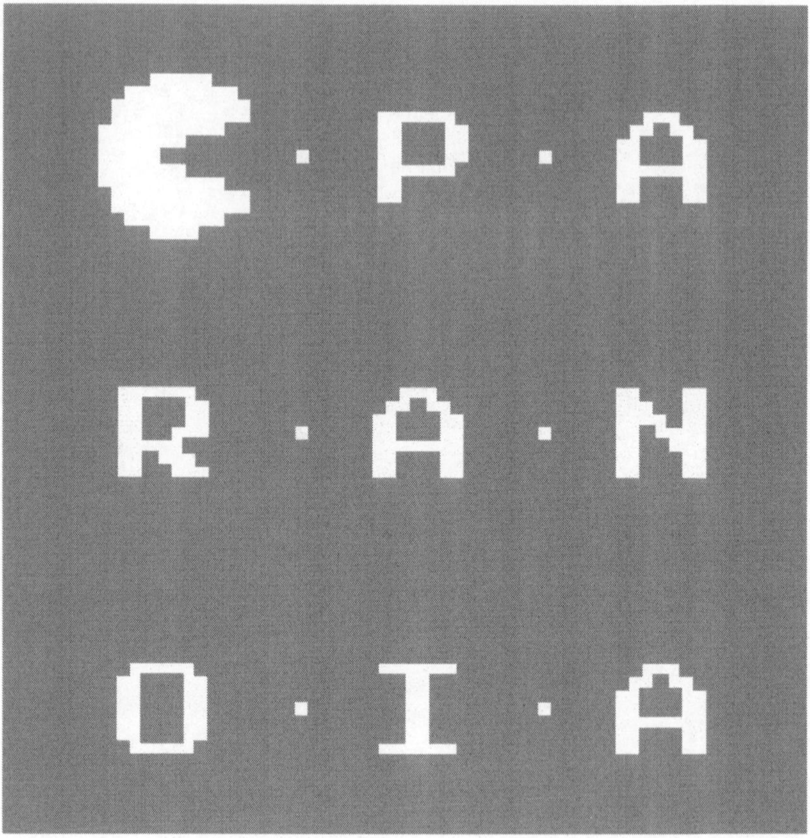

P · A
R · A · N
O · I · A

3

O SEU PAPEL É FAZER COM QUE AS PESSOAS QUEIRAM COISAS OU FAZER COISAS QUE AS PESSOAS QUEIRAM?

Uma conversa com **Jane Rosier**
Chefe de marketing
V&A

Dependendo do seu ponto de vista, ou Adam Smith é o avô do capitalismo do tipo "a ganância é boa" ou é o padrinho da responsabilidade social corporativa.

Do lado da ganância, Smith apresentou a "mão invisível" em seu livro *A riqueza das nações*, de 1776. A mão invisível é a força de mercado não observável que assegura que uma economia funcione para o bem de todos, mesmo (ou especialmente) quando as pessoas buscam os próprios interesses. A ideia da mão invisível é geralmente invocada quando os políticos de direita defendem a redução da intervenção estatal no livre mercado. É também o pressuposto implícito por trás da ideia de que o papel de uma empresa na sociedade é apelar para os interesses dos clientes da maneira mais eficaz e eficiente possível. Ao fazê-lo, as empresas não só maximizam os lucros, como também são orientadas para maximizar os empregos, o valor para os acionistas, o crescimento econômico e a satisfação na sociedade. No contexto da mão invisível, a pergunta no título do capítulo é estupidamente fácil de responder: faça coisas que as pessoas querem e, como resultado, todos ficarão felizes.

O problema é que, segundo Adam Smith, a mão invisível não é a única causa da riqueza de uma nação, e o papel do governo (ou do soberano) na sociedade não é simplesmente recuar e deixar que as forças de mercado façam sua mágica invisível. Na análise de Smith, o papel do governo é defender a sociedade, apoiar sua dignidade e administrar a justiça. Smith sugeriu ainda um último papel crucial: "Erguer e manter instituições e obras públicas, que, embora possam ser, em maior grau, vantajosas para uma sociedade grande, são, no entanto, de natureza tal que o lucro nunca poderá reembolsar as despesas de um indivíduo ou um pequeno número de indivíduos, e que, por conseguinte, não se pode esperar que um indivíduo ou um pequeno número de indivíduos erga ou mantenha."

Em outras palavras, o mercado livre não produziria alguns serviços que beneficiam a sociedade: educacionais (escolas públicas, faculdades e universidades), culturais (galerias, museus e emissoras públicas), estruturais (prefeituras, iluminação pública e internet) ou ambientais (parques públicos, cinturões verdes e reservas naturais). Em linguagem de economista, esses serviços são chamados de bens de mérito e bens públicos. Sua existência torna a resposta à pergunta do título muito menos simples do que pode parecer à primeira vista. Se as organizações se restringirem a fazer coisas que as pessoas querem (e o livre mercado avalia se elas estão dispostas a pagar por essas coisas), então a resultante escassez crônica de parques e biodiversidade, museus, arte e avanços na física teórica empobrecerão a sociedade.

A ASCENSÃO DO EMPURRÃOZINHO

O oposto dos bens públicos e dos bens de mérito é o bem de demérito — um produto ou serviço cujo consumo tem efeitos socialmente indesejáveis. Essas são coisas pelas quais pagamos, que consumimos de bom grado (muitas vezes em quantidades excessivas) e que podem nos fazer mal ao longo do tempo, como bebidas, hambúrgueres e jogos de azar. Essas também são áreas em que a pergunta do título se torna controversa. No caso de bebidas, hambúrgueres e jogos de azar, as empresas são frequentemente acusadas de fazer com que as pessoas queiram coisas de que não precisam. É justo salientar que esses negócios não estão colocando uma arma na cabeça de ninguém, muitos de nós consumimos álcool e hambúrgueres e jogamos porque queremos e escolhemos. Ser capaz de fazer o que é ruim para nós é uma parte fundamental de ser livre. No entanto, no nível social, o alcoolismo, a obesidade e a dependência do jogo são questões graves. Por outro lado, há algo de desconfortável na ideia de um Estado-babá decidir o que é "bom" e o que é "ruim" e encontrar formas de nos coagir em relação ao primeiro. Estamos presos entre a cruz e a espada: se as organizações só fazem o que as pessoas querem e estão dispostas a pagar, então a sociedade será reduzida por um excesso de bens de demérito e uma escassez de bens de mérito e bens públicos; se as pessoas são obrigadas a querer o que é bom para elas, no entanto, quem pode escolher? E quem decide onde fica a fronteira entre o interesse público e a liberdade privada?

Em 2008, os economistas comportamentais Richard Thaler e Cass Sunstein introduziram a ideia do empurrãozinho.[16] O empurrãozinho foi concebido para resolver o dilema descrito, essencialmente enganando as pessoas para que façam "boas" escolhas por vontade própria. No contexto do título deste capítulo, o encorajamento direto envolve fazer com que as pessoas queiram as coisas que você quer que elas queiram. O nome mais formal para isso é "arquitetura de escolha": organizar escolhas para que as pessoas gravitem em direção ao que é bom. Exemplos de encorajamentos positivos incluem tornar visíveis os alimentos mais saudáveis nos refeitórios e nas prateleiras dos supermercados, introduzir esquemas de doação de órgãos que as pessoas tenham que escolher não participar e pintar moscas nos mictórios públicos para impedir que os homens urinem no chão.[17] Thaler e Sunstein se consideram paternalistas libertários — as pessoas estão sempre livres para escolher o que quiserem, mas essas escolhas foram apresentadas de forma que o livre-arbítrio mais provavelmente conduza a um resultado socialmente desejável.

Desde então, as organizações abraçaram a ideia do encorajamento positivo como uma forma de influenciar clientes e colaboradores. Agora somos bombardeados por empurrõezinhos a cada esquina: toda vez que um site indica uma escolha "mais popular" ou que "usuários como você também compraram"; ou toda vez que o preço de um item é comparado a uma alternativa muito mais cara (ou "âncora numérica"). Como empregados, estamos na permanente fase de empurrõezinhos. A Virgin Atlantic incentiva os pilotos a usarem menos combustível; a GM inscreve automaticamente candidatas do sexo feminino no Mulheres GM, um esquema de mentoria e rede social; o Departamento e Gabinete do Primeiro-Ministro da Nova Gales do Sul distribui prêmios às equipes que se deslocam fora dos períodos de pico para incentivar a flexibilidade de horário. O empurrãozinho se tornou um aspecto popular e dominante da vida moderna, influenciando a forma como comemos, trabalhamos e até mesmo urinamos. É difícil não colocar a popularidade do empurrãozinho na marca de sucesso. Ele parece gentil e amigável. "Arquitetura de escolha" parece algo inteligente e construtivo. Um rótulo mais honesto, como "manipulação em massa do comportamento subconsciente", poderia não ter sido tão eficaz.

QUANDO O EMPURRÃOZINHO FORÇA A BARRA

Nem todos os empurrõezinhos são gentis e amigáveis. Em abril de 2017, o *The New York Times* publicou um artigo de Noam Scheiber sobre o uso da teoria do encorajamento direto da Uber para induzir os motoristas a trabalharem cada vez mais.[18] Os encorajamentos positivos "obscuros" incluíam gestores do sexo masculino que utilizavam personalidades femininas para se comunicar com os condutores para aumentar o envolvimento deles, bem como telas de *logout* informando aos condutores que estavam a apenas alguns dólares de distância de atingir um objetivo (arbitrário) antes de confirmar se preferiam ou não continuar dirigindo. A Uber não é a única a empregar encorajamentos positivos e negativos; o Ministério do Interior do Reino Unido foi exposto no escândalo Windrush, em 2018, por instigar uma política de "ambiente hostil" como uma forma não oficial de desencorajar a imigração. As casas de apostas britânicas frequentemente anunciam apostas complexas que lhes dão margens mais elevadas.

A verdade é que, inerentemente, não há nada de moralmente benigno em um empurrãozinho, é um meio de exploração subconsciente que pode ser usado para fins "bons" ou "ruins". E "paternalista libertário" é uma contradição em termos, como demonstrado pelo economista Kenneth Arrow, ganhador do Prêmio Nobel, em seu livro *Social Choice and Individual Values* [*Escolha social e valores individuais*, em tradução livre], de 1951.[19] Podemos optar por ser libertários ou paternalistas, mas não podemos priorizar ambos ao mesmo tempo de forma coerente, pois, em algum momento, os dois entrarão em conflito. Isso significa que o título deste capítulo é uma pergunta de resposta mutuamente excludente. Ou você faz com que as pessoas queiram coisas, ou faz coisas que as pessoas queiram. Você pode achar que, na maior parte do tempo, é possível alcançar os dois objetivos simultaneamente, mas, em algum momento, você terá que escolher a qual lado pertence: moldar desejos ou simplesmente responder a eles.

Victoria and Albert Museum (V&A)
Empurrõezinhos não são necessários

Essa é uma questão particularmente complicada para um museu. O V&A é o maior museu de arte e design do mundo, com objetos que abrangem cinco mil anos de criação humana. Sua missão é "ser reconhecido como o principal museu de arte, design e performance do mundo e enriquecer a vida das pessoas, promovendo a pesquisa, o conhecimento e a diversão do mundo do design para o maior número possível de pessoas". Consequentemente, o museu é puxado em duas direções opostas: por um lado, tem a responsabilidade de fazer com que (ou encorajar) um público o mais amplo possível a se interessar por arte e design; por outro lado, seu objetivo de influenciar um público o mais amplo possível baseia-se na capacidade de se comunicar de uma forma que interesse para a maioria das pessoas. Esse truque de seguir e liderar simultaneamente recai, em parte, para Jane Rosier, diretora de marketing do V&A. Ela descreve seu dilema:

> **Jane Rosier:** Se não formos receptivos ao que nosso público potencial quer, então nós (ou qualquer museu) não sobreviveremos ou não conseguiremos sobreviver porque nos tornaremos obsoletos e irrelevantes. Da mesma forma, há pessoas que nos procuram para ter uma autoridade e um ponto de vista e para construir narrativa e estrutura em torno das coleções que temos. Se não fizermos isso, então não funcionaremos e também não sobreviveremos. Temos que deixar espaço para esse intervalo, em que estamos sendo generosos com nosso conhecimento e abertos com nosso ponto de vista, mas também queremos que você nos diga seu ponto de vista. O que você acrescenta à história que estamos contando aqui?

O primeiro trabalho de Rosier é, antes de tudo, garantir que as pessoas estejam preparadas para visitar o museu. Em dezembro de 2001, museus e galerias em todo o Reino Unido aboliram o valor do ingresso como parte de um plano governamental para ampliar o acesso à cultura e ao patrimônio da nação. O número de visitantes do V&A é muito saudável — cerca de 3,5 milhões de pessoas por ano — mas ainda há muito espaço para crescimento em uma cidade com mais de oito milhões de habitantes que atrai cerca de vinte milhões de visitantes internacionais por ano.

Há alguns anos, fizemos algumas pesquisas e visitas entre os que não iam ao museu e havia muitos que ainda não entendiam muito bem o que era o V&A ou o que tínhamos lá dentro. Nas visitas guiadas, o que impressionou as pessoas foi o quão extraordinário era o edifício, quantos estilos diferentes de arquitetura havia nele, como alguns espaços são incrivelmente leves e arejados enquanto outros são aconchegantes e íntimos. Percebemos que deveríamos tentar comunicar um pouco mais o sentido da experiência e como é estar aqui. Fizemos toda uma campanha que mostrava os espaços no edifício, o jardim, a grande entrada e as galerias medievais e renascentistas. Mostramos pessoas nos espaços — pessoas reais — para transmitir um pouco da emoção de estar no edifício. Essa campanha foi um enorme sucesso para nós e gerou cem mil visitantes a mais por ano.

Para Rosier, qualquer visita ao V&A é igualmente valiosa, desde que as pessoas se sintam bem-vindas, apreciem a visita e se sintam motivadas a voltar. Uma vez ultrapassada a porta de entrada, a variedade de coleções do museu e a diversidade das exposições fazem com que seja provável que as pessoas encontrem algo de que gostem, intencionalmente ou não.

Acho que qualquer pessoa deve poder ir a um museu ou galeria e desfrutar dessa visita no nível que quiser. Se você tiver uma ideia fixa do que quer ver, tudo bem. Da mesma forma, se vier pensando: "Não sei bem o que quero ver. Estou feliz em passear", você pode tropeçar na galeria das obras em metal e pensar: "Uau, que legal. Gostei muito. Não sabia que estava interessado nisso, mas na verdade estou." Por um lado, pode-se dizer que parece não ter sido forçado. Não estamos dizendo conscientemente: "Venha por aqui, venha para a galeria de obras em metal, porque achamos que é muito importante que veja isto", mas apenas pela própria natureza das coleções que temos e pela forma como as galerias estão organizadas, há uma boa hipótese de que, se você vier aqui procurando uma coisa, também encontrará outra.

É claro que há um limite para o quanto você consegue ditar ou dirigir uma experiência quando ocupa um espaço tão vasto e variado e tem uma coleção tão ampla e maravilhosa de objetos. Os organizadores e curadores do V&A podem tentar influenciar os visitantes a experimentar o museu de certa maneira, mas não há garantia de que qualquer um de seus empurrõezinhos funcionará. Em vez de se frustrarem, isso é algo que Rosier e seus colegas aceitam. Uma grande experiência de museu não deve ser uniforme ou previsível, mas pessoal e significativa. E deixar margem para interpretação é absolutamente imprescindível.

> Podemos ter uma narrativa ou uma história que queremos contar em torno de uma determinada exposição ou conjunto de objetos, mas temos que deixar espaço para o visitante adicionar a própria narrativa e conhecimento. Há histórias que nossos colegas curadores vão querer contar porque sentem que são importantes — a história de determinado design, objeto, movimento ou material. Nosso objetivo é apresentar essa história de uma forma envolvente que faça as pessoas pensarem: "Meu Deus, eu não sabia disso" ou, talvez: "Eu sabia um pouco sobre isso, mas agora meu conhecimento aumentou." Mas sempre queremos que as pessoas também consigam acrescentar as próprias experiências ou pontos de referência a essa história. Este é o luxo que temos no nosso mundo: podemos fazer as duas coisas. Podemos contar uma história que queremos contar, mas ainda assim deixar espaço para o visitante navegar nessa história e acrescentar mais a ela.

Muitas organizações ficam desconfortáveis com a ideia de que grande parte da maneira como as pessoas as experimentam está aberta ao acaso. O objetivo de projetar experiências de uso e "empurrar" as pessoas para certos tipos de comportamento é controlar tanto quanto possível e deixar pouco espaço para a aleatoriedade ou o acaso. Empresas de seguros, varejistas e hotéis se esforçam consistentemente para oferecer experiências de alta qualidade. No caso do V&A, a imprevisibilidade é importante para possibilitar a experiência e é algo que Rosier gosta tanto quanto os visitantes:

> Em 2017, fizemos uma exposição sobre compensados. De cara, você provavelmente pensaria que não é uma proposta muito convincente. Mas foi absolutamente fantástico. Recebeu duzentos mil visitantes, porque o curador contou uma história extraordinária sobre compensados que a maioria de nós não conhecia. Você sabia que o avião mais rápido da Segunda Guerra Mundial era feito de compensado? De repente, esse material inócuo, que as pessoas pensam ser para bricolagem ou painéis, renasceu. As pessoas não se cansavam do compensado.

O V&A não podia ter previsto a popularidade de uma exposição sobre compensados. Essa capacidade de surpreender parece escassa, dado o quanto de nossas vidas é agora passado em um espaço digital onde os algoritmos são concebidos para nos direcionar para produtos, serviços e experiências que se encaixam confortavelmente em padrões de comportamentos passados. Não é possível haver tanta filtragem em um espaço físico, particularmente em um espaço tão grande quanto o V&A. Alexander McQueen costumava visitar o museu quando era estudante de moda e falava sobre como seria maravilhoso ficar trancado lá durante a noite. Seu trabalho foi inspirado na variedade das coleções do museu. Surpresa e acaso são aspectos centrais da experiência do V&A.

> No nosso mundo, é a surpresa, o deleite e o acaso que podem levar às coisas mais interessantes e inesperadas. Quem diria que uma exposição sobre compensado seria um sucesso certeiro? E foi. Foi uma surpresa. Aliás, uma surpresa adorável. Não é divertido e interessante encorajar as pessoas a ver algo extraordinário no comum?

Claro que o papel do V&A é fazer com que as pessoas queiram coisas. Eles querem que nos preocupemos com o design e a criatividade de uma forma que não conseguiríamos se ficássemos por conta própria. E, se formos honestos, é o papel da maioria dos profissionais de marketing e da maioria das pessoas responsáveis pelas organizações tornar seus produtos ou serviços desejáveis para o público mais amplo possível. Inevitavelmente, isso envolve um pouco de atenção e liderança.

Parte da emboscada de um empurrãozinho é a ideia de que as organizações públicas e privadas podem invadir o funcionamento interno das mentes individuais para criar resultados previsíveis. Mas o que é maravilhoso sobre o exemplo do V&A é a maneira como a imprevisibilidade dos resultados e o acaso são abraçados como parte daquilo que torna a marca e a experiência das pessoas tão atraentes, tão pessoais e tão significativas. Não importa se sua organização existe para fazer com que as pessoas queiram coisas ou fazer coisas que elas queiram, é a capacidade de surpreender — de agradar de formas inimagináveis ou imprevisíveis — que é a verdadeira medida de uma experiência valiosa.

TERRITÓRIO
COMPREENSÍVEL
E DEFENSÁVEL

—

O elemento surpresa pode tornar sua marca extraordinária.

4

Você pode escolher entre ter uma cultura excepcional e uma estratégia brilhante. Qual você prefere?

Uma conversa com **Kate Tarry**
Diretora de marca e marketing
SOUTHAMPTON FC

Em 2018, a empresa de pesquisa executiva Heidrick & Struggles pediu a onze mil executivos que se colocassem em um espectro que ia desde acreditar que "a estratégia é a principal fonte de vantagem competitiva", em um extremo, até crer que "a cultura corporativa é a principal fonte de vantagem competitiva", no outro. Sem surpresa, a maioria das respostas ficou em algum lugar no meio; para a maioria dos executivos, compreensivelmente, uma combinação de estratégia e cultura é um pré-requisito para o sucesso.

E, ainda mais interessante, o padrão de respostas revelou que os executivos mais seniores tendem a enfatizar a cultura, enquanto os executivos juniores se inclinam para a estratégia. Os pesquisadores levantam a hipótese de que os CEOs e gerentes do alto escalão têm uma maior capacidade de moldar a cultura — e, consequentemente, de valorizá-la como uma ferramenta — do que os gerentes médios, que têm uma voz clara no processo de planejamento estratégico e controle mais direto sobre os funcionários.

Suspeitamos que o oposto pode ser verdade.

Embora a estratégia deva ser endossada pelo nível mais alto de uma organização, a cultura não precisa ser entregue pela gerência; na ausência de uma liderança forte, ela inevitavelmente surgirá espontaneamente na base. Quanto mais alto você chegar em uma organização, mais a gestão estará afastada da sua realidade cultural. A resposta à pesquisa da Heidrick & Struggles sugere que os CEOs e seus colegas do alto escalão estão muito conscientes desse potencial de desprendimento cultural. Alguns têm o cuidado de mitigar seu nível de distanciamento dos funcionários mais abaixo na hierarquia. Por exemplo, a Hewlett Packard (HP) implementou uma política de portas abertas para garantir que as questões culturais sejam levantadas e discutidas abertamente antes que se tornem problemas críticos de negócios.

A CULTURA COMO PROCESSO

Alguns líderes preferem a proximidade a abrir portas. Quando Chip Bergh assumiu o cargo de CEO da Levi Strauss & Co em setembro de 2011, ele embarcou em um tour de escuta pela empresa, passando uma hora com cada um dos sessenta principais executivos para entender a cultura da empresa, discutir o que precisava mudar e compreender o que precisava ser mantido. O que ele descobriu foi que poucas pessoas conseguiam articular os projetos em que estavam trabalhando à estratégia global da empresa. Ele também realizou uma série de reuniões com funcionários e descobriu que três quartos da base estavam alegremente inconscientes do baixo desempenho da empresa (as vendas de 2011 caíram para 4,6 bilhões de dólares, menos da metade do pico da empresa em 1997). Uma falta cultural de um sentido de urgência estava exacerbando claramente o fraco desempenho dos negócios. A experiência dele mostra que os colaboradores podem facilmente se distanciar da estratégia da empresa, mas a atitude em relação ao trabalho é inevitavelmente moldada na cultura.

A solução de Bergh foi substituir nove de seus onze relatórios diretos e articular uma estratégia de quatro partes para transformar a Levi Strauss & Co em uma varejista *omnichannel* (com estratégia de conteúdo multicanal) em crescimento e lucrativa. Segundo ele, a mudança cultural foi a parte mais desafiadora da volta por cima: "É muito difícil mudar uma cultura. Quando uma empresa está em declínio há dez anos, algo perverso acontece com a cultura. Passei muito tempo com minha equipe executiva e com os principais líderes da empresa em todo o mundo para moldar os comportamentos e as expectativas que definem uma cultura de alto desempenho. Tudo começa com ter as pessoas certas e liberá-las para enfrentar alguns dos maiores desafios. Nós nos tornamos mais focados nos clientes e consumidores em geral, na vitória, no trabalho em equipe e na ideia de que o desempenho é realmente importante. No entanto, mesmo agora que estamos crescendo novamente, a cultura demorou a mudar. Em comparação com a nitidez e clareza da estratégia de negócios em quatro partes, a abordagem de Bergh à cultura é ampla e consensual. A estratégia é um produto, enquanto a cultura é um processo.[20]

PASSE UM TEMPO NA BASE

Para Jamie Dimon, chefe do JP Morgan Chase, o processo de formação da cultura é interminável. Todos os anos ele organiza uma visita com o "ônibus da escuta" à base da sua organização — filiais regionais, centros de atendimento e centros de operações. O passeio envolve uma série de reuniões e um convite para que as pessoas da linha de frente da organização subam a bordo do ônibus para tomar uma cerveja e conversar sobre sua franca avaliação do negócio e seus relacionamentos — com imunidade garantida pelo próprio CEO. A excursão é demorada, mas vale a pena. As melhorias sugeridas pelos funcionários da linha de frente são usadas para direcionar a inovação. Além disso, a turnê assumiu um grande valor simbólico: se o CEO da empresa está preparado para passar o verão ouvindo os clientes e a base do negócio, não há desculpas para os gerentes de hierarquia inferior não seguirem o exemplo. A turnê também dá a Jamie Dimon um senso vital do contexto da cultura para a definição de estratégias. Sem esse contexto, o processo de planejamento estratégico pode se tornar superintelectualizado e obsessivamente focado em metas específicas. Gastar tempo na base assegura que a estratégia se firme em uma compreensão profunda da cultura e dos aspectos práticos do negócio em todos os níveis.

COMPREENDER A MOTIVAÇÃO DO CLIENTE

Há um ditado popular nos círculos de gestão que diz que "a cultura come a estratégia no café da manhã".[21] Para muitos de nós, isso não soa verdadeiro. Naturalmente, ambas são necessárias para o sucesso de um negócio, mas desempenham papéis complementares. Para continuar com a analogia do café da manhã, a estratégia define o que está no cardápio. De todas as opções possíveis no mundo, o que está sendo servido e por quê? É saudável? Há alguma opção vegetariana? Conceber um cardápio — assim como conceber uma estratégia — requer uma compreensão profunda do cliente e das suas motivações. A cultura, por outro lado, define as condições em que esse cardápio será servido. Quão eficaz é a comunicação entre a equipe que está servindo e a que está preparando a comida? Eles priorizam a velocidade do serviço em detrimento da simpatia? Os funcionários são encorajados a aderir a um conjunto rigoroso de orientações comportamentais ou a deixar transparecer sua personalidade? Se estratégia é sobre substância, então cultura é sobre estilo — e estilo importa tanto quanto substância. Ela afeta materialmente a qualidade da maneira como vivenciamos uma organização — como colaboradores e como clientes. A cultura não come a estratégia no café da manhã, seria mais verdadeiro dizer que a cultura serve a estratégia no café da manhã.

Os exemplos da JP Morgan Chase e da Levi Strauss & Co demonstram que, embora a estratégia possa ser entregue pelo topo de uma organização, a cultura é necessariamente o resultado de um diálogo contínuo entre a liderança e as comunidades de colaboradores e clientes que criam valor para o negócio. A chave para uma cultura excepcional é aprender a participar desse diálogo da forma mais positiva e produtiva possível.

Southampton Football Club
Desenvolvimento de estratégias como forma de engajamento cultural

Há um ditado no futebol que diz que é fácil cantar quando se está ganhando. E, nos últimos anos, os fãs do Southampton FC tiveram muitas razões para cantar. O time é o nono clube mais antigo da Premier League — um dos ambientes competitivos mais proeminentes, intensos e implacáveis do planeta. Desde 2013, eles terminaram na média, mais do que respeitável, de nono lugar na Liga, chegaram a duas finais da Copa da Inglaterra e enviaram quatro jogadores para a Copa do Mundo de 2018 na Rússia. O tetracampeão da Liga dos Campeões da UEFA, Gareth Bale, credita ao clube o lançamento da sua carreira. Coisas bem impressionantes.

Mas a temporada 2017/2018 foi estranhamente difícil. O clube terminou em 17º lugar — uma posição e uma vitória acima da zona de rebaixamento —, tendo perdido dezesseis jogos, empatado quinze e vencido apenas sete. É difícil explicar o impacto devastador que o rebaixamento na Premier League pode ter em um clube, mesmo levando em conta os "pagamentos paraquedas" destinados a atenuar o golpe. Quando o Southampton jogou a penúltima partida crucial da temporada contra o Swansea City, a imprensa estimou que mais de cem milhões de dólares estavam em jogo. O Southampton venceu por uma pequena diferença de gols — um gol solitário que efetivamente rebaixou o Swansea e preservou a posição do Southampton na primeira divisão.

A questão não é viver um momento doloroso na história do clube, mas é impossível enfrentar uma situação tão terrível sem aprender um pouco sobre sua cultura. Muitas organizações gostam de falar sobre o quão grande é sua cultura, mas poucas são postas à prova. Conversamos com Kate Tarry, diretora de marca e marketing do Southampton FC, sobre como a história recente do clube influenciou tanto a cultura quanto o desenvolvimento de estratégias.

> **Kate Tarry:** A equipe realmente se preocupa com o sucesso do clube, assim como nossos torcedores apaixonados. Quando não estamos conquistando o que deveríamos, os fãs verbalizam justamente. Isso é difícil para as pessoas na linha de frente: as equipes de ingressos, varejo, relações com torcedores e de redes sociais realmente sentem a frustração dos fãs. E, quando isso acontece semana sim, semana não, é essencial manter uma cultura forte, a fim de manter todos motivados e progredindo. Fiquei muito impressionada com a forma como as pessoas lidavam com a situação e simplesmente continuavam trabalhando. Ter as pessoas certas no negócio foi fundamental, e os valores que sustentam nossa cultura são um aspecto crucial do processo de recrutamento. Existem questões específicas de recrutamento em torno dos nossos cinco valores fundamentais.
>
> Respeito, união, responsabilidade, ambição e criatividade — assegurando que todos os funcionários do clube sigam na mesma direção.

Seria compreensível que o clube quisesse seguir em frente o mais rapidamente possível a partir de uma experiência tão angustiante — considerar a temporada como uma exceção e continuar como antes. Mas esse não é o estilo do Southampton FC. O propósito do clube é "Transformar potencial em excelência", e não está em seu DNA deixar passar uma oportunidade de aprender e melhorar. Embora o objetivo esteja firmemente incorporado no clube, a visão que tinha sido desenvolvida para apoiar esse objetivo era ambiciosa, mas se revelou complicada demais e suscetível a interpretações erradas. Em resposta, a diretoria do clube reconheceu abertamente aos funcionários que a visão precisava ser ajustada e que eles estariam envolvidos no desenvolvimento de uma substituição. Os 380 funcionários do clube foram divididos em três sessões de estratégia, todas elas mediadas pelo presidente, incluindo uma sessão de acompanhamento adicional para as pessoas que não pudessem comparecer às três primeiras. As sessões abrangeram todos os principais aspectos da estratégia do clube, desde seu propósito e visão até os valores, comportamentos e motivações pessoais dos trabalhadores do clube. Os colaboradores foram encorajados a debater e discordar uns dos outros e a fornecer feedback honesto sobre a estratégia existente.

> Os workshops nos deram uma compreensão muito boa do que nossa equipe — muitos dos funcionários são torcedores acima de tudo — queria que a visão do clube fosse. Com esse acordo, cada área de negócio (futebol, comercial, serviços compartilhados) tem trabalhado para desenvolver a própria estratégia para nos permitir alcançar essa visão. Estratégias departamentais foram então desenvolvidas, acompanhadas por objetivos de negócios para os membros individuais da equipe, todas combinadas para nos permitir alcançar a visão do clube.

É raro que uma organização exiba confiança suficiente para usar a definição de estratégias como uma oportunidade de engajar os funcionários em uma forma de catarse de grupo. A capacidade de unir os lados futebolísticos e comerciais de um clube de futebol é, ao mesmo tempo, difícil e importante. Os meios de subsistência de todos dependem do desempenho de onze homens em noventa minutos. As equipes comerciais são vitais para garantir que o sucesso em campo possa ser sustentado, mas, a menos que a primeira equipe entregue os resultados, as vendas de camisas, de ingressos e o engajamento nas redes sociais serão prejudicados. A equipe principal tem uma enorme responsabilidade, mas também ocupa uma enorme posição de privilégio. E, no Southampton FC, a equipe principal tem tanta participação como todos os outros no desenvolvimento da cultura e estratégia do clube.

> Nos workshops de equipe, nos perguntaram se a mesma mensagem estava sendo transmitida aos jogadores. A resposta foi um "sim" inequívoco, já que os jogadores e a equipe desportiva passaram pela mesma

sessão com a direção. O que acontece no campo tem o maior impacto imaginável nas nossas vidas profissionais, e contamos com os jogadores para liderar nossa execução do estilo Southampton.

O envolvimento dos lados futebolístico e comercial do negócio no processo de desenvolvimento da estratégia também cria um laço cultural: garante que todos falem uma língua comum e define o sucesso nos mesmos termos. Enquanto as equipes de ambos os lados do clube são responsáveis por traduzir a estratégia global em objetivos e metas individuais, o sucesso também depende dos laços culturais que uma visão compartilhada ajuda a consolidar. Esse é um recurso importante para qualquer organização envolvida na promoção de talentos, mas é particularmente importante para o Southampton FC, cujos funcionários da categoria de base estão encarregados da responsabilidade de desenvolver jovens jogadores desde a idade escolar. Não é apenas a estratégia do clube que tem que ser adequada no longo prazo, sua cultura tem que incutir nas crianças e nos adultos a resiliência e a força de caráter necessárias para sobreviver no mundo punitivo do esporte de elite.

> O lado futebolístico do negócio também tem uma cultura muito forte. Os jogadores da categoria de base são incentivados a trabalhar com os valores fundamentais do clube, gerando um ambiente de união, respeito, responsabilidade, criatividade e ambição. Essa cultura vai desde os meninos e meninas mais novos da base até o time principal. Os apertos de mão são encorajados desde a tenra idade como um pequeno sinal de respeito, e os visitantes são recebidos da mesma forma. Sinto-me feliz por fazer parte da equipe neste lugar inspirador e impressionante.

Estão todos no mesmo time. Isso inclui os sócios do clube, que têm um papel fundamental a desempenhar no desenvolvimento da estratégia e cultura. Kate Tarry quer enfatizar que as pessoas que trabalham para o clube são, em última instância, cuidadoras dos fãs. A comunicação com os torcedores claramente foi um desafio durante a temporada 2017/2018, e isso é algo que o clube reconheceu e está respondendo com uma nova estratégia de comunicação e duas iniciativas emblemáticas de engajamento dos fãs. Uma delas foi a realização de um fórum aberto com quem tinha ingressos da temporada — o primeiro do clube em quatro anos. O evento foi gravado e transmitido por rádio pela BBC Solent e o painel do clube incluía o presidente, o vice-presidente de futebol, o treinador e um jogador. Quatrocentos torcedores foram convidados a fazer perguntas — perguntas difíceis — para garantir que soubessem que sua voz estava sendo ouvida e reconhecida pelo clube.

> É um passo à frente muito positivo, porque, se não nos comunicarmos com os torcedores, eles farão as próprias suposições. Ser tão transparente quanto possível é realmente importante. Agora também criamos o Saints Voice: anunciamos que pretendemos lançar um fórum ao vivo com sessões de perguntas e respostas, incentivando inscrições de possíveis representantes entre os fãs. A resposta foi impressionante, com os próprios torcedores selecionando uma lista de trinta pessoas. As reuniões se concentram mais na gestão do clube do que nas questões relacionadas com o futebol — preços de ingressos e réplicas de camisas, experiência de jogo e comida são alguns exemplos dos tópicos discutidos, com os principais representantes do clube presentes para dar respostas. As respostas são então divulgadas pelos fãs que participaram e discutidas em fóruns on-line, como o Saints Web. Esperamos que o Saints Voice ajude a melhorar a comunicação entre o clube e os fãs.

A forma como o Southampton FC tem lidado com a adversidade é, por si só, digna de respeito e fala muito sobre a integridade cultural do clube. O que também é impressionante é como o clube se recusou a evitar um período significativo de baixo desempenho em campo, optando por usar a experiência para forjar laços mais estreitos com seus torcedores, além de reafirmar sua determinação em ter sucesso no longo prazo. Não é só o fato de o desenvolvimento estratégico e o cultural andarem de mãos dadas, mas de o próprio processo de desenvolvimento estratégico ser usado como uma forma de incentivar o diálogo produtivo sobre o futuro coletivo do clube, sua equipe e seus torcedores.

TERRITÓRIO
COMPREENSÍVEL
E DEFENSÁVEL

—

O diálogo é a mãe de uma estratégia brilhante e de uma cultura excepcional.

5
Qual papel a gentileza desempenha no seu trabalho?

Uma conversa com **Sophie Ralls**
Diretora de marca
Killik & Co

Jeff Bezos é o homem mais rico do mundo, mas é claro que nem sempre foi assim. Quando criança, ele era próximo de seus avós e costumava passar o verão com eles em seu rancho no Texas. A avó era fumante compulsiva em meados dos anos 1970, quando o movimento antitabagismo nos Estados Unidos estava a pleno vapor e comunicava de forma assertiva quantos minutos da vida de uma pessoa cada cigarro destrói. Durante uma longa viagem de carro, o jovem Bezos calculou quantos anos sua avó havia tirado da própria vida. Esperando ser parabenizado por sua aritmética mental, ele orgulhosamente anunciou os resultados de seu cálculo. A avó começou a chorar.

Então o avô estacionou e sugeriu que ambos saíssem do carro para encontrar um lugar sossegado para conversar. Quando estavam a uma distância razoável, o avô lhe deu um daqueles conselhos que as crianças levam para a idade adulta e, por fim, para a sepultura: "Um dia você vai descobrir que é mais difícil ser gentil do que ser inteligente."[22]

ESTAMOS SOFRENDO DE UM DÉFICIT DE GENTILEZA?

É fácil ter a impressão de que, embora esse sentimento possa ser verdadeiro para a vida em geral, ele é irrelevante no mundo dos negócios e das instituições. Queremos que policiais, enfermeiros e professores da educação infantil sejam gentis, mas esperamos que os CEOs, presidentes e consultores sejam inteligentes (pelo menos na teoria). Em particular, eventos recentes abalaram nossa crença na empatia e na ética das organizações cuja gentileza tendemos a tomar como certa. Instituições de caridade como a Oxfam e a Save The Children UK têm sido perseguidas por alegações de assédio sexual.[23] No mundo corporativo, organizações como a Theranos se comprometeram a revolucionar os sistemas em que confiamos para nossa saúde e felicidade, apenas para cair em escândalos e dissolução.[24] Parece haver algum tipo de déficit de gentileza aqui, especialmente em nossa resposta a esses escândalos. A reação pública à má conduta — particularmente a má conduta de pessoas que estão agindo em nome de uma organização — é, tipicamente, de indignação e retidão em vez de compaixão. Em 2015, a fundadora da Theranos, Elizabeth Holmes, foi aclamada como "o próximo Steve Jobs" por Jim Cramer da CNBC.[25] Três anos depois, após o anúncio de que a empresa seria desfeita após um escândalo de longa data, os usuários do Twitter responderam sugerindo que deveria ser construída uma prisão especial para ela, juntamente com outras respostas mais extremas. As sugestões mais equilibradas tenderam a concentrar-se na adoção de regulamentos e supervisão mais rigorosos, com sanções mais severas para aqueles que cometem erros que escapam da rede. Poucas respostas, se é que havia alguma, mostravam qualquer senso de compaixão ou reflexões sobre o que o exemplo da fundadora da Theranos revela sobre falhas comuns a todos nós. Entrevistas com Elizabeth Holmes indicam um desejo, genuíno da sua parte, de tornar o sistema de saúde melhor para as pessoas. Em algum ponto do desenvolvimento da Theranos, outras forças claramente a puxaram em uma direção diferente. Essa não é uma situação rara; muitos de nós estamos motivados a fazer algo de bom para os outros na nossa vida profissional. E muitos de nós sentimos pressões compensatórias que podem dificultar isso na prática.

EM BUSCA DA GENTILEZA INTELIGENTE

A médica psicoterapeuta Penelope Campling confrontou questões semelhantes em um artigo de 2015 sobre a reforma da cultura do Serviço Nacional de Saúde no Reino Unido, que ela escreveu na sequência de uma série de escândalos envolvendo abuso e negligência. Sua preocupação ao redigir o artigo era que a resposta mais óbvia aos escândalos seria mais um plano de atividades "em cima de uma torre de iniciativas já em ruínas", que faria mais para apaziguar o escândalo público do que para melhorar a qualidade e a consistência dos cuidados de saúde.[26]

A sua recomendação era que se introduzisse um apelo à "gentileza inteligente" em vez da indignação e das exigências de retaliação. Ela salienta que o setor de cuidados de saúde é um ambiente emocionalmente estressante, os trabalhadores enfrentam situações em que se sentem desesperados e desamparados, mas, de alguma forma, precisam encontrar força em si mesmos para persistir no seu trabalho. Em tal situação, as pessoas podem proteger-se de todas as formas e merecem nossa compreensão se esses mecanismos de enfrentamento revelarem a vulnerabilidade e a imperfeição da condição humana, por exemplo, empregando humor politicamente incorreto ou usando a burocracia como um mecanismo de distanciamento.

Para além dos desafios enfrentados pelos indivíduos na realização do seu trabalho nos serviços públicos de saúde, podemos acrescentar a possibilidade de disfunção organizacional sob a forma de conflito em e entre equipes, linhas de comunicação deficientes e delimitação de tarefas pouco claras. Além disso, há questões mais amplas que complicam a aplicação de princípios organizacionais competitivos do setor privado à prestação de serviço no setor público, incluindo a cultura de culpa e suspeita, que pode surgir de regimes de responsabilização excessiva, e a tendência de ver os pacientes como clientes (em vez de, digamos, pacientes). Campling sugere que o efeito cumulativo dessas forças tem sido a erosão da compaixão ou da gentileza em todos os níveis da organização; quando as pessoas precisam cuidar de si mesmas em situações desafiadoras, quando se sentem ameaçadas por uma cultura de regulação e gestão de desempenho e onde o pensamento de mercado afasta a intenção altruísta, nosso instinto de autopreservação assume o controle.

Embora essa análise esteja centrada na prestação de cuidados de saúde, também poderia ser facilmente aplicável a qualquer outro setor, desde instituições de caridade a fabricantes de automóveis e varejistas on-line. O antídoto de Campling é a "gentileza inteligente", uma abordagem para resolução de problemas que se desenvolve em um círculo virtuoso de relacionamentos mais próximos e compassivos em nível individual, de equipe e organizacional.

O círculo virtuoso começa com a ideia simples de que as pessoas que trabalham em um sistema devem ser movidas principalmente por um senso de afinidade. Em outras palavras, isso significa que os profissionais de saúde devem prestar atenção à pessoa doente e procurar prestar o tipo de cuidado que desejaria para a família e os amigos. A mesma noção se aplica ao mundo corporativo, "cliente" ou "consumidor" são termos muitas vezes desumanos, que encorajam um senso de "nós" e "eles". Quantas vezes temos o prazer de substituir a realidade confusa de uma pessoa pela caricatura reconfortante de uma persona de cliente? Quanto mais nos concentramos na pessoa, mais chances temos de construir uma relação de confiança e respeito mútuos e, em última análise, de alcançar um resultado mais satisfatório. Além de ser mais empático, Campling considera que uma organização que pratica a gentileza inteligente também é mais eficiente; comunicação e colaboração aprimoradas trarão benefícios de produtividade e uma cultura na qual as questões podem ser mais claramente identificadas, discutidas mais abertamente e resolvidas mais positivamente.

Killik & Co

Trazendo gentileza inteligente aos investimentos

Paul Killik fundou a Killik & Co em 1989 no espaço de uma antiga farmácia em Chelsea. Ele tinha trabalhado em investimentos e corretagem durante anos e queria tornar os benefícios do investimento acessíveis a todos. Mesmo antes de começar a empresa, já tinha criado um pequeno "estande de ações" na seção de artigos para o lar da loja de departamentos Debenhams, para ajudar as pessoas a comprar ações e demonstrar que "pessoas normais" poderiam aproveitar os benefícios fantásticos de investir. Quando começou a Killik & Co, abriu uma rede de filiais que as pessoas podiam entrar sem se sentirem intimidadas. Trinta anos depois, a Killik & Co foi eleita "Gerente de Patrimônio do Ano" em mais de uma ocasião pelos leitores do *Financial Times* e da *Investors Chronicle*. Com um total de nove escritórios em Londres, incluindo um na sede na Northcote Road, a empresa resistiu à tentação de crescer por meio de aquisições, preferindo cultivar talentos próprios e as relações com os clientes com base em um conjunto compartilhado de valores.

Muita coisa mudou nos trinta anos após a abertura da primeira filial e, falando com Sophie Ralls, diretora de marca da Killik & Co, há uma sensação inegável de que a indústria de investimentos teve dificuldade para acompanhar essas mudanças:

> **Sophie Ralls:** A indústria de investimentos está desatualizada. Precisamos transformar essa indústria inacessível e intimidante. Acreditamos que uma das maiores barreiras é que a noção de riqueza é o que intimida as pessoas, por isso precisamos desconstruí-la e construí-la de novo.

Em resposta, Ralls está liderando a próxima etapa da evolução da Killik & Co. Sua filosofia fundadora permanece tão relevante como sempre foi, mas a empresa está fazendo perguntas fundamentais sobre como tornar conceitos como "riqueza" e "investimento" significativos para a próxima geração de clientes.

Em inglês, a palavra para riqueza, *wealth*, vem de *wele*, que significa "bem-estar". No fim das contas, essa é a única razão pela qual trabalhamos: ganhar um rendimento que nos permita ter um teto sobre a cabeça, alimentar-nos e cuidar dos nossos entes queridos. Ao redefinir a riqueza, estamos tornando-a relevante para todos, todo mundo quer uma vida bem vivida e sem preocupações — o dinheiro é simplesmente o facilitador.

A ideia de uma "vida bem vivida" está no centro da nova estratégia da Killik & Co. Isso levou a uma abordagem mais consultiva para introduzir novos clientes no mundo do investimento e garantir que os investimentos dos clientes existentes estejam alinhados com os próprios objetivos. Fundamentalmente, a Killik & Co não impõe aos clientes seu conceito de uma "vida bem vivida". As pessoas da empresa não fazem suposições de que todos os clientes vão querer se aposentar jovens, ou mesmo se aposentar. O negócio concentra-se em quatro "pilares" de uma vida bem vivida:

Casa: como é sua vida em casa? E como gostaria que fosse?

Trabalho: quais são suas aspirações profissionais?

Entes queridos: você tem filhos ou pais idosos que precisam ser considerados em seus planos futuros?

Lazer: o que lhe interessa e o que mais você gostaria de poder fazer?

O último pilar, particularmente, pode ser útil para ajudar as pessoas que não estão naturalmente inclinadas a pensar em suas paixões como motivos para investir. Por exemplo, alguém que adora correr e se relaciona com a marca Nike pode ser incentivado a investir nas ações da marca. Como uma empresa independente, a Killik & Co pode acessar praticamente qualquer classe de ativos no mundo sem nenhum medo de conflito de interesses. Também ficou claro em nossa conversa que o fundador, Paul Killik, incutiu uma mentalidade independente no negócio.

De maneira singular — e talvez contraintuitiva, já que se trata de um negócio de gestão de patrimônio — a Killik & Co não busca obsessivamente "indivíduos com patrimônio líquido elevado". Em vez disso, procura alinhar-se com um grupo emergente de pessoas que nadam contra a corrente do movimento cultural em voga, os "*zaggers* esclarecidos", que partilham da sua independência de espírito.

> O objetivo da nossa abordagem não é apenas falar com pessoas que já conhecem os benefícios de investir. Não temos como alvo a idade ou a renda, temos como alvo uma mentalidade: alguém que seja *zag* quando todo mundo é *zig*. Eles são ponderados e, quando você investe, precisa pensar no longo prazo. Um *zagger* esclarecido é alguém que se preocupa com o mundo ao seu redor. Eles anseiam por expertise e querem ser informados. Como empresa, nós não seguimos a multidão, e, por isso, esperamos que nosso cliente-alvo também não.

O foco no *zagger* esclarecido significa que a abordagem da Killik & Co à gentileza esclarecida é direcionada para o conteúdo do marketing e para atrair pessoas para a marca. A abordagem é simples: ir aonde o *zagger* esclarecido vai — física e digitalmente — e entregar conteúdo interessante que diga algo que ele ainda não sabe, estimulá-lo a pensar de forma diferente sobre riqueza e estabelecer um forte vínculo de empatia. O foco aqui é a qualidade do contato em vez da quantidade.

> Preferimos alcançar 25 pessoas certas em vez de 25 mil que estão envolvidas em uma avalanche de tendências no Twitter. Fazemos isso nos alinhando com outras marcas ou teóricos desafiadores. No ano passado, ocupamos um espaço no Soho e o enfeitamos como um café e um *lounge*. Chamamos de House of Killik Soho [Casa da Killik Soho, em tradução livre] e o espaço trouxe pessoas que nunca teriam entrado se o nome fosse "Poupanças, ações e investimentos". Organizamos uma série de workshops e palestras. Por exemplo, fizemos uma parceria com

a Psycle, que ministrava aulas de yoga e pilates, mas também dava uma palestra sobre os perigos físicos de ficar sentado em uma cadeira dia após dia. Isso remete ao nosso interesse e investimento em ajudar as pessoas a terem uma vida bem vivida. É uma abordagem orgânica em vez de meramente financeira.

Essa abordagem orientada para o conteúdo estende-se ao site, cujas editorias tratam de estilo de vida com orientação sobre investimentos. Algumas postagens misturam um pouco dos dois — por exemplo, artigos sobre como a IA está afetando os negócios e os investimentos, ou sobre o papel da gentileza no gerenciamento de equipes. O setor de marketing também se afastou das redes sociais generalistas, como o Facebook, para se concentrar em plataformas como o LinkedIn e o Instagram, onde os *zaggers* esclarecidos estão mais propensos a passar seu tempo em busca de insights e inspiração. Inevitavelmente, essa mudança na estratégia gerou uma redução no tráfego, mas as taxas de rejeição são 25 por cento menores e os tempos médios de leitura estão entre seis e nove minutos, o que sugere um nível profundo e prolongado de engajamento com o conteúdo produzido por Ralls e sua equipe. A abordagem da Killik & Co à construção de marcas digitais é complementada por sua estratégia de engajamento físico:

> Somos uma administradora de patrimônio baseada em Mayfair, em um edifício histórico tombado. Isso pode ser um pouco intimidante, então nós organizamos shows privados, eventos de yoga pela manhã, ou palestras sobre comida e restaurantes startups. Um dos meus colegas e eu falamos com o público durante noventa segundos. Dizemos apenas: "Nós convidamos vocês para vir aqui porque essa é a paixão de vocês e queremos ajudá-los a conseguir fazer mais disso." E só. É uma venda muito sutil. Não esperamos muito em troca no curto prazo, apenas que as pessoas comecem a construir uma relação de confiança e uma afinidade com o mundo do investimento. Existem muitas pessoas que nunca teriam pensado em investir — fazê-las passar pela porta é uma vitória.

Essa abordagem empática e esclarecida do engajamento continua quando alguém decide que quer se tornar um cliente. Então, para cada novo cliente, atribui-se um conselheiro, que passa um tempo compreendendo os interesses e aspirações do cliente, a versão dele de uma vida bem vivida. Em um mundo que está inclinado para o investimento passivo, *chatbots* e IA, essa é uma posição bastante contrária a ser tomada.

> Acreditamos genuinamente no ser humano e pensamos que, neste momento, isso é um pouco problemático para a indústria. Conselho automatizado não é conselho. É orientação. Não pode ser conselho, porque não é pessoal e não é informado. Não há nenhum relacionamento pessoal ou compreensão do que você quer alcançar ou o que mais importa para você ou seu panorama geral e como podemos ajudá-lo a chegar lá. É isso que nos torna diferentes.

Nada disso é para dizer que a tecnologia não importa para a Killik & Co, mas que o papel dela é cuidadosamente definido, e os benefícios não são vendidos a preços altos. A empresa tem um portal do cliente, que ajuda as pessoas a ver o que está acontecendo em suas contas e o porquê, além de dar acesso a insights da equipe interna de pesquisa da Killik & Co. A empresa também está prestes a lançar um aplicativo inteligente para poupar e investir chamado Silo, que visa tornar o investimento mais envolvente e integrado aos padrões de nossas vidas diárias.

> Em comparação com outros aplicativos de investimento, o Silo exige um pouco mais de tempo para fazer o cadastro e começar a investir. Essa foi uma decisão consciente que tomamos ao desenvolver o aplicativo. Queremos garantir que fizemos todas as perguntas necessárias e relevantes para entender o usuário e suas circunstâncias da melhor forma possível, considerando o formato digital. Isso, por sua vez, oferece um plano de investimento mais adequado às suas necessidades.

O investimento em tecnologia digital também levou a empresa a introduzir mais criatividade em sua rede de agências físicas. O sucesso dos escritórios House of Killik levou à abertura de uma House of Killik permanente na Northcote Road, ao sul de Londres, para que os clientes se beneficiem de uma experiência mais completa e envolvente na loja.

> Você pode entrar e fazer uma aula de yoga. Pode assistir a um seminário sobre como poupar para sua família. É uma mistura completa de estilo de vida, negócios e finanças em um espaço realmente confortável e acessível.

A ideia é fazer com que você se sinta em casa longe de casa, e isso funciona. Tivemos várias reuniões com potenciais clientes nesse espaço.

> As pessoas vêm das ruas, ou porque já sabiam o que era a Killik & Co, ou porque vieram a um dos nossos eventos e só querem conversar com alguém das redondezas que está fazendo as coisas de forma diferente.

A empatia para com o cliente pouco importa se as pessoas em quem você confia que serão gentis se sentirem negligenciadas. É por isso que a Killik & Co coloca a mesma ênfase no pessoal de apoio. Embora as empresas financeiras ainda sofram com a má reputação, é uma indústria que tende a cuidar de seus funcionários. Os regimes de pensões, os planos de saúde e os subsídios de férias podem ser generosos, e o aconselhamento financeiro oferecido é compreensivelmente acessível e de qualidade elevada.

A Killik & Co gosta de ir mais longe, demonstrando aos colaboradores que eles são dignos de confiança e cuidado tanto emocional quanto financeiro.

> Somos uma empresa familiar, uma empresa gerida por uma família e uma parceria. Nós nos preocupamos com as pessoas e investimos nelas no longo prazo. Nosso departamento de recursos humanos é incrível. Nos últimos seis meses, mudamos a forma como alguns dos funcionários são recompensados financeiramente — agora são premiados em dinheiro pela satisfação do cliente. Estamos em uma missão para redefinir a riqueza nos últimos quinze meses e, em seis meses, muda-

mos a forma como o negócio funciona, o que não é uma coisa fácil. Eu nunca pensaria em usar a palavra "gentileza", mas, refletindo, ela está no coração de tudo o que fazemos e na nossa própria missão de redefinir a riqueza. Você faz isso por quem ama.

A Killik & Co demonstra o que é possível quando um negócio leva a gentileza a sério. A gestão da riqueza é um negócio difícil de ser feito. O desempenho é importante. O preço importa. É por isso que o investimento passivo se tornou tão popular. Não há dúvida de que a Killik & Co precisa oferecer retornos fortes a um preço razoável a seus clientes, mas esse é o mínimo que qualquer pessoa deve esperar do seu gestor de patrimônio ou consultor de investimentos, e falar exclusivamente em termos de taxa e desempenho é um problema para um grande número de pessoas que não estão interessadas em finanças. Mas todos nós gostamos de trabalhar com pessoas em quem confiamos, que nos fazem sentir confortáveis em um ambiente onde percebemos que somos reconhecidos e cuidados. A Killik & Co transmite uma inegável sensação familiar, não só por ser uma empresa familiar (embora isso ajude), mas porque sua gentileza inteligente significa que se trata de um lugar onde as pessoas podem se sentir em casa — quer sejam clientes, colaboradores ou simplesmente alguém que entrou na loja vindo da rua. É isso que a gentileza torna possível.

TERRITÓRIO
COMPREENSÍVEL
E DEFENSÁVEL

A gentileza faz com que sua marca pareça algo familiar.

9 às 18h

6
QUAL É A PALAVRA MAIS OFENSIVA DO MUNDO EM RELAÇÃO À SUA MARCA?

Uma conversa com **Tom Kerridge**
Chef com estrela Michelin

Em 2016, o dicionário Oxford lançou o #OneWordMap, um experimento de *crowdsourcing* on-line projetado para entender como o mundo usa a linguagem.[27] A iniciativa pretendia atrair um público global apaixonado pela linguagem, definindo uma pergunta que todas as pessoas do mundo poderiam responder com uma única palavra (em inglês). O experimento foi projetado para gerar um conjunto rico de dados em tempo real, que ajudaria o Oxford a entender como a língua inglesa é usada em todo o mundo. Infelizmente, a iniciativa foi lançada com a seguinte pergunta:

"Qual é a palavra inglesa de que você menos gosta?"

Aparentemente *moist* ["úmido", em inglês] era uma das primeiras colocadas, mas o experimento teve que ser abandonado devido ao "severo mau uso" depois de apenas dez mil respostas terem sido coletadas. Parece que a culpa foi de uma combinação de palavrões e de "vocabulário religiosamente ofensivo".[28] O dicionário Oxford claramente obteve mais do que se esperava: um insight sobre a falta de restrição que acomete as pessoas quando se comunicam anonimamente on-line.

No mesmo ano, a agência governamental de regulação das telecomunicações do Reino Unido, Ofcom, entrevistou 248 pessoas para entender como elas responderiam a 144 palavras potencialmente ofensivas se fossem transmitidas pela TV ou rádio.[29] As palavras variavam em força, desde o muito leve (*git* ["idiota" ou "desprezível", em inglês]) até aquelas que não podem ser publicadas. O estudo constatou que o que mais preocupava as pessoas não era a suavidade ou força de uma palavra, mas se ela poderia ser considerada discriminatória. Em um contexto de radiodifusão, nossas prioridades são proteger as crianças e evitar ofender os outros, especialmente os grupos minoritários. Ser pessoalmente ofendido era menos relevante.

INSULTOS E HUMILHAÇÃO

O que essas experiências revelam sobre as palavras que mais nos ofendem? Nós nos sentimos confortáveis com a linguagem ofensiva quando não há ninguém para nos julgar. E, quando os outros podem estar vendo, a coisa que mais odiamos é a própria intolerância.

As coisas funcionam de maneira diferente quando se trata da linguagem de negócios, que tende a ser menos carregada sexual, religiosa ou racialmente. Na sequência do Fórum Econômico Mundial de 2018 em Davos, o site da BBC News publicou uma reportagem com os piores exemplos de jargão empresarial a partir da contribuição dos seus leitores.[30] *Agile* (termo para funcionários que procrastinam enquanto tentam parecer ocupados), *bandwidth* (termo para medir frequência de dados usado como gíria para "medir" a capacidade de compreensão de uma pessoa), *de-risk* (ou "jogar a sujeira para baixo do tapete"), *onboarding* (termo para socialização "forçada" nas organizações) e *quarterbacking* (termo para liderar o "grupinho") são termos pouco discriminatórios, mas todos eles inspiraram uma indignação justa. É difícil imaginar qualquer uma dessas palavras motivando o abandono do #OneWordMap.

Esse é um triste reflexo do estado geral da linguagem de negócios, mas também se tornou uma questão estratégica. A qualidade dos nossos pensamentos só pode ser tão boa quanto a qualidade do nosso vocabulário. Inevitavelmente, à medida que nos tornamos atraídos por corporativismos triviais, nossa estratégia (e a maneira como a comunicamos aos outros) perde em qualidade.

Para obter provas, basta olhar para o FTSE 100. Das cem empresas, 93 descrevem seus valores corporativos em seus sites, presumivelmente para serem vistos e admirados por investidores e potenciais candidatos.[31] O que impressiona é a frequência com que as mesmas palavras reaparecem: 68 das 93 empresas listam pelo menos um dos dez valores mais usados. Isso sugere uma desconcertante falta de imaginação, assim como a natureza monótona do top 10:

1. **Integridade** (32 empresas)
   Certamente é uma causa de preocupação, e não uma fonte de orgulho, o fato de tantas empresas sentirem necessidade de incluir isso como um princípio orientador de como fazer negócios — qual seria a alternativa?
2. **Respeito** (21)
   Incontestável, mas singularmente inútil — a menos que uma empresa do FTSE 100 considere o comportamento desrespeitoso como algo aceitável em um ambiente de trabalho.
3. **Inovação** (17)
   O valor preferido dos CEOs, os quais ouviram que deveriam "inovar ou morrer"! E optaram pelo primeiro.
4. **Foco no cliente** (17)
   O foco no cliente parece ser a característica fundamental das empresas que pretendem criar valor para os acionistas. Mas é difícil ver essas empresas priorizando a felicidade de seus clientes acima da satisfação de seus provedores de capital.
5. **Excelência** (15)
   Quem não iria querer que o próprio negócio fosse excelente? Concebido para ser inegavelmente positivo, qual direção útil isso poderia indicar?

6. **Trabalho em equipe** (14)
   Ainda não encontramos uma organização que encoraje os silos organizacionais, a puxada de tapete e a conivência.
7. **Confiança** (13)
   Junto com a integridade, esse parece ser um requisito tão básico que é difícil acreditar que as empresas do FTSE 100 sintam a necessidade de incluí-lo em uma lista de qualidades que as diferenciam de seus concorrentes.
8. **Foco nas pessoas** (12)
   Podemos ver seu "foco no cliente" aumentar, mas e daí?
9. **Segurança** (11)
   Mais uma vez, um pré-requisito para fazer negócio.
10. **Paixão** (11)
   Lucy Kellaway, do *Financial Times*, escreveu extensamente sobre a "moda da paixão" e considera que não admitir paixão pelo trabalho é o equivalente moderno a admitir que você trapaceia nas finanças.[32] É apenas uma maneira brega de dizer que você espera que as pessoas gostem de trabalhar na sua empresa.

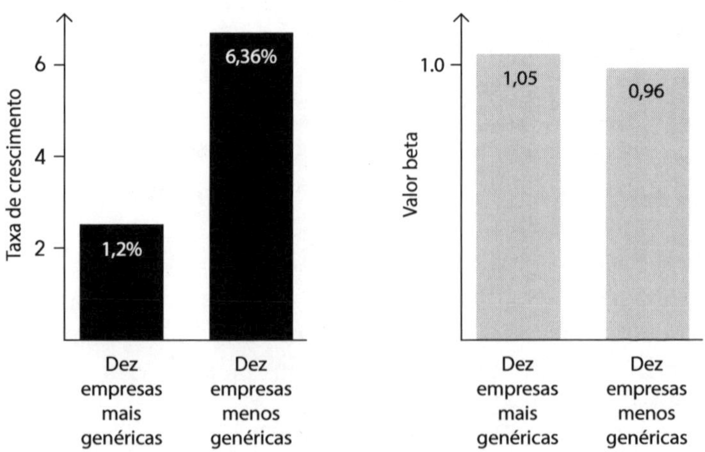

Empresas FTSE 100: média (não ponderada) do valor beta da companhia e consenso dos analistas sobre a taxa de crescimento no longo prazo.

Essa falta de imaginação coletiva realmente importa? Talvez. Estes dois gráficos comparam o desempenho das dez empresas FTSE 100 mais "genéricas" (baseado nos seus valores) com o das dez empresas que apresentam os conjuntos de valores menos genéricos, com base nos dados da Reuters.

As barras pretas demonstram que é esperado que as empresas genéricas cresçam a uma taxa muito mais lenta do que suas equivalentes menos genéricas, com base nas estimativas consensuais dos analistas. O valor beta para empresas menos genéricas também é marginalmente mais baixo, sugerindo que as expectativas de crescimento mais elevadas não vêm à custa de uma maior volatilidade. Em suma, espera-se que as empresas com uma estratégia de marca de menor qualidade apresentem um desempenho mais fraco.

Além desses dados, há pelo menos duas razões para acreditar que empresas com valores mais imaginativos e diferenciados superariam empresas equivalentes com um conjunto mais genérico de valores. Primeiro, um conjunto único de valores sugere que a liderança de uma empresa fez um esforço consciente para identificar um ponto de diferença claro e significativo e está confiante em sua capacidade de defendê-lo. Em segundo lugar, valores distintos demonstram uma cultura de convicção, uma vontade de tomar decisões difíceis e uma capacidade de articular a estratégia sem ter que repetir clichês corporativos ultrapassados.

Então, como não cair em uma banalidade tão comum? Muitas vezes usamos um teste "dos opostos": escreva uma lista das qualidades positivas que seus concorrentes adorariam ter, mas que você não suporta; escolha as três coisas mais comuns que você detesta; e então use essa lista para criar um conjunto de três qualidades opostas que podem ser usadas para definir o que faz sua organização se destacar. Às vezes, o poder do ódio pode ser positivo.

Tom Kerridge
Não o chame de artista

O Hotel Corinthia em Londres está a um passo da Trafalgar Square. Pelos padrões, o hotel e seus restaurantes poderiam ser classificados como “chiques”. Winston Churchill ouviu as badaladas do Big Ben indicando o fim da Primeira Guerra Mundial a partir de seu escritório no Corinthia, e o hotel recentemente contratou futurologistas para explorar o futuro do luxo. Essa noção também é compartilhada em Londres por Tom Kerridge, um dos chefs mais queridos do Reino Unido e detentor de duas estrelas Michelin. É justo dizer que Kerridge está longe de ser chique. Ele trabalhou como chef em restaurantes de toda a Grã-Bretanha antes de assumir um pub em Marlow chamado Hand & Flowers. Ganhou sua primeira estrela Michelin um ano após a abertura e foi premiado com a segunda em 2012 — algo sem precedentes para um pub. No processo, ele redefiniu o que uma geração de britânicos pensa sobre restaurantes finos. Kerridge não entrou na culinária para ganhar prêmios ou mudar atitudes e não aprendeu a cozinhar com a avó. Ele simplesmente precisava de um emprego. Depois que se viu trabalhando em uma cozinha, apaixonou-se pela indústria: pelas horas implacáveis e exaustivas, pelo modo de vida excêntrico, pela ética do trabalho e pelo caos. Foi algo que ele logo passou a ver não como um emprego, mas como um modo de vida, que descreve como estar a bordo de um “navio pirata”:

> **Tom Kerridge:** Eu amava. O restaurante fechava aos sábados depois do almoço e aos domingos, por isso saíamos depois do trabalho. Era na St. Martin’s Lane, no West End. Em um sábado à noite, você ficava fora até cinco ou seis da manhã, tomava o café da manhã e ia para casa, dormia o domingo todo, e então levantava novamente às seis da manhã na segunda-feira para fazer tudo de novo. Era incrível. Algumas pessoas acham isso chocante ou ridículo, mas, para mim, isso é que é viver a vida.

No início de sua carreira, Kerridge aprendeu a importância de viver fora de sua zona de conforto, a necessidade de enfrentar desafios e a inevitabilidade de cometer erros. Ele assumiu riscos ao longo do caminho — o Hand & Flowers foi uma aposta enorme, tanto no âmbito profissional como no pessoal — e construiu uma marca que abrange restaurantes, livros, programas de televisão, uma gama de utensílios de casa e cozinha, bem como uma loja de varejo on-line. Algumas marcas são construídas por meio de um planejamento cuidadoso, mas não essa. Não havia um plano para a dominação global, apenas décadas de trabalho árduo, humildade e dedicação.

> Conseguir isso nunca foi uma grande ambição. Você apenas tenta fazer o que faz um pouco melhor a cada dia. Não estabeleci objetivos, nem horizontes, nem alvos. Todos os dias fico nervoso pensando que tudo vai desmoronar e parar de funcionar. Minha comida se relaciona com as pessoas. Não foi algo pensado. Não é uma estratégia de marca. Eu sou só um cara de Gloucester que cozinha uma comida muito boa.

Kerridge não se sente confortável quando se trata de refletir sobre sua marca. Isso é compreensível. É um pouco estranho contemplar os valores da sua "marca", ou distanciar-se do próprio nome ao ponto de usá-lo na terceira pessoa. Ele se sente mais confortável falando sobre como a marca foi construída, não por meio da estratégia, mas da procura cuidadosa por bons ingredientes. É aí que Kerridge tem mais controle. Além disso, ele coloca uma forte ênfase no papel da equipe na construção da marca Tom Kerridge e na sua transformação em um sucesso:

> Embora eu seja a figura principal, há 230 pessoas em quem temos que confiar para que tudo funcione. A razão pela qual dá certo é porque envolvemos muitas pessoas — os designers, o chef, o gerente da casa. Então, o hotel, a arte, as pessoas, tudo sobre ele tem que ser sempre real. Tem que se conectar.

Essa autenticidade é tão evidente no seu restaurante de Londres como nos seus pubs de Marlow. A porcelana utilizada é o oposto das louças de Marlow, e o espaço apresenta obras de arte da escultora e esposa de Kerridge, Beth Cullen-Kerridge. Confortável em vez de intimidante, o espaço é um reflexo da acessibilidade que fez de Kerridge um nome conhecido.

As pessoas dizem: "Nunca comi em um restaurante com estrelas Michelin, mas vim ao Hand & Flowers." Isso é incrível porque não é só uma estrela Michelin — é um lugar com duas estrelas Michelin. O público se sente confortável o suficiente para vir comer aqui. Sempre quisemos que fosse um lugar onde fosse possível beber uma cerveja e uma Coca-Cola Diet, se você quisesse, e não gastar quatrocentas libras em uma garrafa de vinho. O importante é a comida ser boa. Todo mundo sabe como funciona um bar, mesmo que tenha duas estrelas. Sempre cozinhei o que quero comer, mas acabei fazendo isso de uma forma simpática. Transforme o peixe com batatas fritas em algo excepcional, em vez de pensar demais nos pratos.

A palavra que Kerridge mais odeia é "falso". O que é compreensível para alguém que construiu uma vida em torno de ser autêntico, e não é fácil fazer isso em um mundo dominado pelas redes sociais, notícias falsas e uma imprensa sensacionalista. Ele é confiante o suficiente para não ser afetado pela negatividade das outras pessoas ou pelo sucesso de outros chefs — gosta de comer nos restaurantes dos outros e acredita que tem muito a aprender com a forma como outras pessoas administram seus negócios. O mais surpreendente é sua resposta ao nosso teste "dos opostos": quais são as palavras que outros chefs gostariam de ser chamados e que ele não gostaria que fossem aplicadas à sua marca?

Eu descreveria como todo chef gostaria de ser chamado, mas que eu não sou: criativo e artístico. O que eles odiariam é o que eu sou. Os chefs, em geral, gostariam de ser reconhecidos, penso eu, como trabalhadores, profissionais, habilidosos, mal pagos e cansados. Mas, então, o que eles não querem é ser chamados de preguiçosos e sem imaginação. O que eles odiariam é o que eu sou. Minha comida, eu diria, é preguiçosa e sem imaginação.

Isso é inegavelmente honesto... mas talvez um pouco negativo. É difícil acreditar que o *Guia Michelin* oferece estrelas aos chefs de cozinha por sua bem-sucedida execução de preguiça e falta de imaginação. Mas, para Kerridge, isso está no centro do que tornou sua marca diferente e desejável. Ele simplesmente não é o tipo de pessoa que vive falando sobre talento criativo, ou vendendo uma história sobre seu talento. Kerridge fala do seu trabalho árduo e incansável. Se não fosse o chef da TV, ele acredita que seria um cara dirigindo um táxi, ou um trabalhador da construção civil usando um colete de alta visibilidade, ou entregando móveis em uma van branca. O que quer que estivesse fazendo, ele estaria trabalhando como um louco.

> Penso que, se você se esforça muito para encontrar ingredientes realmente bons, por que vai mexer com eles? Por que não deixa que façam o trabalho? Também é assim com uma boa carta de vinhos ou boas cervejas. Tome conta das linhas de cerveja e certifique-se de que sejam ótimas. Alguém as fabricou. Tudo o que você precisa fazer é colocá-las em um copo e sorrir. Faça isso corretamente. É o resultado de anos aprendendo um ofício e não é algo artístico. Se você fosse um bom construtor, poderia construir uma boa casa, claro, mas você não conseguiria construir essa casa aos dezoito anos. Quando você chega aos 45, já passou por todos esses anos. Trabalhou arduamente em canteiros de obras. Você entende o que são as fundações e como juntar os tijolos e o que faria essa casa dar certo. É exatamente a mesma coisa. Só que construímos pequenas casas em pratos. É uma troca.

Kerridge pode até se sentir desconfortável ao falar sobre sua marca, mas está em uma posição privilegiada para compreender o que a define — afinal, é construída à sua imagem. Seu teste "dos opostos" revela alguém que está profundamente em contato com aquilo que torna sua marca diferente. E talvez seja por isso que sua comida se conecta a tantas pessoas.

TERRITÓRIO COMPREENSÍVEL E DEFENSÁVEL

—

Sua marca pode ser definida pelo insulto que você considera mais lisonjeiro.

Engraçadinho

7

A qual tipo de necessidade humana sua marca está respondendo? Amizade? Pertencimento? Calma? Confiança? Amor?

Uma conversa com **Jackie Jordan**
Diretora executiva de marca, marketing e desenvolvimento de sócios
National Trust

Independentemente de uma organização ter ou não fins lucrativos, sua capacidade de funcionar de maneira eficaz depende principalmente do quão bem-sucedida ela é ao motivar as pessoas. Os funcionários precisam ser motivados para se empenharem mais do que o mínimo necessário para manter seus postos de trabalho.

Os clientes precisam estar motivados para se engajarem com essa organização antes de qualquer alternativa. Os acionistas precisam estar motivados para investir, a mídia precisa estar motivada para promover a organização e o público, as instituições reguladoras e o governo precisam estar motivados para criar um ambiente favorável às operações. Nossa principal teoria sobre a motivação foi apresentada por Abraham Maslow em seu artigo de 1943 "A Theory of Human Motivation" ["Teoria da motivação humana", em tradução livre] e é mais comumente conhecida como "hierarquia de necessidades de Maslow".[33]

A hierarquia de Maslow contém cinco níveis de necessidades, normalmente representadas em forma de pirâmide. Na base dela estão as necessidades fisiológicas mais básicas, como comida, água, aquecimento e descanso. Seguem-se as necessidades de segurança, de pertencimento e de amor (tanto dar como receber), depois as de estima e, no topo da pirâmide, as de realização, que incluem áreas como moralidade, criatividade, resolução de problemas e a forma como lidamos com o conhecimento. A ideia básica da hierarquia é que é difícil para um indivíduo cuidar da satisfação das necessidades de ordem superior até que as de ordem inferior tenham sido supridas. Nas palavras de Maslow, "para o homem que está extrema e perigosamente faminto, não existem outros interesses além da comida".

POPULARIDADE E PROBLEMAS

A popularidade da hierarquia de Maslow reside em parte na sua flexibilidade e em parte na sua simplicidade: por ser uma teoria universal da motivação humana, pode ser aplicada a qualquer público; e pelo fato de cada uma das cinco camadas da pirâmide ser bastante simples de entender, qualquer psicólogo ou consultor consegue usar a teoria para seus fins. Um problema com o uso generalizado dela é que parece haver poucas evidências para apoiá-la. Assim como a outra teoria favorita dos consultores malandros — a teoria do arquétipo —, a hierarquia das necessidades não foi baseada em um grande conjunto de dados ou em um método científico. Em seu desenvolvimento da ideia do "eu" realizado, Maslow se voltou para biografias e textos de dezoito pessoas que ele considerava realizadas. O topo da sua pirâmide não é tanto uma afirmação incontestável sobre a condição humana, mas, sim, uma lista no estilo Mary Poppins das qualidades que Maslow admirava nas pessoas em quem mais se inspirava — como Beethoven, Albert Einstein e Madre Teresa de Calcutá. Uma série de estudos acadêmicos foi realizada ao longo dos anos tanto para provar quanto para refutar aspectos da teoria de Maslow, sem um resultado definitivo.

Outra questão que os críticos da hierarquia tendem a apontar é que na vida há muitos exemplos de pessoas que buscam resolver necessidades de ordem superior, mesmo que suas necessidades de ordem inferior não estejam sendo atendidas. As pessoas que vivem na pobreza ainda buscam e estabelecem relações de amor e pertencimento. E a hierarquia de Maslow está em contradição direta com o ideal romântico de que a arte muitas vezes vem do sofrimento: Edgar Allan Poe não conseguiu ganhar dinheiro para sustentar sua família e morreu na pobreza; Oscar Wilde escreveu *De Profundis* na prisão, onde sofreu de desnutrição e disenteria; Vermeer e Van Gogh passaram grande parte de suas vidas na linha da pobreza, mas produziram obras de arte sublimes. Os críticos modernos da hierarquia também apontam que o Wi-Fi não está incluído na base da pirâmide.

AS NECESSIDADES SÃO COMO VITAMINAS: SIGA UMA DIETA VARIADA

Mais grave, porém, é a crítica de que a hierarquia reflete uma tendência ocidental de colocar o indivíduo à frente do coletivo. A autoestima e a realização estão mais elevadas na hierarquia do que o pertencimento e o amor. Um estudo realizado em 2011 pelos psicólogos Louis Tay e Ed Diener utilizou dados compilados pela Gallup acerca de 60.865 indivíduos de uma amostra de 123 países para compreender a relação entre o bem-estar subjetivo (ou, na linguagem comum, "felicidade") e os conjuntos de necessidades amplamente correspondentes à hierarquia de Maslow: necessidades básicas, de segurança, social, de respeito, de realização pessoal e de autonomia.[34] O estudo concluiu que, em todo o mundo, a satisfação das necessidades básicas é importante para saber se sentimos que levamos uma vida boa. As necessidades sociais e de respeito são muito importantes para a forma como nos sentimos sobre a vida. E a falta de respeito e autonomia estão mais relacionadas a sentimentos negativos sobre a vida. A conclusão é que aquilo que mais importa é um equilíbrio entre a satisfação das necessidades, incluindo um equilíbrio entre as necessidades básicas, sociais e psicológicas do indivíduo. Em outras palavras, não é correto nem útil pensar que elas existem em uma hierarquia. As necessidades são como vitaminas, precisamos de uma dieta saudável e variada.

E, ainda mais importante, não devemos presumir que a realização é mais importante do que as necessidades sociais em torno do amor e do pertencimento. Isso tem implicações fundamentais na forma como pensamos a liderança, como tratamos os funcionários e como refletimos sobre a relação que uma organização deve cultivar com seus clientes. No contexto da liderança, isso sugere que damos muita ênfase à eficácia individual e muito pouca à habilidade de liderar um grupo. No caso dos funcionários, isso sugere que damos muita atenção ao desenvolvimento pessoal e à remuneração em detrimento do impacto social e da influência. E, no caso dos clientes, isso sugere que nos concentramos muito nos benefícios funcionais e emocionais — sendo que os benefícios sociais que uma organização oferece aos seus clientes são igualmente importantes.

National Trust
O negócio da eternidade

O National Trust foi fundado em 1895 por três pessoas muito diferentes com uma paixão comum pela conservação do patrimônio e dos espaços abertos do Reino Unido. Em muitos aspectos, foi uma resposta à rápida industrialização do Reino Unido na época — todos os três fundadores queriam estabelecer espaços protegidos e locais onde a pessoa comum pudesse ir para se afastar da poluição e se reconectar com sua história e a vida ao ar livre. Octavia Hill permanece sendo, em muitos aspectos, a líder espiritual da filantropia. Conversamos com Jackie Jordan — uma de suas líderes atuais e diretora executiva de marca, marketing e desenvolvimento de sócios — sobre como a organização evoluiu de uma resposta do século XIX à industrialização para uma instituição de caridade no coração da Grã-Bretanha do século XXI:

> **Jackie Jordan:** Octavia é uma força muito poderosa na organização. Ouvimos as pessoas dizerem a frase "O que a Octavia diria?" como forma de nos certificarmos de que estamos pensando nos nossos princípios fundamentais e nos valores de base que nos definem como organização. Ela acreditava que as pessoas poderiam ter vidas melhores e sabia que podia fazer a diferença. Ela falava sobre a necessidade de espaço aberto — ver o céu, respirar ar fresco — como uma necessidade humana básica, que estava correndo perigo com a Revolução Industrial. Também tinha Robert Hunter, que via a necessidade de regulamentação, proteção e leis para ajudar a enfrentar alguns dos desafios daquele período histórico. E tinha Canon Rawnsley, que era um conservacionista, particularmente da paisagem, preocupado com a perda de bens patrimoniais e naturais do ponto de vista da conservação. Penso que os três, com suas perspectivas ligeiramente diferentes, provavelmente sustentam o que é hoje o Trust, porque nós operamos nessas três esferas.

Nos dias de hoje, a organização reflete, em grande medida, o encontro dessas três perspectivas diferentes sobre as questões de uma sociedade moderna. O National Trust atua em um conjunto extremamente amplo de áreas, que estão agrupadas em: natureza e vida selvagem (que promove a biodiversidade), terra e paisagem (que protege o acesso à costa e ao campo), patrimônio (que conserva casas, lugares e espaços históricos) e alimentos (que promove práticas agrícolas locais sustentáveis). O que une todas estas atividades é um princípio fundamental de Octavia Hill: "Não estamos aqui por uns poucos, estamos aqui para encantar centenas." Esse princípio orientador exige que a filantropia equilibre os objetivos simultâneos de preservar o patrimônio da nação e torná-lo tão relevante e acessível quanto possível para a população de hoje. Estamos em meio a uma quarta revolução industrial e, em muitos aspectos, enfrentamos problemas semelhantes aos enfrentados pela sociedade na primeira: poluição, degradação ambiental, falta de acesso aos espaços naturais e uma população cada vez mais concentrada nos espaços urbanos.

O que a nação precisa do National Trust no século XXI? É a pergunta estratégica central que fazemos a nós mesmos. A biodiversidade está ameaçada neste país, e muito disso ocorre porque o campo não está protegido da mesma forma que o patrimônio construído. Temos grandes desafios como resultado de algumas das formas pelas quais a terra está sendo gerida, a respeito da gestão da água e das enchentes, do espaço para a natureza e do acesso das pessoas. A ameaça ao nosso ambiente natural está bem documentada.

Outra dificuldade que a sociedade enfrenta na quarta revolução industrial é a falta crônica de tempo. Isso representa tanto um problema quanto uma oportunidade para o National Trust. Por um lado, proporciona um refúgio para as pessoas e famílias que desejam uma pausa no ritmo acelerado da vida moderna — nunca precisamos tanto de instituições beneficentes como o National Trust do que agora. Por outro lado, pode ser difícil para as pessoas da instituição comunicar a amplitude de suas atividades e por que exatamente as pessoas devem investir no apoio a ela. O resultado é que, constantemente, a organização se sente atravessando um pântano de mal-entendidos e equívocos. Alguns pensam na instituição como uma geradora de experiências e atrações para os visitantes. Muitos acreditam que é financiada pelo governo. Mas não é. Em primeiro lugar e acima de tudo, o National Trust existe para conservar espaços e lugares em prol da nação.

O nosso trabalho consiste em proporcionar às pessoas, por meio dos lugares, os benefícios que melhoram a vida. É preciso pensar sobre como conectar as pessoas com um lugar, torná-lo relevante para elas e ajudá-las a ter esse senso de valor por estarem conectadas com esse local. Não se trata de salvar o mundo. Trata-se de garantir que um lugar ou uma experiência que são muito importantes para mim, para minha família, para meus amigos, ou para minha comunidade, seja cuidado, e que, daqui a cinquenta ou cem anos, outra pessoa possa ter essa mesma experiência ou vir a essa mesma praia ou caminhar nesse mesmo campo.

Uma dificuldade particular que Jordan enfrenta é o fato de não poder dizer a alguém como desfrutar de uma praia ou de um campo. O National Trust fala muito sobre "lugares especiais", mas todos esses lugares são multifacetados e tornam-se especiais para as pessoas por razões muito diferentes.

> Oferecemos vários benefícios. Não queremos dizer às pessoas como experimentar e desfrutar dos nossos lugares. Não somos a Disney. Se você quer um pouco de isolamento, isole-se. Se quer se sentir inspirado. Se quer ser desafiado. Se quer ser ativo e ter uma experiência emocionante. Nós fazemos uma curadoria dos nossos lugares e fornecemos o que acreditamos ser expressões convincentes e interessantes deles, mas se alguém não quiser entrar em uma casa e quiser apenas sentar no jardim ou tomar uma boa xícara de chá, isso também faz parte do nosso propósito.

Não há hierarquia de necessidades em questão aqui. Cabe inteiramente ao indivíduo, família, grupo ou comunidade definir o benefício que sente ao visitar um local do National Trust. Todos os benefícios são igualmente válidos, desde que resultem em uma experiência positiva. Afinal, que necessidade é mais básica para um britânico do que uma boa xícara de chá? Esse pluralismo de benefícios aplica-se para além do indivíduo. O National Trust está ciente do papel que pode desempenhar na promoção e manutenção de comunidades coesas.

> Os nossos lugares estão em comunidades. Essas comunidades, muitas vezes, cresceram em torno desses locais, então a maneira como trabalhamos, servimos e nos engajamos com elas é extremamente importante. Uma área em que vemos uma ameaça significativa é o financiamento do governo local a um segundo nível de patrimônio e espaços verdes, independentemente de serem parques locais ou bibliotecas. Eles não são internacionalmente significativos, mas são realmente importantes para o caráter, a natureza e a vida de uma comunidade — dão a ela seu senso de orgulho, pertencimento e orientação.

Como consequência dessa visão pluralista dos benefícios que pode proporcionar, o National Trust também está explorando novas formas de financiar e entregar esses benefícios, com um foco especial na parceria: trabalhando com as comunidades para identificar novos modelos de financiamento e estruturas de financiamento comunitário e coletivo para tentar resolver algumas dessas questões, além de emprestar o próprio pessoal, recursos e expertise.

Muito pouco é feito de maneira isolada. A maioria das iniciativas envolve algum tipo de parceria, seja com a comunidade do entorno da propriedade, ou com apoiadores, membros, doadores, voluntários ou parceiros de conservação em políticas, questões e projetos. A parceria com uma grande variedade de grupos significa que a organização continua colocando uma enorme ênfase na inclusão. Um dos princípios fundadores estabelecidos por Octavia Hill era que o National Trust deveria trabalhar para muitos e não para poucos; conforme sua base de membros cresce e a de parceiros se diversifica, a organização luta cada vez mais para não cair na armadilha de tentar ser "tudo para todos".

> A questão da inclusão é um dos nossos principais temas em voga. Tem grandes implicações em termos de como desenvolvemos nossas propriedades, em torno da nossa estratégia de aquisição e na adesão. Com 5,4 milhões de integrantes, acredito que somos a maior organização de associados do país. A maioria das pessoas que se junta a nós se preocupa com a natureza e com o meio ambiente, são agentes em suas comunidades. Os dados demográficos são bastante diversos. Nós batalhamos enquanto organização, porque somos vistos quase como um tipo de espaço completa e maravilhosamente neutro. Somos tradição, aconchego e segurança, por isso lutamos quando realmente queremos pedir algo. Não podemos deixar de defender coisas que consideramos importantes, ou que devemos fazer para refletir o fato de que estamos aqui para todos no país, como a programação que fizemos para a LGBTQ 2017 e para o meio centenário da descriminalização. Isso teve uma enorme reação negativa, mas por que não deveríamos mostrar que estamos aqui para todas as comunidades?

Eis a desvantagem de oferecer uma pluralidade de benefícios para uma base de membros ampla e pluralista: em algum momento você tem que informar as pessoas sobre o que defende e o benefício final que pretende oferecer. Você não pode deixar que as outras pessoas definam por si mesmas o que você é como organização. Não importa se esse benefício é propositalmente amplo. E, certamente, não importa se esse benefício é funcional, emocional, individual ou coletivo — todos são igualmente válidos, independentemente do que os maslowianos malandros gostariam que acreditássemos. Não importa se é uma necessidade "superior" ou "básica". Tudo o que importa é que, depois de tê-lo definido, você se comprometa com ele. Jordan e o National Trust têm uma ideia muito clara do benefício final a oferecer:

> Nós falamos de fascínio. Nossa Constituição nos dá o direito de declarar inalienáveis os lugares que possuímos. É um direito que nos foi concedido pelo Parlamento, e nossos administradores são os únicos que podem assiná-lo. Uma vez que declaramos um lugar inalienável, ele só pode ser propriedade do National Trust em nome da nação. Estamos no negócio da eternidade.

Fascínio é uma grande e bela necessidade a ser entregue. É específica o suficiente para ser desejável, mas ampla o suficiente para ser aplicada a todos os públicos que o National Trust precisa engajar. Força a organização a fazer perguntas interessantes sobre si mesma e sobre a forma como irá entregar experiências que sua base de membros considerará fascinantes. É uma ideia que pode ser usada para inspirar a filantropia a ser um segmento mais interessante para trabalhar e mais inspirador para se associar. Mais do que tudo, baseia-se em um ponto de vista sobre o panorama geral, e não em um quadro de necessidades imaginárias ou em uma estrutura de arquétipo. A industrialização da sociedade despojou a vida moderna de muitos de seus fascínios. O National Trust aceitou o desafio de trazer um pouco deles de volta.

TERRITÓRIO
COMPREENSÍVEL
E DEFENSÁVEL

—

Uma ideia bela é melhor do que uma ideia grande.

Ideias

8

FORA DO MUNDO DOS NEGÓCIOS, ONDE VOCÊ PROCURA INSPIRAÇÃO?

Uma conversa com **Stephen Twining**
Diretor de relações corporativas e *master blender*
TWININGS

Em 2018, Michael E. Porter e Nitin Nohria acompanharam como os CEOs gastam seu tempo.[35] Passaram três meses estudando a atividade de 27 CEOs, dividindo cada dia em fragmentos de quinze minutos. Os pesquisadores concluíram que o trabalho de um CEO é oneroso: os líderes no estudo trabalhavam uma média de 9,7 horas por dia e em 79 por cento dos fins de semana (em que passaram 3,9 horas por dia trabalhando), tempo complementado por setenta por cento dos dias de férias, em que 2,4 horas por dia foram dedicadas ao trabalho. O tempo de não trabalho é escasso, os CEOs têm cerca de seis horas por dia entre a rotina agitada do trabalho e suas 6,9 horas de sono. Dessas seis horas, cerca de metade é gasta com a família e pouco menos de uma hora é gasta em exercícios (os CEOs parecem gostar de se comparar com os atletas de elite e consideram a manutenção da aptidão física como algo essencial para lidar com as exigências do trabalho).

O CEO médio gasta apenas duas horas por dia em inatividade, como assistindo à TV ou praticando hobbies. Dado o quão inevitavelmente desgastante a vida profissional de um CEO se tornou, não é realista esperar qualquer relação profunda com a cultura. Depois de um dia de trabalho de dez horas, a maioria de nós preferiria passar duas horas na companhia de Jon Snow do que na do filósofo John Locke.

A ARTE NOS TIRA DA ROTINA

Essa falta de tempo para o desenvolvimento cultural parece uma vergonha, não apenas da perspectiva de ter líderes completos, mas em termos do potencial da arte e da cultura para melhorar a forma como fazemos negócios. O estudo do tempo dos CEOs ecoa uma opinião expressa pela romancista americana Ursula K. Le Guin: "A rotina diária da maioria dos adultos é tão pesada e artificial que ficamos fechados para uma boa parte do mundo. Precisamos fazer isso para conseguirmos fazer nosso trabalho. Acho que um dos propósitos da arte é nos tirar dessas rotinas. Quando ouvimos música, poesia ou histórias, o mundo volta a se abrir."[36] Isso parece ser particularmente verdadeiro para o CEO moderno. Iris Murdoch também acreditava que a arte tem o poderoso e importante papel de estimular a imaginação pública. Em uma entrevista de 1977 com o filósofo e radialista britânico Bryan Magee, ela defendeu a arte como uma forma de abrir nossos olhos para o mundo ao nosso redor: "É importante manter a ideia de que a arte é sobre o mundo, ela existe para nos destacarmos no contexto do nosso conhecimento comum... A boa arte é boa para as pessoas precisamente porque não é fantasia, mas imaginação. Ela quebra o controle de nossa vida maçante e fantasiosa e nos estimula ao esforço da verdadeira visão. Na maioria das vezes, não conseguimos ver o grande mundo real porque estamos cegos pela obsessão, ansiedade, inveja, ressentimento, medo. Nós construímos um pequeno mundo pessoal no qual permanecemos fechados.[37]

Parece injusto esperar que os CEOs exerçam uma liderança visionária sem algum tipo de inspiração externa. Arte, música, poesia, escultura e literatura fornecem um antídoto para as pressões de gerir um negócio e nos ajudam a ver as possibilidades do mundo. Alguns CEOs visionários incorporam a ideia de uma abordagem mais completa e imaginativa do trabalho e da vida. Daniel Ek é cofundador do Spotify e foi eleito a pessoa mais importante na indústria da música pela revista *Billboard* em 2017, mas tentou e falhou em uma série de outras coisas primeiro. No fim da adolescência, passou um ano tentando ser músico em tempo integral, antes de perceber que não era bom. Ele chegou a uma conclusão semelhante sobre programação de computadores. O reconhecimento de que estava destinado a ser um "pau para toda obra" lhe deu permissão para se tornar um "aprendiz". Ek gosta de estar envolvido no maior número possível de projetos do Spotify, mas deixa o trabalho para os outros. E ele é extremamente disciplinado ao separar um tempo para a criatividade no seu dia — mesmo que isso signifique faltar às reuniões.

Espera-se que as pessoas no Spotify sejam "aprendizes". As carreiras desenvolvem-se como uma série de "missões" — qualquer funcionário realizará uma missão durante alguns anos, no máximo, antes de passar para uma nova função. Isso mantém um senso de urgência em cada tarefa, assegurando que eles não acabem focados demais em um único aspecto do trabalho, dando-lhes uma visão mais ampla da organização: o objetivo final do Spotify é apoiar um milhão de artistas para que possam viver de sua arte. Ek não quer apenas construir um negócio, quer gerar um impacto positivo na forma de arte que o inspira: "Eu quero que esta empresa impacte a cultura, que a impacte positivamente. Se você construir algo valioso para as pessoas, então terá construído uma empresa valiosa. Meu cofundador disse há alguns anos que o valor de uma empresa é a soma de todos os problemas resolvidos. Os problemas que estamos resolvendo neste mundo e o valor que estamos construindo se refletirá no valor da empresa. Esse valor continuará sendo valioso a cada trimestre? Provavelmente não. As pessoas vão trocá-lo por coisas melhores ou piores, mas isso é sentimentalismo. Meu foco é o longo prazo, inspirando um bilhão de pessoas com essa criatividade, criando novas formas expressão."[38]

ENTREGA E RECEBIMENTO DE CULTURA

Os dias de Ek não são menos agitados do que os do CEO médio — ele admite passar dias sem dormir —, mas mostram uma consciência muito mais forte do contexto cultural em que trabalha e da contribuição que gostaria que seu negócio oferecesse. Isso parece óbvio para um negócio de *streaming* de música, mas qualquer organização bem-sucedida pode se beneficiar de entrega e recebimento de cultura. Um aspecto marcante do estudo do tempo dos 27 CEOs é que apenas dois deles são mulheres. A diversidade — não apenas a diversidade de gênero — continua sendo um problema. Os CEOs não poderiam encontrar inspiração prática na literatura feminista? Escritoras talentosas como Adrienne Rich desenvolveram poderosos insights sobre noções de honra e honestidade nas relações humanas, por exemplo, sobre nossa tendência a mentir quando estamos em posição de impotência e como isso afeta a qualidade de nossas relações: "As possibilidades que existem entre duas pessoas, ou entre um grupo de pessoas, são uma espécie de alquimia. São a coisa mais interessante da vida. O mentiroso é alguém que continua perdendo de vista essas possibilidades."[39]

QUALIDADES DE LIDERANÇA PARA UM CEO

Bravura, honestidade, a capacidade de comunicar ideias complexas de forma bela, a visão para identificar as possibilidades que os outros deixam passar — todas essas são qualidades que devemos procurar nos nossos líderes. Mas são qualidades que um CEO que corre contra o tempo dificilmente cultivará. O mandato médio dos CEOs das empresas Standard & Poor's 500 é de cinco anos — não há muito tempo para identificar uma oportunidade futura e desenvolver uma estratégia e uma cultura de trabalho.[40] Não é de admirar que os CEOs trabalhem tanto à noite, fins de semana e feriados. O ensaio de Bertrand Russell "How to Grow Old" ["Como envelhecer", em tradução livre] dá um bom conselho: "Torne seus interesses gradualmente mais amplos e impessoais, até que, pouco a pouco, as paredes do ego diminuam e sua vida se funda cada vez mais na vida universal."[41]

Os CEOs realmente podem ter sucesso seguindo esse conselho? Afinal, Russell era um grande lógico, mas nunca dirigiu uma empresa S&P 500. Mas Warren Buffett, sim, e tem feito isso desde 1965. Seu dia de trabalho é a própria antítese do atleta corporativo "moderno". Ele acorda um pouco cedo (às 6h45), mas não porque está ansioso para ir ao escritório ou à academia. Em vez disso, lê alguns jornais. Para no McDonald's a caminho do trabalho, onde sua escolha do café da manhã é governada pelo quão "próspero" se sente naquele dia. Buffett engole o café com uma Coca-Cola (uma vez ele disse à revista *Fortune* que é composto por "um quarto de Coca-Cola") ou um *smoothie* de morango. Seria de se esperar que esse tipo de dieta conduzisse a maioria dos CEOs a um túmulo precoce, mas sua decisão de comer como uma criança de seis anos é baseada em um insight colhido em tabelas atuariais: essa é a faixa etária com a menor taxa de mortalidade. Ele vai trabalhar porque quer, e não porque precisa, e, às vezes, só aparece depois da abertura dos mercados. No escritório, estima que gasta oitenta por cento do tempo lendo e recomenda quinhentas páginas por dia. Às vezes, ele leva as pessoas ao McDonald's na hora do almoço. Depois do trabalho, joga *bridge* ou toca ukulele. E se certifica de estar na cama às 22h45 para dormir oito horas completas. É provável que Buffet gaste em torno de duas a três horas de seu dia realizando o que a maioria de nós consideraria "trabalho real"... e ele vale cerca de 87 bilhões de dólares. Dieta à parte, parece ser um modelo decente para o sucesso.[42]

Twinings
O chá é a resposta

George Orwell apreciava uma boa xícara de chá. Ele gostava tanto de chá que em 1946 publicou um ensaio no *Evening Standard* sobre como fazer o chá perfeito.[43] No ensaio, ele descreve a bebida como um dos pilares da civilização na Grã-Bretanha. E com razão. Os britânicos têm uma obsessão peculiar pela bebida: bebem mais de sessenta bilhões de xícaras de chá todos os anos. Isso se deve, em grande parte, à iniciativa e ao esforço de um homem e de sua família: Thomas Twining da R. Twining and Company Limited, detentora de um Royal Warrant, um título que classifica a marca como fornecedora da família real, e mais popularmente conhecida como Twinings Tea. Sua história começa em 1706, quando Thomas comprou uma cafeteria na rua Strand. Ele já havia trabalhado para um comerciante da Companhia das Índias Orientais, onde havia aprendido sobre chá e como importá-lo para a Grã-Bretanha. O café e o gim eram as bebidas populares da época, então Thomas Twining decidiu que seu diferencial seria vender chá, cada vez mais popular nas classes altas. Em 1717, expandiu o negócio para três casas adjacentes e abriu uma loja de chá ao lado, na 216 Strand, que existe ainda hoje. Nos séculos seguintes, o negócio se expandiu ao longo de gerações da família Twining: Daniel Twining em 1741, Mary Twining em 1762 (sim, uma CEO mulher!), depois uma sucessão de Richards. A família continua envolvida no negócio até hoje: Stephen Twining é diretor de relações corporativas na equipe de marketing internacional e *master blender*. Ele está no negócio desde 1985, e seu papel é espalhar a mensagem da Twinings por todo o mundo, certificando-se de que o compromisso da empresa, em fornecer chá da mais alta qualidade, nunca seja quebrado. Nós conversamos com ele na sede da Twinings em Andover, tomando uma xícara de chá (um agradável Twinings China Rose).

A família Twining tem uma regra importante: você pode nascer um Twining, mas o envolvimento na empresa familiar é voluntário e determinado apenas pela paixão de oferecer um excelente chá ao mundo. A percepção de Stephen Twining de que queria dar prosseguimento à missão familiar veio em uma idade extremamente jovem, com apenas oito anos. O pai tinha doado vários chás à escola em que ele estudava, e seu professor organizou uma degustação de chá como um presente de fim de ano para as crianças. Lendo nas entrelinhas, parece que Stephen não era o mais sério dos alunos, então o professor o convidou para ficar na frente e contar aos colegas sobre cada chá, em vez de fazer perguntas maldosas dos fundos. E foi então que ele teve seu momento "eureca":

> **Stephen Twining:** Acho que bebemos oito chás. Havia alguns verdes, Darjeelings e Earl Greys. Imediatamente meus colegas de turma pensaram, "Uau, isso é tudo chá", porque como é que outra criança de oito anos saberia tanto sobre chá? Era só um líquido castanho-escuro com um pouco de leite; uma bebida, um nome, muito simples. Eu me lembro de pensar: "Como é que alguém pode não saber sobre chá?" Depois a ficha caiu. Se não sabiam, talvez o resto do Reino Unido não soubesse sobre chá. Talvez o resto do mundo não soubesse. Naquele momento eu soube que ensinaria ao mundo sobre chá.

Oito anos é um pouco cedo para se juntar ao negócio da família. Stephen entendeu que um pouco mais de experiência de vida seria necessário. Então, uma década depois, passou um ano na Austrália desempenhando trabalhos manuais, viajando e fazendo amizade com os locais. A experiência lhe ensinou uma importante lição de vida:

> Acho que aprendi, na Austrália, a ser um bom viajante. Ao morar com australianos, você começa a entender a Austrália. Depois começa a compreender um pouco mais. Eles o deixam entrar e lhe dão a oportunidade de ir além do superficial. Se você simplesmente olha uma estátua ou um palácio e tira algumas fotos, não está viajando de fato. Está apenas vendo algo diferente, mas não está realmente viajando.

Ao retornar, Stephen tentou se alistar no exército. Isso, ele acreditava, iria dotá-lo de habilidades de liderança inestimáveis para cumprir sua missão de ensinar ao mundo sobre chá. O exército não o aceitou. Então ele foi para Londres e arranjou um emprego como consultor financeiro. Foi divertido, mas não era sua vocação. Em 1985, o pai lhe deu a oportunidade de se tornar um estagiário em uma distribuidora de chá, para ver o negócio da família de um ângulo diferente. Então o acaso entrou em cena. O gerente da loja da Strand saiu da empresa de repente e Stephen foi ajudar. Em seguida, quando o representante de vendas da empresa no norte de Londres estava prestes a se aposentar, Stephen foi convidado a preencher a lacuna novamente. Ele passou nove anos na função, reunindo-se com clientes e espalhando a mensagem, antes de entrar para a equipe de marketing. À medida que a aposentadoria de seu pai se aproximava, Stephen começou a lidar com o restante do negócio.

> Passei algum tempo com os provadores de chá. Acho que não conseguiria fazer isso hoje, mas costumava ser capaz de operar uma máquina de sacos de chá, por isso passei algum tempo na produção e em todos os departamentos. Fui à Índia e ao Sri Lanka, escolhi o chá, vi como crescia, vi os processos e as complexidades do produto. E depois, em 1997, comecei neste cargo. Planejaram uma sobreposição [com meu pai], o que foi ótimo, porque consegui trabalhar com ele. Uma das melhores lições que ele me ensinou foi me fazer organizar eventos, porque é muito fácil não os valorizar quando você simplesmente aparece e faz o discurso. Se você já fez esse trabalho, então sempre aprecia um bom evento, porque sabe quanto trabalho exigiu.

Essa transferência de pai para filho é rara no mundo empresarial moderno, mas beneficiou ambos. O pai de Stephen foi capaz, passo a passo, de reduzir seu envolvimento no negócio sem sacrificá-lo. E Stephen foi capaz de facilitar gradualmente seu caminho, ganhando conhecimento e confiança à medida que avançava. Quando criança, Stephen estava mergulhado no mundo do chá. Durante a juventude, estava mergulhado no negócio. E, com o passar do tempo, mergulhou no mundo e nas suas muitas culturas.

> Ele se aposentou e o mundo se transformou na minha ostra. Quando comecei a viajar, os primeiros destinos foram Noruega, Suécia e Finlândia. Três anos depois, acrescentei a Austrália, depois o Oriente Médio e o Extremo Oriente. Eu me envolvi tentando dar suporte a tantos mercados quanto pude. Então me transferi para a equipe internacional porque fazia mais sentido. Uma das minhas experiências mais interessantes

> foi o Japão. Em uma sexta-feira à noite, o chefe da empresa com quem estávamos trabalhando levou a equipe a um restaurante, onde bebemos muita cerveja e comemos muito. Mas a parte que me fascinou foi que, durante aquelas duas horas, qualquer um deles podia falar o que quisesse ao patrão. Ser admitido na família ou na equipe é uma verdadeira viagem. Essa foi uma experiência verdadeiramente fascinante e me deu insights sobre a maneira como as pessoas pensam.

Stephen Twining começou a ensinar ao mundo sobre chá e acabou por aprender sobre o mundo, não só em termos de chá, mas também sobre o contexto cultural mais amplo em que o chá é consumido. É um mundo incrível, no qual os britânicos (e os irlandeses) são caracteristicamente excêntricos. Praticamente todos eles tomam o chá com leite. O restante do mundo tende a consumir chá de forma muito diferente. Apesar dessa diversidade de contextos culturais, os Twining conseguiram criar uma empresa britânica que vende chá para 115 países no mundo todo. Esse sucesso é o resultado de um compromisso com a qualidade do chá, mas igualmente importante é a vontade de aprender e compreender a cultura dos mercados para os quais vendem, não apenas de se satisfazer com a compreensão do "consumidor".

Há um ponto de vista que diz que, à medida que envelhecemos, nossa capacidade de aprender diminui. Essa não é uma visão que Stephen Twining compartilha. Ele passou a maior parte da vida trabalhando com chá, mas está mais curioso do que nunca. Também passou a maior parte de sua vida viajando pelo mundo e experimentando outras culturas, mas seu apetite não diminuiu.

> Passei tanto tempo nesse negócio que agora posso dizer coisas que não sei sobre chá, o que me dá a oportunidade de ir atrás e descobrir. Existem muitos jardins de chá na China, e todos eles têm histórias maravilhosas — o chá da Princesa de Ferro e por aí vai. Aqui nós oferecemos um curso para as equipes de vendas e marketing, que dura basicamente um mês. Mas o objetivo é que sejam capazes de terminar o curso e dizer: "Agora eu sei o que não sabia."

Não é só o fato de a sabedoria vir com a idade. É que, à medida que adquirimos um novo conhecimento, o insight que coletamos nos leva a fazer uma nova pergunta, o que cria uma curiosidade que não existia antes. É dessa forma que alguém tão curioso e interessante como Stephen Twining consegue passar a vida inteira focado em uma única e simples missão e permanecer cada vez mais comprometido com ela conforme o tempo passa. Será que ele conseguirá ensinar ao mundo sobre chá? Ele fez grandes progressos. E ainda há muito tempo.

TERRITÓRIO
COMPREENSÍVEL
E DEFENSÁVEL

—

A nossa capacidade de aprender melhora com a idade.

9

O que você poderia eliminar do seu negócio hoje que suspeita que ninguém sentiria falta?

Uma conversa com **Craig Smith** e **Ian Woof**
Cofundadores
Ownable

Nós adoramos fazer essa pergunta. A resposta inicial é geralmente algo rude sobre o departamento de marketing ("fantoches") ou sobre a equipe de RH (chamados de "restos humanos" por um cliente e descritos por outro como "pouco humanos e com poucos recursos"). Mas uma introspecção mais séria geralmente se segue e toma direções surpreendentes. A maioria das organizações tem dezenas, se não centenas de programas e iniciativas bem-intencionadas que não têm nenhuma conexão evidente com sua estratégia organizacional ampla. Elas são muitas e variadas: incluem o patrocínio de eventos esportivos aparentemente aleatórios, acrobacias de marketing, truques de pesquisa e desenvolvimento (P&D), campanhas com celebridades, esquemas complexos de incentivo, microssites e — a queixa mais comum de todas — reuniões de briefing tediosas e rotineiras que parecem não ter nenhum propósito óbvio. A pergunta geralmente revela um tsunami de práticas ineficientes ou inúteis que têm sido permitidas por uma combinação de política interna, inércia corporativa e tédio resignado. Sua eliminação provavelmente não irá revolucionar a organização, mas tornará o trabalho um lugar mais agradável e eficiente para estar.

Um homem tem uma resposta um pouco mais radical à pergunta sobre o que eliminar das organizações: dados de clientes. Ele não é um *hippie* ou um louco. É um ex-aluno do Centro de Internet e Sociedade Berkman Klein da Universidade de Harvard, editor-chefe do *Linux Journal* e membro do Centro de Informação, Tecnologia e Sociedade da Universidade de Santa Barbara. Seu nome é Doc Searls e sua visão é que a forma como as empresas recolhem e utilizam os dados dos clientes é pouco educada, contraproducente e insustentável.[44] Seu argumento é que as empresas tendem a pensar nos dados dos clientes como uma forma de "captar" as pessoas, o que se reflete na linguagem que os comerciantes tendem a utilizar: "visamos", "adquirimos", "gerimos" e "retemos" os clientes. Doc Searls descreve isso como uma forma de loucura corporativa.

Felizmente, ele também acredita que essa insanidade é temporária.

A razão para isso é que as pessoas estão gradualmente começando a recuperar a propriedade e o controle sobre os próprios dados. Uma pesquisa realizada pela AudienceProject, em 2018, descobriu que 25 por cento dos usuários de computadores e oito por cento dos usuários de celulares usam softwares de bloqueio de acesso.[45] A implementação, em maio de 2018, do Regulamento Geral sobre a Proteção de Dados (RGPD) da União Europeia também colocou significativamente mais poder nas mãos das pessoas no que diz respeito à coleta, armazenamento e divulgação dos seus dados. Na visão de futuro de Doc Searls, elas terão controle sobre seus dados a ponto de usá-los para sinalizar suas intenções, criando aquilo que ele chama de uma "economia intencional". Nesse futuro, se eu quiser comprar uma lâmpada para minha casa, vou simplesmente sinalizar essa intenção ao mercado com minha ferramenta de dados pessoais e depois me sentar e esperar enquanto os fornecedores alertados competem uns com os outros para me fornecerem essa lâmpada da maneira mais rápida, confiável, barata e convenientemente possível.

Doc Searls não é uma voz solitária e lunática. Richard Thaler, o economista americano coautor de *Nudge*, também acredita que o consumidor do futuro será mais inteligente e capacitado. Em um artigo da *Harvard Business Review*, de 2013, ele aponta para o exemplo do GPS, que acrescentou aproximadamente 0,4 por cento ao produto interno bruto (PIB) dos Estados Unidos desde que os dados foram disponibilizados gratuitamente às empresas e ao público em 2000.[46] Na visão de Thaler sobre o futuro, as mudanças na divulgação de dados estimularão o desenvolvimento de uma nova geração de serviços chamados "motores de escolha", que ajudarão os consumidores a tomar melhores decisões com base nos seus dados. Nesse futuro, será possível compartilhar os dados de utilização do celular para que as operadoras de telefonia possam competir para fornecer uma tarifa personalizada com base nos padrões de utilização. O motor de escolha financeira rotineiramente irá mudar as empresas que fornecem contas bancárias, hipotecas, contas-poupança e cartões de crédito, para que o consumidor sempre se beneficie das melhores taxas disponíveis com base nos próprios gastos e objetivos financeiros.

Nesse futuro, as empresas não competirão para "ter" clientes e seus clientes, elas irão competir para acessar, organizar, analisar e apresentar dados abertos e de propriedade do cliente de maneiras mais úteis e fáceis de usar. Os clientes terão mais poder e, segundo alguns, mais liberdade na economia intencional. Mas também há vantagens potenciais para as empresas. No momento, devido ao fato de as empresas com que lidamos competirem entre si para "ter" dados sobre nós, ninguém se beneficia de uma visão única ou completa dos nossos comportamentos e intenções. O programa de fidelização do supermercado que frequento pode captar informações detalhadas sobre os gastos que tenho lá, mas não faz ideia dos alimentos e bebidas que compro em outros supermercados, lojas de conveniência, cafés, pubs, bares e restaurantes. A American

Express pode analisar o que eu gasto no meu cartão de crédito, mas não tem informações sobre os gastos diários da minha conta-corrente. Na economia intencional, eu poderia optar por compartilhar meus dados por mecanismos de escolha para ajudar as organizações em que confio a fornecer produtos e serviços que melhor atendam às minhas necessidades.

ESSE FUTURO VAI ACONTECER?

Os proponentes da economia intencional sugerem que esse futuro é inevitável. A regulamentação governamental está cada vez mais focada na proteção dos dados pessoais e na promoção de iniciativas de dados abertos que normalizem a forma como os dados são estruturados e compartilhados. A crescente sofisticação dos algoritmos, o aumento do aprendizado de máquina, a redução do custo do armazenamento de dados e do poder de processamento também são um bom presságio para a economia intencional. Mas há fatores limitantes, e o mais importante deles é a falta de vontade, por parte das empresas, de renunciar ao controle dos dados. Minha operadora de telefonia tem pouco incentivo para partilhar meus dados de utilização com as concorrentes, e só o fará se for obrigada. A grande questão é saber se os governos e o público irão exercer pressão suficiente para que isso aconteça. Os sinais são bons. Em resposta à segunda Diretiva de Serviços de Pagamento (PSD2) da União Europeia, cerca de noventa por cento da população do Reino Unido tem acesso a serviços bancários abertos. Espera-se não só que isso gere uma onda de inovação destinada a melhorar a escolha, aumente a eficiência do setor bancário britânico e reduza os custos, mas que também proporcione benefícios sociais em termos de uma maior capacidade de combater fraudes, lavagem de dinheiro e evasão fiscal. Os bancos do Reino Unido que fazem parte do grupo Big Six têm sido criticados na mídia por sua lenta aceitação do sistema bancário aberto, enquanto os custos de implementação têm limitado a adoção do sistema. A mudança para a economia intencional parece muito provável, mas o ritmo da mudança pode vir a ser bem lento e é possível que ela seja impulsionada por empresas menores e empreendedoras, em vez de "proprietários" históricos de dados, que têm fortes razões para ficarem enrolando.

Ownable
A economia intencional em ação

Craig Smith e Ian Woof não são os típicos empreendedores de tecnologia. Não são millennials. Não ficam nas cafeterias em Shoreditch, o bairro *cool* de Londres, aproveitando o Wi-Fi. Não se conheceram em um programa de aceleração tecnológica. E nós nunca os veremos usando calças *skinny* ou andando de bicicleta.

Ambos são polímatas e empreendedores em série. A experiência de Smith é em design de produtos e web design, embora ele tenha se formado em direito. Woof trabalhou em networking, imagem e arquitetura de software antes de fazer a transição para o investimento privado, estratégia de saída e consultoria de prontidão do investidor. Ambos têm o hábito de terminar as frases um do outro, o que, para efeitos da nossa entrevista, torna impossível saber exatamente quem está dizendo o quê.

A Ownable existiu de várias formas diferentes antes de chegar à configuração atual. Sua herança é complexa e complicada — Smith inicialmente desenvolveu a tecnologia para ajudar os artistas a apresentar seus trabalhos on-line. Quando Woof entrou a bordo, a aplicação da tecnologia evoluiu em uma direção mais comercial: transformar anúncios em interações que permitissem ao consumidor comprar diretamente, em vez de ter que pesquisar na internet ou na Amazon. Ficou confuso? Se sim, você não está sozinho. É uma ideia grande.

Mas também é extremamente difícil de entender. As reuniões iniciais com os investidores frequentemente duravam duas ou três horas.

Ian Woof: As primeiras reuniões de investimento demoraram horas. O pessoal estava muito empolgado, não nos pediam para sair ou encurtar a reunião, mas um investidor nos disse: "Sei que vocês têm algo bom aqui, mas, quando sair da sala, não vou conseguir descrever para ninguém." Então, saindo da reunião, dissemos: "Certo, precisamos simplificar tudo. Precisamos ser capazes de descrever isso a alguém em termos novos, para transmitirmos qual é a essência.

A economia intencional estava no centro da ideia deles. Eles queriam apresentar sua tecnologia como uma forma de ajudar as pessoas a comprar produtos no momento em que percebem que os querem. Então, perguntaram-se onde era mais provável que esse ponto de percepção acontecesse. As reuniões iniciais com os investidores foram difíceis, porque o conceito era muito amplo — eles estavam tentando aplicar sua tecnologia em todos os tipos de mídia, de *outdoors* a revistas e publicidade na TV. Então decidiram se concentrar em um único meio: revistas.

Você não pode simplesmente dizer: "Olha, essa coisa pode mudar o mundo." Eu estremeço quando penso sobre algumas das coisas que fizemos e como. A primeira coisa que fizemos foi tomar a decisão de não dizer às pessoas cerca de 99 por cento do que poderíamos fazer, e nos concentrar no que poderíamos descrever mais facilmente. Focamos as revistas como fonte de inspiração. No Reino Unido, 530 milhões de revistas ainda são vendidas por ano. Há profissionais por trás da sua elaboração que pensam no conteúdo. O público é ótimo, mas não estão vendendo para ele. Eles têm mecanismos terríveis para permitir que as pessoas comprem. Você olha para uma página e pode levar vinte minutos para encontrar a coisa sobre a qual estão falando e comprá-la.

Eles desenvolveram um novo nome para sua empresa a fim de ajudar a comunicar essa nova área de enfoque: SeeninPrint [junção de *seen in print*, ou "visto no impresso", em tradução livre]. Eles também decidiram se concentrar em grandes editoras com um enorme catálogo. Essencialmente, articulavam o benefício único e simples que sua tecnologia era capaz de proporcionar: imediatismo.

Com um aplicativo simples, qualquer leitor de revista poderia comprar imediatamente qualquer produto que chamasse a atenção. Os fornecedores desse produto receberiam o pedido no momento de inspiração, em vez de ter que confiar no leitor para se lembrar do produto e navegar na internet para encontrá-lo. E o editor da revista receberia dados sobre a popularidade das páginas e dos produtos, que poderiam então ser usados para adicionar o valor para os anunciantes e às equipes editoriais.

Em teoria, SeeninPrint foi um exemplo de relação em que todos ganham na economia intencional. Na prática, Smith e Woof precisavam desenvolver uma abordagem que refletisse o imediatismo, seu principal benefício.

> Começamos a conduzir as reuniões com uma demonstração. Aqui está sua revista. Aqui está ela no aplicativo. Vou comprar um produto dessa página. Comprei. Neste momento, você diz: "Acabei gerar esta quantia de dinheiro para você. Você sabe que eu olhei esta página e você cobrou um valor de inscrição em uma transação." Não precisávamos explicar muito. E, em um mundo de apresentações em PowerPoint, exemplos de coisas físicas são realmente poderosos. A parte seguinte da apresentação era uma folha de cálculo que colocávamos na tela e que dizia: "Nosso modelo diz que a cada 53 anos pensamos que alguém vai comprar algo que valha 480 libras", que era o valor médio do produto. E, se isso for verdade, você vai ganhar esta quantia de dinheiro. Aqui está um modelo em branco. Diga para nós o que vocês pensam. Uma editora disse: "Acho que eu provavelmente compraria quatro ou cinco coisas que encontro aqui por ano, mas elas não custariam 480 libras. Seriam 150, 200, 250 libras." Pusemos esses números no modelo e a contribuição monetária para o negócio dela foi de milhões. Foi mais do que o lucro total do ano, com base nos cálculos dela.

A nova abordagem começou a dar frutos. Os editores concordaram em realizar testes em títulos menores para estabelecer a prova de conceito. A simplicidade da ideia foi convincente. Os editores não eram obrigados a fazer qualquer investimento, além de divulgar o aplicativo nas revistas relevantes e comunicar quais itens estavam disponíveis para compra, enquanto a margem sobre a venda de cada item seria dividida igualmente entre a editora e a SeeninPrint. O *case* comercial era convincente, e as reuniões com as editoras iam bem até o momento em que Smith e Woof revelaram o logotipo da SeeninPrint, que se assemelhava a um ícone estilizado de jornal: particularmente não desejável, nem bonito, nem significativo. A ideia tinha evoluído para algo muito simples e ficou claro que a marca da experiência precisava seguir o exemplo. Assim, nasceu a marca Ownable, bem como um sistema de identidade concebido para comunicar a simplicidade de uma experiência de compra em estilo "toque na página para comprar". A própria marca foi concebida para funcionar como uma marca de aceitação — Smith e Woof mencionam frequentemente o logotipo "sem contato" —, que pode ser utilizado para indicar a disponibilidade do serviço em uma capa, página ou artigo.

Além de simplificar a forma como a tecnologia foi comercializada, houve também uma grande ênfase em garantir que a própria experiência entregasse o imediatismo prometido. Durante o desenvolvimento do aplicativo, alguns recursos extras foram adicionados. Alguns deles tinham sido solicitados por editores. Outros foram o resultado de brainstorms sobre como tornar a experiência mais sofisticada. Em última análise, Smith e Woof concentraram-se em reduzir a funcionalidade aos recursos que proporcionavam uma experiência sem atrito, tudo o que pudesse distrair ou prejudicar o imediatismo da experiência estava escondido.

> Não dá para evitar a adição de recursos. Desenvolvemos um sistema sofisticado para salvar coisas em listas, que você pode então compartilhar com duas ou três pessoas. São uma boa ideia, mas ficam no caminho da mensagem central, então, por enquanto, estão escondidas no fundo. Não tiramos a tecnologia, mas tiramos as mensagens.

O aspecto mais desafiador do lançamento da Ownable foi a construção de uma base de apoio entre os fornecedores de produtos. Muitos têm respondido com uma combinação de preocupação e alarmismo sobre o potencial de interrupção de seus mecanismos de fornecimento existentes. Em muitos casos, os produtos são entregues por franqueados ou por uma complexa rede de parceiros, que veem a Ownable como uma ameaça, e não como uma fonte adicional de vendas ou uma forma de capturar a demanda latente de seus produtos. Em muitos aspectos, esse é um estudo de caso sobre as barreiras que existem para a consolidação de uma economia intencional: atender à demanda de forma mais eficiente envolve a ruptura dos canais e relações do lado da oferta, bem como uma maior cooperação entre as organizações. Nesse caso, editores, fornecedores de produtos e leitores de revistas têm potencial para se beneficiar, mas isso significa aprender a interagir uns com os outros de novas maneiras. O papel da Ownable é tornar essas novas interações e transações tão simples e gratificantes quanto possível.

A verdadeira beleza do modelo da Ownable é que ele fornece uma fonte de dados rica que pode ser usada para tornar a experiência ainda mais simples e gratificante ao longo do tempo. Os jornalistas podem medir a influência do seu editorial. Os editores podem ajudar os anunciantes a compreender como melhorar o retorno do seu investimento em marketing. E os fornecedores podem entender mais sobre os clientes a quem vendem.

> Nós subestimamos o valor dos dados que temos. No passado, tudo que os editores sabiam sobre uma revista era o número de exemplares que tinham sido impressos, se haviam sido vendidos ou não e o que os assinantes faziam. Após três ou quatro dias depois de nossa primeira edição ter sido lançada, pudemos mostrar ao editor as páginas e produtos mais populares. Eles disseram: "Certo, queremos mais dois títulos antes do Natal, porque queremos essa compreensão destes títulos." A principal coisa que os editores gostariam de fazer seria trazer de volta a receita de publicidade que costumavam ter. Se esses dados puderem ajudá-los a voltar ao mercado dizendo: "Nosso público impresso está adorando seus produtos", acho que seremos impulsionados pela publicidade e pelo apoio à publicidade, bem como ao editorial deles.

O maior desafio que a Ownable enfrentará à medida que se desenvolve é continuar resistindo à necessidade de complicar. Sua tecnologia pode ser aplicada muito além da estrita área a que se destina. Há muito potencial para adicionar funcionalidades e recursos que satisfaçam necessidades mais sofisticadas do que imediatas. Mas cada benefício adicional acrescenta complexidade a um negócio que se vendeu pela simplicidade. Por isso, Smith e Woof têm um lema não oficial que usam para se manterem no caminho: "Rápido, esperto e simples." Se continuarem cumprindo esse lema, todo o resto se encaixará.

TERRITÓRIO
COMPREENSÍVEL
E DEFENSÁVEL

—

A complexidade é o inimigo.

10

É MAIS IMPORTANTE PARA SEU NEGÓCIO SER CONFIÁVEL OU INOVADOR?

Uma conversa com **Amy Thom**
Diretora de marketing
GAP EUROPA

Por que alguém argumentaria contra a inovação? Você teria que ser louco. O crescimento é absolutamente fundamental para a valorização das empresas. Sem ele, não seria possível recrutar e promover pessoas talentosas, ou gerar o lucro necessário para atrair investidores e sustentar a organização no longo prazo. O imperativo de crescimento exige que uma empresa antecipe as necessidades e motivações dos clientes de amanhã para ir além dos estilos de trabalho de hoje e desenvolver novas formas de satisfazer necessidades até então não identificadas nem atendidas.

A necessidade de inovar é tão evidente que mal parecemos questioná-la. Como resultado, todos nós inovamos como loucos, impulsionados por histórias de cautela de empresas outrora grandes que não conseguiram inovar e, posteriormente, desapareceram: Woolworths, Kodak,

AOL e Blockbuster. As velhas noções de consistência e confiabilidade sucumbiram a uma mentalidade mais ágil e empreendedora. Nesse ambiente, o fracasso é inevitável e aceitável, muitas vezes celebrado como prova de um compromisso cultural de inovar ou morrer.

INOVAÇÃO NÃO É UMA CORRIDA

Na verdade, o fracasso tornou-se um aspecto quase onipresente da vida empresarial moderna. Shikhar Ghosh, professor sênior da Harvard Business School, estima que cerca de três quartos das startups americanas faliram.[47] Um artigo da Nielsen de 2018 sobre as causas comuns do fracasso na inovação estima que oitenta a 85 por cento dos lançamentos de produtos FMCG (bens de grande consumo) falham.[48] O artigo da Nielsen argumenta que esse fracasso é o resultado do foco em necessidades de nicho em detrimento de necessidades mais amplas, priorizando a velocidade de lançamento do produto sobre a qualidade da experiência e fornecendo suporte de marketing insuficiente após o lançamento. Em outras palavras, as organizações estão inovando muito e rapidamente, quando seria melhor inovar de forma mais lenta e confiável. Parece que o consumo excessivo do Kool-Aid da inovação nos fez esquecer a velha máxima de que quem avança devagar, mas constantemente, vence a corrida.

Jill Lepore escreveu um ataque mordaz ao culto da inovação em um artigo de 2014 na *New Yorker* intitulado "The Disruption Machine" ["A máquina disruptiva", em tradução livre].[49] Ela ressalta que, no passado, a palavra "inovar" era usada para designar uma novidade inútil e sem sentido. Isso inspirava suspeitas. Em seu leito de morte, diz-se que George Washington teria alertado contra a inovação na política. Lepore também desconfia da inovação: "Substituir 'progresso' por 'inovação' põe de lado a questão de saber se uma novidade é uma melhoria: o mundo pode não estar cada vez melhor, mas nossos dispositivos estão se tornando cada vez mais novos... A ideia de inovação é a ideia do progresso despojado das aspirações do Iluminismo, purificado dos horrores do século XX e aliviado dos seus críticos."

O artigo é ainda mais condenatório a respeito da "inovação disruptiva", um conceito introduzido por Clayton Christensen em seu livro *O dilema da inovação*, de 1997, que descreve o processo pelo qual os produtos de preço e desempenho baixos introduzidos no mercado atraem originalmente um nicho de clientes menos rentáveis e acabam matando empresas tradicionais mais caras.[50] Ao longo do tempo, o termo evoluiu para descrever praticamente qualquer inovação que prometa um afastamento radical do passado: smartphone, serviço de carona, tecnologia vestível, impressão 3D, veículos autônomos, internet das coisas e realidade aumentada.

A maioria das inovações falha, mas a inovação disruptiva é supostamente diferente. Enquanto a inovação "padrão" envolve simplesmente a introdução de algo novo em um mercado — com base nas estatísticas, normalmente algo incremental ou inútil está condenado ao fracasso —, a inovação disruptiva tem a intenção de descrever um subconjunto perigosamente potente de inovações com o potencial de virar categorias inteiras de cabeça para baixo. As inovações disruptivas são mais enxutas e ágeis. Elas prejudicam e superam os titulares mais complacentes. Consequentemente, são obrigadas a ter sucesso. Uber, Airbnb, Netflix e iPhone são o cartão postal da inovação disruptiva, fundamentalmente diferentes das milhares de inovações sustentáveis que falham a cada ano — entre elas, frappuccino unicórnio, máquinas de sucos conectadas por Wi-Fi e ketchup roxo.

O problema é que os inovadores disruptivos só podem ser reconhecidos após o fato: para cada história de sucesso como a do iPhone, há cem fracassos que não cumpriram sua promessa disruptiva. É extremamente difícil prever se ela terá sucesso. Em junho de 2007, Clayton Christensen foi entrevistado na *Businessweek* sobre como sua teoria de inovação disruptiva poderia ser aplicada para prever o futuro do iPhone. Sua previsão era sombria: "O iPhone é uma tecnologia de sustentação relativa à Nokia. Em outras palavras, a Apple está passando por cima da curva de sustentação [construindo um telefone melhor]. Mas a previsão da teoria era que a Apple não teria sucesso com o iPhone. Eles lançaram uma inovação que os atuais *players* da indústria estão fortemente motivados a vencer: não é [verdadeiramente] disruptiva. A história fala muito sobre isso, que a probabilidade de sucesso vai ser limitada."[51]

A inovação disruptiva pode se beneficiar de um nome mais sexy, elegante e fervoroso, mas não está menos propensa ao fracasso do que a inovação padrão ou sustentável. Em última análise, os argumentos a favor da inovação (disruptiva ou não) parecem ter sido excessivamente exagerados e alimentaram-se de uma paranoia geral entre as empresas tradicionais de que elas não estão suficientemente preparadas para competir e ter sucesso na era digital.

Uma pesquisa realizada em 2017 pelo Ehrenberg-Bass Institute for Marketing Science demonstrou que a ameaça de ruptura para grandes marcas em categorias estáveis (FMGC) é muito exagerada.[52] As grandes marcas estão tão propensas a aumentar a participação quanto a perdê-la, e estão mais propensas a sucumbir à concorrência das próprias marcas do que das startups. Além disso, não existem evidências que sustentem a opinião generalizada de que a fidelidade à marca esteja diminuindo, que os jovens desconfiem e rejeitem marcas grandes e tradicionais ou que os meios de comunicação digitais alteraram o equilíbrio de poder a favor de marcas e empresas menores e mais ágeis. De acordo com o Instituto de Marketing Digital, três das mais impactantes empresas digitais de 2017 foram criadas pelo *The New York Times*, pela Heineken e pela Gucci — todas marcas estabelecidas que supostamente estão sob ameaça existencial dos disruptores nativos digitais menores e mais ágeis.[53]

Marcas grandes e familiares com longas histórias de entrega confiável não devem ser menosprezadas. Não estamos argumentando que a inovação não é importante, mas seu objetivo não deve ser aliviar a paranoia corporativa sobre a disrupção nem envolver a busca pelas últimas tendências. O relatório da Nielsen conclui que inovações não substituem a abordagem dos desafios mais fundamentais que continuam afligindo muitas empresas.

Em vez de ser obcecada com a forma de satisfazer necessidades novas e não identificadas, a inovação pode ser orientada de forma mais rentável para satisfazer necessidades existentes, grandes e validadas, com maior confiabilidade.

Gap
Confiabilidade pela inovação

A Gap simboliza a escala e a longevidade que podem ser alcançadas quando a confiabilidade e a inovação são entregues em um equilíbrio cuidadoso. Fundada em 1969 pelo casal Doris e Don Fisher, apenas a Inditex da Espanha, a Fast Retailing do Japão e a H&M da Suécia podem se gabar de um nível comparável de sucesso duradouro. Conversamos com Amy Thom, diretora de marketing da Gap na União Europeia, sobre como a empresa consegue evoluir pacientemente em um mundo onde o *fast fashion* parece ter se tornado a fórmula dominante para o sucesso no varejo. O que se torna imediatamente claro é que a Gap é um negócio com um firme compromisso com seus ideais fundadores; mesmo depois de meio século, os ideais originalmente defendidos por Doris e Don ainda são importantes para a organização.

> **Amy Thom:** A Gap está no mercado há quase cinquenta anos e pensa constantemente nas próximas gerações, que queremos engajar com nossa marca. Nossos valores são relevantes para qualquer idade, mas também acho que nossos clientes estão um pouco mais atentos ao *fast fashion*. Oferecemos nossos estilos clássicos e icônicos, com os quais estamos comprometidos. Também temos peças sazonais e de tendência; não estamos apenas focados em *fast fashion* e na alta costura.

A Gap foi fundada no mesmo ano do festival Woodstock e do pouso na Lua. Por todos os relatos, Don e Doris eram representantes dessa época: social e ambientalmente conscientes e progressistas, com um forte espírito de inclusão e engajamento da comunidade. Um ano após a Gap Inc. ter sido lançada, em 1976, eles cofundaram a Fundação Gap, na qual Doris Fisher continua envolvida até hoje. A intenção nunca foi criar uma marca liderada por tendências, mas, sim, introduzir maior escolha e qualidade no cotidiano americano. O papel de Thom é traduzir esse patrimônio de forma que respeite o passado e seja relevante para novos mercados e novos públicos.

Para a maioria das pessoas, a Gap é uma marca histórica, e meu papel é muito mais como guardiã dessa marca. O propósito com que começamos, as crenças e os valores são, ainda hoje, muito importantes. Nossa história é uma grande parte do que somos hoje, e meu papel é recontar a história da marca para novos clientes, novas gerações e novos mercados de uma forma que ressoe e inspire. Como você constrói uma marca significativa para uma nova geração de clientes da Gap, mantendo o foco na entrega para os clientes existentes, fazendo com que eles voltem sempre, dirigindo o tráfego e gerando vendas? Meu papel é, em última análise, responder a essa pergunta.

Além de equilibrar o passado e o presente, isso também significa resolver as pressões de curto prazo do varejo de moda e o desejo de sucesso sustentável de longo prazo. Poucas categorias são tão inconstantes e de curto prazo quanto o varejo, em que as vendas são avaliadas diária, semanal, trimestral e anualmente. A pressão para obter um crescimento de curto prazo, bem como para demonstrar uma visão de longo prazo, pode ser esmagadora. Para algumas marcas, essa pressão pode ser devastadora: Sears, Rockport, Nine West, True Religion, American Apparel e Quiksilver estão indo à falência ou entrando em recuperação judicial desde 2015. Scott Fitzgerald escreveu: "O teste de uma inteligência de primeira classe é a capacidade de manter duas ideias opostas na mente ao mesmo tempo e, ainda assim, manter a capacidade de funcionar." Uma observação equivalente vale para o varejo: o teste de um varejista de primeira classe é a capacidade de considerar tanto o curto quanto o longo prazo e ainda manter a capacidade de funcionar.

Você tem que trabalhar em duas velocidades o tempo todo. Eu sou responsável pelo nosso desempenho de tráfego e vendas todos os dias, semanas e meses, e estamos constantemente tendo que equilibrar a entrega das necessidades diárias do negócio com a garantia de que temos uma marca que seja relevante hoje, amanhã e depois. Mas o curto prazo e o longo prazo não são mutuamente exclusivos. Muito da nossa estratégia de curto prazo é construir também para o longo prazo.

O reforço das nossas capacidades digitais, por exemplo, nos permitiu trabalhar em duas velocidades muito mais facilmente.

Parte da capacidade da Gap de equilibrar o curto com o longo prazo é que o cliente visado não tem uma sede insaciável de novidade. A Gap visa as pessoas que atingiram um ponto na vida em que estão mais confiantes no seu estilo pessoal. Ela pretende ser uma tela para as pessoas expressarem sua individualidade, em vez de apenas fornecer peças que chamem a atenção. Isso significa que o papel da inovação na Gap está menos focado em chamar a atenção e mais em fornecer uma tela melhor.

Eu já trabalhei para marcas de moda mais rápidas, em que você precisa inovar constantemente, porque é isso que as pessoas esperam de você. Com a Gap, desde que entreguemos essa tela, podemos brincar e inovar. A Gap descreve isso mais como estar em constante evolução. Estamos constantemente avançando. Falamos muito sobre inovação disruptiva — estamos muito cientes de que ela está acontecendo ao nosso redor —, mas temos um compromisso com nossos clientes, o que significa que temos que estar em dia com eles, mas não necessariamente muito à frente deles.

O resultado é que a inovação e a confiabilidade não são vistas como ideais conflitantes na Gap, a confiabilidade é o objetivo final e a inovação é uma forma de oferecer uma confiabilidade cada vez maior. Ao passo que a inovação disruptiva é barulhenta e espetacular, a forma mais incremental de inovação proposta pela Gap é, em grande parte, invisível.

Com a Gap, a confiabilidade é realmente importante e, quando os clientes vêm até nós, eles querem qualidade, caimento e confiança no caimento. Você pode ter um jeans *skinny* favorito e querer que esteja disponível no estoque no tamanho certo para você, e, se você quiser um jeans com uma lavagem diferente, ele ainda vai caber da mesma maneira. Você quer ser capaz de entrar na loja e conseguir aquele moletom perfeito, ou aquele casaco com o logotipo clássico, ou aquela calça social, ou a camisa Oxford que você conhece e adora. Esses produtos incorporam confiabilidade, mas estamos constantemente procurando novas e melhores maneiras de oferecer essa confiabilidade nos bastidores. O que o cliente não necessariamente vê na Gap é a inovação que está acontecendo no centro de distribuição, ou na fábrica, ou no tecido que estamos usando e no design por trás dele, que dão algo que, na verdade, é seu bom e velho jeans, confiável, mas cada vez melhor. Nos bastidores, estamos sempre evoluindo.

As inovações da Gap não são menos impressionantes do que as da Tencent ou da Square, mas a empresa economiza muito mais água: um processo de lavagem inteligente para a produção de jeans utiliza vinte por cento menos água e economiza cerca de sessenta milhões de litros de água. Os jeans *sculpt fit* incorporam uma tecelagem ligeiramente diferente que aperta um pouco mais o traseiro. E, após um incêndio em 2016, um dos maiores centros de distribuição da Gap em Fishkill, Nova York, reabriu equipado com uma nova tecnologia de armazém que oferece muito mais velocidade e eficiência ao mercado.

Além dessa abordagem à evolução constante, há uma cultura orientada para ganhos incrementais: testando coisas novas aos poucos, medindo resultados e, então, compartilhando e aprendendo com os resultados. Essa abordagem tenta tirar vantagem dos ciclos de feedback rápidos mas brutais que operam no mundo da moda de varejo.

Todos os dias testamos coisas novas. Do ponto de vista do marketing, estamos constantemente testando novos canais, novas ofertas, novas mensagens e formas mais inovadoras de engajar nossos clientes. E somos muito analíticos, garantindo que sabemos o que funciona e o que não. Algumas ideias funcionam e outras, não, mas tudo é uma experiência de aprendizagem. Estamos focados em testar novas formas de criar uma experiência perfeita entre nossas lojas físicas e on-line. Para ser honesta, acho que nenhum varejista conseguiu isso ainda. A beleza do varejo é que um cliente nos diz rapidamente o que aceita ou não de nós, e é isso que nos permite continuar evoluindo.

Até certo ponto, essa abordagem à inovação está embutida nos processos e na abordagem da empresa em relação aos relatórios, o que inclui um documento chamado "Hindsight". Todos os meses, os chefes de departamento usam o documento para analisar o que aconteceu, o que funcionou, o que não funcionou e o que foi aprendido como resultado. Esses documentos são compartilhados no mercado a cada mês e, a cada trimestre, há um novo estudo dos grandes temas, que é usado para a definição da estratégia global. Atividades como o uso desse documento encorajam uma cultura de trabalho que valoriza o feedback e é rigorosa e generosa ao compartilhar conhecimentos.

> Eu trabalhei em organizações em que você segue em frente e não passa por esse processo rigorosamente, mas na Gap o processo de retrospectiva está muito enraizado, o que anda de mãos dadas com essa constante evolução. É um negócio de pessoas, por isso há muita conversa. Há muita conexão. Como cultura, estamos constantemente analisando e questionando tudo o que fazemos. Nós somos muito curiosos. Perguntamos: "O que podemos aprender?"; "Como poderemos fazer melhor da próxima vez?" Converso regularmente com meus colaboradores no Japão e nos Estados Unidos, por exemplo, para descobrir quais iniciativas novas eles estão testando, exploro o que podemos aprender uns com os outros. Tudo está muito conectado. Se descobrirmos que o Japão fez algo fantástico, trabalharemos para adaptá-lo aos nossos mercados e levar a ideia ainda mais longe. Há uma competitividade positiva, suponho eu. Penso que uma concorrência saudável nos obriga, enquanto indivíduos, a querer descobrir de onde virão as próximas grandes ideias, a trazer novas iniciativas para pôr em discussão ou transformar uma ideia de algum outro lugar em algo ainda melhor.

O sucesso da Gap é o resultado dessa abordagem constante e inclusiva à inovação: uma capacidade compartilhada de manter o que funciona e melhorar o que não funciona tão bem quanto deveria. Embora a cultura de aprendizado e teste envolva um elemento de coragem e uma vontade de experimentar, o objetivo final é proporcionar maior confiabilidade e proteger a marca e seus princípios fundadores. O conceito de ganhos marginais parece ter caído em desuso recentemente, mas a Gap demonstra como, mesmo em um ambiente ferozmente competitivo, a inovação incremental pode gerar crescimento sustentável. A inovação pode ocasionalmente acontecer aos trancos e barrancos, mas, muitas vezes, são as melhorias invisíveis nos bastidores que fazem a verdadeira diferença para o sucesso.

TERRITÓRIO
COMPREENSÍVEL
E DEFENSÁVEL

—

Inove lentamente.

11

O QUE SERIA PIOR: OS CLIENTES NÃO LEVAREM SUA MARCA A SÉRIO OU A ACHAREM ENTEDIANTE?

Uma conversa com **Hayley Miller**
Chefe de marketing
CH&CO

É ruim ser chato? Em um mundo que endeusa a disrupção, a monotonia se tornou um crime imperdoável. Em uma reunião de ganhos trimestrais em 2018, um analista teve a coragem de fazer ao fundador da Tesla, Elon Musk, o tipo de pergunta enfadonha que atormenta visionários carismáticos: de quanto dinheiro a empresa vai precisar no curto prazo? A resposta de Musk foi direto ao ponto: "Perguntas chatas e bobas não são legais. Próxima."

"Não seja chato", insistiu, "Não seja mau" como o mantra do momento. Mas, na terra do "seja disruptivo ou morra", a revolução nunca está longe: o chato pode se tornar a nova moda. Um artigo de Jonathan Margolis no *Financial Times*, um mês antes da resposta de Musk, sugeria que a monotonia está experimentando um renascimento. O artigo está repleto de exemplos de startups sem graça que cresceram exponencialmente: a Hometree, um negócio on-line de caldeiras, ganhou mais de um milhão de libras de receita em dois anos e emprega 45 pessoas; Simba, uma empresa on-line de colchões, espera vender 310 milhões de libras em colchões no próximo ano; e a Mahabis, uma startup, vendeu quase oitocentos milhões de libras em chinelos que combinam o conforto de um par de botas Ugg com a elegância de um par de Crocs.[54]

Há algo paradoxalmente empolgante em uma organização que abraça a arte do chato. É uma lógica sedutoramente contrária: indústrias óbvias e sedutoras inspiram uma competição mais intensa — quem não gostaria de ser um empresário de tecnologia, um designer de moda ou um restaurador? Mas, enquanto todos são atraídos para a luz dos holofotes como mariposas em torno de uma lâmpada, há muito espaço para pessoas com um limite alto de tédio se desenvolverem nos mercados potencialmente lucrativos de caldeiras, roupa de cama e chinelos.

Scott Galloway, professor de marketing da Universidade de Nova York, concorda. Em uma entrevista ao vivo no Facebook, em 2016, ele afirmou: "Se eu ouço algo que me faz querer colocar uma arma na boca de tão chato, sinto cheiro de dinheiro." Galloway acredita que as indústrias são como classes de ativos: como muitas pessoas participam, os retornos inevitavelmente diminuem. As indústrias em que todos querem estar têm menos retorno pelos seus esforços, justamente porque todos querem estar nelas. Isso significa que você precisa ser incrível só para ter uma vida boa.[55]

EM BREVE TEREMOS QUE SER CHATOS SÓ PARA GANHAR A VIDA

Mas o que acontece quando todos sentirem o cheiro do *zeitgeist* e inundarem todas aquelas indústrias chatas? Os exemplos da Hometree, Simba e Mahabis sugerem que isso já pode ter começado. Você será forçado a encontrar formas cada vez mais monótonas de ganhar a vida.

E que esperança há para aqueles de nós que preferem apostar as fichas em um jogo interessante?

Presos entre os dois extremos da monotonia "coloque uma arma na minha boca" e da hiperexibição de Musk, alguns se contentam em serem notados. Grant Cardone é parte de uma nova onda de CEOs que se autodenominam celebridades: seu livro de 2010 *If You're Not First, You're Last* [*Se você não for o primeiro, será o último*, em tradução livre] foi um best-seller do *The New York Times*, ele também é palestrante, blogueiro implacável e foi nomeado pela *Forbes* como o "*marketer to watch*" de 2017.[56]

Em uma entrevista de 2018 à *Forbes*, Cardone explicou por que o tédio não funciona para aqueles que estão na crista da onda... e por que não precisamos ser apreciados ou respeitados para ter sucesso: "O velho ditado diz que 'As pessoas fazem negócios com pessoas em quem confiam', mas agora, com as redes sociais, o ditado deveria ser: 'As pessoas fazem negócios com pessoas que conhecem.' As pessoas me conhecem, e agora isso é mais importante do que o fato de elas gostarem ou não de mim. Se não gostam de mim, ainda podem escolher fazer negócios comigo. Se elas não me conhecem, não tenho alternativa."[57]

Ser conhecido é realmente tudo o que é necessário para o sucesso? Certamente, é metade do caminho, mas, no caso de Cardone, a confiança parece funcionar como dinheiro: só os que a possuem consideram-na sem importância. É difícil dizer se pessoas como Grant Cardone, Elon Musk e Scott Galloway são visionárias ou apenas mentirosas muito espertas — a diferença está em saber se escolhemos confiar nelas ou não. Cardone e Musk acreditam que a extroversão é benéfica para os negócios. Galloway e Margolis parecem preferir confiar na diligência silenciosa, mesmo que pareça pouco espetacular.

QUEM ESTÁ CERTO?

Em maio de 2012, o *Australian Journal of Basic and Applied Sciences* publicou um estudo de dois acadêmicos iranianos — Ali Sorayaei e

Marjan Hasanzadeh — sobre a relação entre a personalidade da marca e a confiança.[58] Eles desenvolveram e distribuíram um questionário sobre a personalidade e a confiança da marca Nestlé a 150 participantes escolhidos por amostragem aleatória. As declarações de personalidade incluíam medidas de sinceridade, entusiasmo, competência, criatividade, sofisticação e introversão. A modelação estatística dos dados revelou que cada atributo de personalidade tinha uma correlação positiva e significativa com a confiança na marca. Em outras palavras, ser visto como jovem ou legal não impede que uma marca seja vista como confiável (ambas as afirmações foram incluídas na medida de "entusiasmo" da personalidade). Mas ser visto como introvertido, também, não.

No entanto, o modelo estatístico revelou que a "introversão" era o atributo de personalidade que tinha a relação mais fraca com a confiança, o que significa que uma marca chata terá mais dificuldade em inspirar confiança do que uma marca empolgante e criativa. Talvez não surpreendentemente, a "competência" tinha o maior impacto na confiança dentre todos os fatores da personalidade — é inteiramente possível inspirar confiança se você for chato, mas é muito mais provável que isso aconteça se você for extrovertido e empolgante.

Então, abaixo o tédio!

CH&CO
Como construir uma marca com coragem

Na prática, equilibrar criatividade, entusiasmo e confiança pode ser difícil, especialmente quando uma organização atinge um certo patamar e um nível de escrutínio de analistas, da mídia e do público. A CH&CO enfrenta precisamente esse tipo de desafio. Como uma das maiores empresas independentes que prestam serviço de alimentação em hotelaria do Reino Unido, movimenta mais de trezentos milhões de libras por ano e emprega mais de 6.200 pessoas em 750 locais. Hayley Miller é diretora de marketing da CH&CO e, desde que entrou para a empresa, em 2017, tem usado o branding como ferramenta para motivar colaboradores em todas as partes do negócio, construindo relacionamentos mais fortes com clientes, investidores e parceiros.

O foco desde o primeiro dia tem sido fazer escolhas ousadas e objetivas na maneira como a CH&CO se apresenta ao mundo. Isso é atípico para um negócio do ramo da hospitalidade. Existe uma mentalidade de rebanho no setor, e a maioria dos concorrentes conta histórias semelhantes sobre pessoas apaixonadas, ingredientes de origem sustentável e talento criativo. Isso faz com que se sintam seguros e pareçam confiáveis. Manter essa narrativa bem-feita ajuda as empresas hoteleiras a construir credibilidade com uma base de clientes muito ampla, desde empresas *blue-chip*, com as ações mais valiosas do mercado, e escritórios de advocacia do *magic circle*, os escritórios de maior prestígio de Londres, até atrações para visitantes, *livery halls*, fábricas, escolas, universidades, hospitais e casas de repouso. O foco está em se encaixar, em vez de se destacar. Mas a CH&CO favorece uma abordagem mais corajosa quanto ao crescimento do seu negócio, baseada no entendimento de que todos os seus clientes têm as próprias marcas para construir, e que o papel da CH&CO é torná-las ainda mais atrativas e valiosas.

> **Hayley Miller:** Nossos clientes têm as próprias marcas. Eles precisam de nós para garantir que o que entregamos seja reflexo de quem são, criando uma parte perfeita da sua experiência. Somos muito compreensivos quanto a isso. Estamos prestando um serviço a eles. Isso vale para qualquer um de nossos clientes, desde atrações para visitantes até fábricas e escritórios de advocacia. Estamos representando o cliente e sua marca. Mas, por causa da indústria em que estamos, seria um crime sermos chatos, porque nossa indústria é muito, muito empolgante. Mesmo que estejamos lidando com marcas muito sérias, é preciso que haja a sensação de que vamos aceitar desafios com entusiasmo.

O mundo da alimentação em hotelaria é extremamente competitivo. Talvez tenha existido um tempo em que teria sido possível construir um negócio simplesmente cumprindo as expectativas, mas a opinião da CH&CO é que esse já não é mais o caso. A indústria precisou lidar com algumas mudanças profundas e de longo prazo: uma cultura de alimentos e refeições em constante transformação, transparência e sustentabilidade da cadeia de suprimentos, atitudes divergentes em relação ao bem-estar e nutrição, a economia apertada e as mudanças tecnológicas estão fundamentalmente alterando a forma como comemos, bebemos e nos divertimos. Como uma das maiores empresas de alimentação em hotelaria do Reino Unido, a CH&CO percebe que identificar e influenciar essas mudanças é tanto uma responsabilidade como uma oportunidade.

> Os clientes querem ver que estamos lá fora, que os compreendemos, que estamos respondendo, que estamos à frente de certas tendências e que estamos introduzindo nossas próprias, sem pensar em seguir qualquer outra coisa. Estar no local e poder falar com nossos clientes todos os dias ajuda muito. Realizamos uma análise dos nossos clientes, e o resultado pode ser muito diferente do que um consumidor espera. Pode levar a algumas discussões interessantes, mas é isso que o insight faz — ou deveria fazer. Nós também temos que ouvir os clientes e entender de onde vêm, porque eles conhecem a própria marca e a própria cultura. Por exemplo, enquanto organização, acreditamos fundamentalmente que o bem-estar é algo que melhora a vida das pessoas no dia a dia. Mas pode haver lugares em que trabalhamos onde o desejo de bem-estar do cliente, por exemplo, pode não ser correspondido pela demanda do consumidor. Uma faculdade de ensino superior seria um bom exemplo disso, encorajando os jovens de dezesseis e dezessete anos a comerem bem todos os dias quando eles têm a oportunidade de comer mal em qualquer outro lugar.

O desafio de incentivar as pessoas a adotar uma abordagem mais cuidadosa e saudável daquilo que consomem é algo sério. Mas isso não significa que a resposta mais apropriada seja agir com seriedade. A CH&CO sabe que é improvável que se tenha sucesso simplesmente tentando educar as pessoas a adotar práticas alimentares mais positivas. A resposta, em vez disso, é provocar, tentar e atormentar, entregando experiências alimentares que são simultaneamente sustentáveis, nutritivas e empolgantes.

> Como nós equilibramos isso? Com dificuldade, porque precisamos dar aos nossos clientes o que eles querem. Mas descobrimos que é maravilhoso o que pode acontecer quando você entrega uma comida excelente, com um bom preço e um sabor incrível. Um grande número das nossas receitas veganas tem causado um forte impacto recentemente. Estamos apenas tentando entusiasmar nosso público de uma forma ligeiramente diferente daquela a que ele está habituado.

Alcançar esse equilíbrio requer uma visão das expectativas das pessoas — além de satisfazê-las, o que proporcionará um momento de prazer? Essa percepção está no cerne da marca CH&CO: que os alimentos e bebidas têm uma capacidade incrível de afetar nossa qualidade de vida, não só em termos de nutrição, mas também ao nos elevar emocionalmente e aproximar as pessoas. A mesma visão se aplica a todos os públicos que a CH&CO atende.

> Todos nós temos uma opinião sobre o que comemos, e é por isso que o insight nessa indústria é simplesmente brilhante, porque alguém sempre lhe dirá algo que você não sabia. Tem sido um enorme privilégio, durante minha carreira, ser capaz de ir aos bastidores em bases militares para ver como os soldados comem no dia a dia. Poder ir a uma escola e ver as crianças entusiasmadas com a comida que estamos cozinhando. É uma coisa importante. Há muito orgulho no que fazemos. Há um entendimento real de que você pode ter um impacto positivo no dia de alguém. Fico imaginando aquela pessoa que teve uma manhã horrível. Ela pode comer uma receita de frango que preparamos e que ficou marinando a manhã toda. Tem todo um talento, tempo, energia e amor envolvidos. Eles podem pegar um prato, sentar em um canto e começar a se sentir melhor com cada colherada. Já tive essas experiências. E são essas as experiências que queremos criar.

A centralidade do alimento na qualidade do nosso dia a dia torna impossível para uma empresa como a CH&CO ter sucesso sendo chata. Isso também se aplica à parte interna da organização. Os alimentos criam uma ligação entre as pessoas — não apenas entre aquelas que os consomem, mas também entre aquelas que os produzem. Esta é uma história poderosa para contar quando se trata de contratar e manter um grupo apaixonado e talentoso de pessoas:

> Tenho entrevistado nossos cozinheiros recentemente para descobrir o que os entusiasma. E conversamos muito sobre relacionamentos: as relações que eles construíram pela comida, seja com suas famílias ou com suas equipes, e as comunidades que você constrói em torno da comida, também. Temos mães e filhos ou pais e filhas trabalhando nas nossas cozinhas. Estou sempre falando de camadas. Estamos construindo camadas nos sabores, mas também nas relações e nas comunidades. É preciso trabalhar em equipe para conseguir algo assim e fazê-lo de forma brilhante, e cada pessoa nela é importante.

Esta atitude não se estende simplesmente às equipes que fazem um casamento ou uma festa no jardim. A exigência é que cada aspecto do negócio deve ser elevado além do mundano. Espera-se que as equipes de finanças e saúde e segurança sejam tão apaixonadas por sua contribuição quanto os chefs. Miller está trabalhando em todo o negócio para garantir que o papel de cada equipe seja evidente. E a CH&CO está igualmente empenhada em salientar que uma boa gestão financeira não é apenas parte do apelo da marca, mas uma responsabilidade compartilhada por todo o negócio.

> Acho que eu não poderia estar em algo se fosse chato. E, se você está entediado, não está fazendo direito, porque há uma maneira de inovar todos os dias. Os clientes devem ter a confiança de que estamos financeiramente seguros e que não vamos colocá-los em uma posição que possa pôr as marcas em perigo, por isso temos que ser muito rigorosos em tudo o que fazemos. Também não quero que falemos apenas da criatividade dos nossos chefs. Eles também são líderes empresariais. Estão gerindo cozinhas e têm de administrar orçamentos para proteger os orçamentos dos nossos clientes. Isso é uma grande parte do que fa-

zemos, não podemos fazer um sem o outro. Não é possível manter esse nível de entusiasmo e inovação sem uma base realmente sólida e séria.

Intrínseco a tudo isso está a crença de que uma grande parte da empolgação vem da obtenção dos detalhes certos. Segurar um Royal Warrant é um sinal de atenção absoluta aos detalhes. Pequenos floreios fazem uma grande diferença em um mercado muito saturado, e isso envolve a construção da disciplina nos chefs e nas equipes. A CH&CO recruta pessoas entusiasmadas para acertar esses detalhes, pessoas que não são só perfeccionistas, mas que encontram um verdadeiro prazer na realização do trabalho. Isso é o que liga as equipes de finanças, de saúde e segurança com as equipes de cozinha e de serviço. Mas o que também está claro é que isso não aconteceria sem um compromisso firme do topo da empresa. O CEO da CH&CO, Bill Toner, começou sua carreira como chef de formação e é muito respeitado na indústria.

> A forma como o negócio está crescendo é empolgante. Queremos fazer as coisas de um jeito diferente. Temos pessoas dessa natureza no nosso quadro. Bill e sua reputação no mercado são espantosos. E sua reputação interna é a mesma. Ele tem suas opiniões, mas está aberto à escuta. É comprometido com o que está acontecendo no negócio a partir da perspectiva de consumidor e cliente. Não perdeu isso de vista. Está no negócio. Fala com os clientes. E nos diz coisas que podemos não saber.

O resultado é um negócio que está sendo recriado para efetuar mudanças significativas. Dada sua escala, alguns poderão comparar a CH&CO a um navio petroleiro, mas, na realidade, é mais como um transatlântico. Ano após ano, é provável que quase todos no Reino Unido tenham comido algo preparado por seus chefs ou visitado um evento ou atração organizado pela CH&CO. Seu objetivo é simples: garantir que cada experiência que proporcionam torne os clientes mais felizes e saudáveis. É assim que são capazes de criar um negócio grande, mas nunca chato.

Vinte anos atrás, você olharia para uma marca grande e global e pensaria: "Meu Deus, eles são tão distantes e lentos", enquanto agora, se você olhar para o Google e a Apple, eles são vistos como a vanguarda da inovação e da influência global. É para isso que estamos seguindo. Só porque somos grandes não significa que precisamos ser corporativos. Significa que temos mais poder de fogo. Mais impacto. Podemos ser entusiasmados e orgulhosos tendo o tamanho que temos, porque isso significa que fazemos uma diferença cada dia maior para mais pessoas.

Independentemente do setor em que você trabalha, o mesmo ideal se aplica. No nosso negócio, dizemos frequentemente aos clientes que cada reunião que eles têm conosco deve ser o ponto alto da semana. Sabemos que o momento em que deixarmos de estimulá-los será o momento em que começarão a procurar conselhos em outro lugar. Por sua vez, quando trabalhamos com nossos clientes para reposicionar seus negócios, estabelecemos um padrão mais alto do que simplesmente construir credibilidade ou ganhar confiança. Isso é o mínimo absoluto que qualquer empresa deve entregar. A marca de uma organização verdadeiramente grande é sua capacidade de despertar curiosidade e inspirar a força da emoção — interna e externamente. Ser chato não é um preço aceitável para a credibilidade. Grandes marcas se esforçam para ser o antídoto contra a indiferença.

TERRITÓRIO
COMPREENSÍVEL
E DEFENSÁVEL

—

Grandes marcas se esforçam para ser um antídoto contra a indiferença.

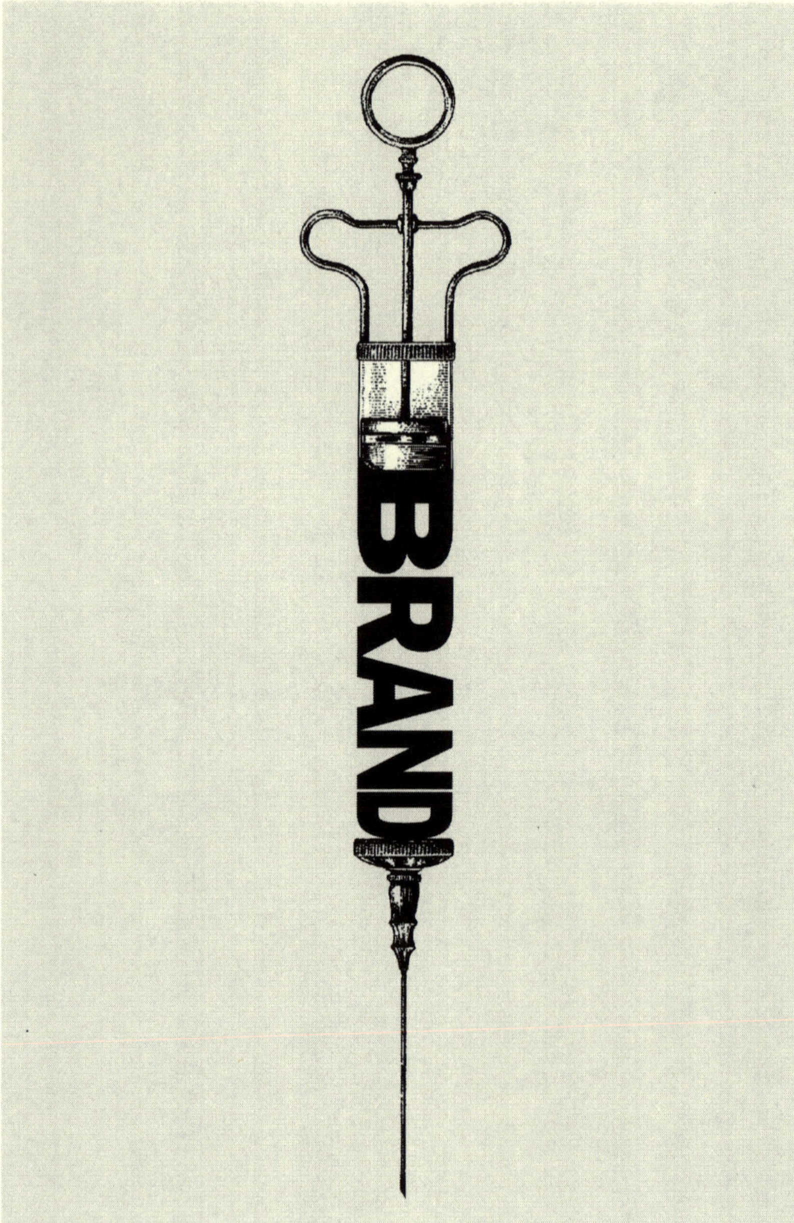

Marca

12

Os seus colaboradores veem sua marca da mesma forma que seus clientes?

Uma conversa com **Juliet Slot**
Diretora comercial
Ascot

Aqueles de nós que gerenciam marcas criam mundos ricos em nossas mentes sobre como colaboradores e clientes experimentarão nosso trabalho.

Os propósitos, visões e declarações de missão expõem nossas nobres intenções em termos gerais, enquanto as orientações e documentos de política corporativa cimentam essas intenções nos processos e comportamentos organizacionais. Ao mesmo tempo, estamos conscientes de que, por mais vívida que seja a visão ou as orientações detalhadas que produzimos, haverá sempre espaço para interpretações erradas. Como reduzir a distância entre o que pretendemos dizer e o que os outros interpretam? E por que essa lacuna existe, em primeiro lugar?

Em 1990, uma estudante de doutorado de Stanford chamada Elizabeth Newton inventou um experimento brilhantemente simples para entender essa lacuna. Ela recrutou oitenta estudantes universitários, os dividiu em pares aleatórios e atribuiu o papel de "tocador" a uma pessoa de cada par e o papel de "ouvinte" à outra. Os tocadores receberam uma lista de 25 músicas e foi pedido que escolhessem três cuja melodia iriam tocar tamborilando os dedos para seu parceiro de escuta identificar. Antes de começarem, foi pedido que estimassem que porcentagem de um público de cem ouvintes seria capaz de nomear cada música se ouvissem as batidas dos dedos amplificadas em uma sala de espetáculo.

Em média, os tocadores estimaram que cinquenta por cento dos ouvintes identificariam as músicas corretamente; eles tiveram a humildade de entender que o potencial para interpretações errôneas é alto quando você tem tempo e meios limitados para se comunicar. Ao que parece, o experimento produziu apenas três tentativas bem-sucedidas de um total de 120 — uma taxa de sucesso de apenas 2,5 por cento. Todos os envolvidos no estudo estavam muito otimistas sobre a própria capacidade de comunicar com sucesso ao parceiro a música que tinha na cabeça; mesmo o tocador mais pessimista achou que seria compreendido pelo menos dez por cento das vezes.

Finalmente, um observador designado para cada dupla foi informado com antecedência sobre a música a ser tocada e pediram que ele estimasse a probabilidade de sucesso. Assim como os tocadores, os observadores estimaram uma taxa média de sucesso de cinquenta por cento. Entretanto, os ouvintes tendiam a supor uma taxa de sucesso muito mais realista, de três por cento. Sem o conhecimento do que os tocadores pretendiam comunicar, eles se mostraram muito melhores em estimar sua capacidade de decodificar uma música a partir de um batuque produzido pelo tamborilar dos dedos. Em contraste, os tocadores e os observadores ficaram cegos para a dificuldade da tarefa para os ouvintes devido ao conhecimento da música a ser tocada.

Desde então, esse fenômeno passou a ser conhecido como a "maldição do conhecimento" e explica por que as intenções expressas nas estratégias, políticas e orientações de marca e de negócio não conseguem, muitas vezes, chegar ao público pretendido. Os profissionais de marketing divulgam suas intenções aos clientes com as limitadas ferramentas disponíveis, enquanto os colaboradores observam, às vezes com conhecimento da afinação pretendida pelo profissional de marketing, mas muitas vezes com a mesma perplexidade que os ouvintes de Elizabeth Newton.

FALTA DE EMPATIA OU MALDIÇÃO DO CONHECIMENTO?

O problema aqui é tanto a falta de empatia como a maldição do conhecimento. Então, como é que nós, tocadores, aprendemos a ter empatia pelas necessidades dos nossos ouvintes?

Uma resposta é tornar a empatia pelo seu cliente uma parte central da sua estratégia de marca. Frequentemente encontramos isso em empresas que pregam a "obsessão pelo cliente" — incentivadas pelo exemplo da Amazon, que pretende ser a "empresa mais centrada no cliente do mundo" e onde a "obsessão pelo cliente" está no topo da lista de princípios de liderança. Eles se saíram muito bem com essa abordagem, ao mesmo tempo em que transformaram a maneira como fazemos compras e construíram um negócio que vale mais de 700 bilhões de dólares.

As coisas nem sempre foram tão cor-de-rosa para a Amazon. Em 2015, o *The New York Times* publicou uma reportagem na qual os funcionários da empresa declaravam não ter dormido durante quatro dias seguidos e ter visto seus colegas chorando em suas mesas e depois "praticamente entrando em combustão".[59] Uma pessoa entrevistada para o artigo descreve a Amazon como o lugar "onde os excepcionais vão para se sentirem mal consigo mesmos". No mesmo ano em que o artigo do *The New York Times* foi publicado, os clientes da Amazon classificaram a marca como número um em satisfação do cliente, revelando um enorme abismo entre a forma como os clientes e os colaboradores viam a empresa na época.

Após o artigo, a Amazon parece ter mudado de tom. A empresa lançou um programa interno de RH chamado Connections, que pergunta aos funcionários uma série de questões relacionadas ao local de trabalho no início de cada dia, bem como um programa de revisão reformulado chamado Forte, que passa a focar os pontos fortes dos funcionários e não os pontos fracos.

TRATAR OS COLABORADORES COM RESPEITO E CORTESIA

Por que uma empresa tão celebrada publicamente por seu foco no cliente começaria a se preocupar com seus funcionários? A resposta simples é que uma empresa que é amada pelos clientes e odiada pelos colaboradores não é sustentável no longo prazo. A obsessão pelo cliente relega os colaboradores para o estatuto de cidadãos de segunda classe e, com o tempo, condena a empresa a atrair e reter trabalhadores de segunda categoria. Como disse Peter Simpson enquanto era diretor comercial da First Direct: "Por que você iria querer ser um tipo de marca para seus clientes e outra para seus empregados?"

A alternativa à obsessão pelo cliente é absurdamente simples: trate os colaboradores com o mesmo respeito e cortesia que trataria um cliente. Poucas organizações se comunicam internamente com o mesmo investimento de pensamento e profissionalismo que usam no planejamento da comunicação com clientes e investidores. Isso é mais fácil de dizer do que de fazer, é como tratar seu parceiro de longo prazo com o mesmo nível de cuidado, atenção, respeito e empolgação que trataria um novo melhor amigo. A vida empresarial não tem que seguir as mesmas regras que a experiência de Elizabeth Newton. Como gerente, você não precisa tocar sua música sozinho. Os colaboradores não devem ser relegados ao papel de observadores, eles devem estar tocando junto com você. O maior desafio que quase todos os líderes enfrentam é como informar e inspirar toda sua organização a entender e entregar o mesmo padrão de excelência.

Ascot
Elevando o padrão

Em nenhum outro lugar isso é mais relevante do que no Ascot, o hipódromo do Reino Unido fundado pela rainha Ana em 1711 e o lar do Royal Ascot, o mais popular encontro de corrida da Grã-Bretanha. Todos os anos, trezentos mil dentre os clientes mais exigentes do mundo vão ao evento que dura cinco dias, incluindo a rainha e muitos membros da família real. A pressão para oferecer uma excelente experiência ao cliente é imensa. Para isso, os duzentos funcionários efetivos do Ascot são complementados por mais de 6.500 funcionários temporários e todos precisam ser treinados para proporcionar uma experiência única que supere as expectativas dos visitantes e faça jus à história orgulhosa da marca. Para entender como isso é alcançado, conversamos com Juliet Slot, diretora comercial do Ascot, sobre como a organização se propôs a definir e entregar sua marca. Desde sua nomeação em 2012, ela tem sido fundamental para elevar a qualidade da experiência de corrida e aumentar consistentemente a renda comercial em todos os canais, desde os ingressos até a hospitalidade e a mídia.

Simplicidade e clareza são temas constantes em nossa conversa. Inicialmente, isso envolveu elucidar o que a organização representa em primeiro lugar. Quando você é uma parte famosa e familiar do tecido social britânico há trezentos anos, seria fácil supor que colaboradores e clientes deveriam ter uma compreensão inata e intuitiva do que você é.

> **Juliet Slot:** Antes de olhar para qualquer outra coisa, você precisa definir, enquanto negócio, o que é sua marca. Isso define os parâmetros para tudo o que você faz: para cada experiência do cliente, cada desenvolvimento de qualquer novo produto, a maneira como você treina sua equipe. Se você não consegue descrever a marca para quem trabalha nela — ou para qualquer um que passe pela porta —, está apenas jogando dardos em um alvo sem qualquer propósito ou precisão.

Em última análise, nos reportamos a três diretores fiduciários nomeados por sua majestade, a rainha. Não é como as outras empresas. Seu trabalho é ser o guardião da marca em nome da monarquia. Então eles têm que estar absolutamente confortáveis de que nossa promessa de marca e nossos valores são exatamente como deveriam ser e que o setor executivo está entregando isso de todas as formas.

> Estou muito ciente do fato de que temos mais de trezentos anos de história e nos vejo como administradores da marca, mas se você não sabe o que administra, não poderá cultivar, desenvolver, alimentar e entregar com confiança à próxima geração depois de você.

Clareza do propósito é um imperativo moral e é de responsabilidade de cada geração sucessiva de líderes traduzir a herança do Ascot em uma promessa que seja relevante para seu tempo. Alguns estabeleceram uma visão ou missão. Outros definiram um propósito. Mas a preocupação mais proeminente de Slot era encontrar uma maneira de definir a marca Ascot de uma forma simples de entender e prática de aplicar. Ela e seus colegas estabeleceram uma promessa única e simples para estar no coração da marca, algo que poderia ser compreendido e aplicado universalmente:

> A primeira parte do processo envolveu a definição da nossa promessa, que é "Elevar o padrão". Foi um momento "eureca" para todos nós quando finalmente chegamos a essas três palavras, porque nos permitiu trazer um elemento de realeza e ostentação para a forma de trabalhar. Também sentimos que era uma promessa ambiciosa e longeva. Acho que uma das melhores coisas é o fato de que as palavras que escolhemos para todos usarem são palavras genuínas do dia a dia, que refletem como operamos enquanto empresa.

Desde o início, esse não foi um processo que envolveu um trabalho isolado das equipes comerciais ou de marketing. A abordagem foi cuidadosamente concebida para garantir que todas as partes do negócio tivessem voz no futuro. Sem participação, não é possível haver um senso de propriedade. Por causa das complexidades únicas na maneira como a experiência da marca é entregue, a equipe de operações esteve particularmente envolvida na definição da marca.

> O problema das marcas é que elas nunca são realmente entregues pela equipe de marketing. Em uma organização como esta, você precisa que elas sejam entregues pelas equipes de operações, instalações e *catering*. Nosso diretor de operações é apaixonado pela marca e experiência do cliente, e sua equipe foi fundamental durante todo o processo. Não somos uma grande organização, mas, para mim, foi relativamente fácil dizer: "Você, e não eu, vai entregar isso"; e, pelo fato de terem propriedade compartilhada e estarem naturalmente orgulhosos de trabalhar aqui no Ascot, eles queriam fazer tudo certo.

Envolver as equipes de operações na definição de sua promessa de marca não apenas encoraja um senso de propriedade, mas garante que o processo não se transforme em um exercício intelectual de olhar para o próprio umbigo. Vimos em primeira mão como é fácil, para fins de marca e projetos de visão, resultar em ideias inteligentes, mas completamente inúteis do ponto de vista prático. Se sua organização tem visão, missão, propósito, essência ou promessa, mas seu funcionário mais mal pago não sabe como usá-la para fazer melhor seu trabalho, então é só conversa fiada. No caso do Ascot, a equipe de operações pressionou constantemente por uma definição prática da marca que pudesse ser compreendida, interpretada e utilizada por todos os colaboradores do negócio, desde os atendentes de estacionamento até os famosos *bowler hats*, muitos dos quais trabalhavam no Ascot há mais de dez anos.

> Então, uma vez que envolvemos [a equipe de operações], a pergunta mais urgente foi: "Como vamos traduzir isso para o funcionário do estacionamento?" Seu cliente número um é a pessoa, o estudante, que está aqui por seis dias no máximo, trabalhando como um membro temporário da equipe. Eles são as pessoas que efetivamente fazem o trabalho. Estão na linha de frente da entrega da sua marca.

Slot se orgulha do fato de a marca Ascot ser centrada no cliente, mas sua definição de "cliente" estende-se ao público interno, particularmente aos milhares de funcionários temporários em quem ela confia para cumprir a promessa de "Elevar o padrão". Normalmente, uma vez concluída a tarefa de definir uma marca, a equipe de marketing desenvolve um documento de orientação detalhando como o negócio vai ficar, falar e se comportar a partir dali, juntamente com um plano para comunicar esse novo conjunto de diretrizes corporativas para o restante do negócio. Isso é frequentemente acompanhado por um desenvolvimento da identidade corporativa, que fornece evidências visíveis de uma mudança no propósito e na abordagem. O desejo, muitas vezes, é mudar o máximo no menor tempo possível (e com o menor custo possível). Em vez disso, o Ascot decidiu que valia a pena dedicar algum tempo para incorporar a promessa da marca ao negócio, antes de comunicar qualquer mudança externamente.

> Uma das coisas de que estava ciente quando fiz projetos como este antes é que, muitas vezes, se faz a parte divertida da promessa, dos valores, do logotipo e do aspecto, e se esquece de traduzir a promessa da marca para os membros da equipe todos os dias. No entanto, nossos colaboradores são nossa marca, porque o rosto da marca é qualquer uma dessas seis mil pessoas no Royal Meeting, ou qualquer uma das mil pessoas que estão aqui no Ascot Racedays, porque eles interagem muito com nossos clientes. Essa experiência e interação com o cliente são vitais. Então, acabamos não lançando o logotipo e a tipografia. Lançamos a visão, os valores e a promessa e demos particular atenção aos nossos colaboradores temporários. Acho que foi uma das coisas mais brilhantes que acabamos fazendo. Lançamos a marca internamente durante um ano, o que significava que os colaboradores, as pessoas e a cultura eram o mais importante.

Isso demonstra uma paciência extraordinária por parte da liderança, bem como um compromisso admirável com a promessa recentemente estabelecida: você não pode dizer às pessoas para "Elevar o padrão" com um processo apressado ou casual. Isso também mostra que ser uma organização centrada no cliente não significa que o cliente deve estar sempre em primeiro lugar; focar-se primeiro na construção de um compromisso interno inevitavelmente irá criar uma conexão mais poderosa com o público externo.

A tentação nesse momento do processo é ver o engajamento dos colaboradores como uma questão de apenas educá-los e informá-los sobre a nova estratégia corporativa. Essa tarefa é muitas vezes entregue ao CEO ou à equipe de marketing. No entanto, no caso do Ascot, a equipe de operações trabalhou em parceria com o marketing para entender a nova promessa da marca e o que ela significava para eles. Fizeram isso com uma série de workshops intitulados "Entregando a marca", que introduziu amplamente a nova visão organizacional, valores e promessa e, em seguida, convidaram os funcionários a compartilhar os próprios exemplos de como eles já estavam sendo entregues e de como poderiam ser mais bem entregues no futuro. A equipe descobriu um tesouro de histórias, sabedoria e conselhos anteriormente não documentados. Por exemplo, apontar é muitas vezes interpretado como algo rude, mas como fornecer direções a um hóspede perdido sem apontar o dedo? No Ascot, a equipe aponta com a mão inteira — muito mais elegante, mas não menos prático do que a ponta do dedo.

> Desenvolvemos muitas técnicas de atalhos e exemplos práticos do que significava entregar a marca e seus valores. Nós mantivemos as coisas bem simples, e não demos a eles muito em que pensar. Demos-lhes atalhos muito claros em relação ao trabalho, sobre aquilo em que queremos que se concentrem.

É aqui que a inclusão de uma equipe de operações no processo é uma verdadeira jogada de mestre. Grandes visões corporativas são fantásticas para salas de reuniões e apresentações de investidores, mas as equipes de operações prosperam quando obtêm detalhes concretos. Talvez por essa razão, elas também tendem a ter uma alergia saudável aos caprichos do branding. É por isso que a equipe do Ascot inicialmente evitou usar essa palavra sempre que possível. Desde o início, houve um senso geral do "estilo Ascot" de fazer as coisas, mas esse caminho nunca tinha sido cristalizado em uma promessa ou um conjunto de valores e comportamentos. Então, o projeto não foi rotulado como uma "definição da marca" ou uma "atualização da marca", tratava-se apenas de articular o estilo Ascot para que o negócio pudesse crescer sem perder de vista o que era. A equipe de operações também garante que o estilo Ascot seja um processo contínuo que não se perde no dia a dia.

> A equipe de operações, em parceria com os setores de RH e treinamento, pegou o projeto da marca e desenvolveu um forte programa de "viver a marca". Concentraram-se nas coisas pequenas. Por exemplo, eles desenvolveram cartões "vivendo a marca". Então, se alguém faz algo que você acha que está realmente entregando a ideia da marca, você preenche um cartão e, se for um bom exemplo, a pessoa recebe uma garrafa de champanhe. As três melhores entregas da ideia da marca em todo o Royal Ascot ganham um iPad. Tem a ver com reconhecimento. Nós escolhemos dar uma garrafa de champanhe ou um iPad, mas o diretor executivo aperta sua mão e diz: "O que você fez exemplifica o que é a marca." A maioria das pessoas tem muito orgulho em trabalhar aqui. Ser reconhecido por isso é uma coisa legal.

O sucesso do estilo Ascot reside no quanto ele está incorporado à consciência organizacional. E não é apenas uma forma de reforçar os comportamentos existentes, a promessa da marca é um estímulo para que o negócio invista tempo e esforço em melhorias contínuas. O risco de gerir uma marca com mais de trezentos anos de história é que você não consegue inovar. Mas o negócio do Ascot depende do retorno das pessoas ano após ano, o que significa que a melhoria constante é de extrema importância.

> Se quiséssemos proteger o que tínhamos, esta marca poderia não sobreviver mais trezentos anos. É o equilíbrio perfeito entre aproveitar o que se tem e protegê-lo, e adicionar uma camada de melhoria. A

melhoria incremental envolve muitas surpresas que [os clientes] não reconhecem. Eles não as veem, mas as sentem. É assim que continuamos a "elevar o padrão" todos os anos. Por exemplo, costumávamos ter muitas lixeiras de plástico com nossa logomarca. Como isso poderia se tornar uma grande experiência de marca? Assim, desafiamos a equipe de operações sobre como isso poderia ser melhorado para proporcionar a experiência da marca. A solução deles foi cobrir todas as lixeiras com ripas de madeira bonitas. Colocamos lindos gerânios no topo e, depois, sinais discretos dizendo "Coloque o lixo aqui". Ninguém notaria a mudança de um ano para o outro, mas sentiriam que o local estava elevado e melhor. Entregamos uma melhoria da marca sem que eles soubessem. Foi assim que mantivemos nosso status de principal evento de corrida do mundo, e somos um dos mais famosos do planeta porque continuamos fazendo isso todos os anos (assim como promovendo corridas fantásticas!).

Como qualquer outro negócio, o Ascot tem que escolher cuidadosamente onde fazer melhorias. O feedback do cliente é a abordagem padrão de muitas empresas para decidir o que melhorar, mas, no caso do Ascot, os colaboradores muitas vezes podem estar mais bem posicionados para identificar instâncias em que a experiência da marca fica aquém da sua promessa.

Cada membro da minha equipe comercial é colocado em um pequeno grupo de trabalho e, durante duas horas na semana do Royal Ascot, são convidados a deixar seu trabalho e circular pelo evento como se fossem clientes. Eles nos devolvem uma lista de coisas que pensam que podemos melhorar ou que acham que estão ótimas. Em seguida, nos sentamos e passamos essa informação às equipes de operações e de *catering*, que, por sua vez, realizam as alterações. Todos participam da implementação das melhorias. Tivemos algumas pequenas ideias sobre melhorias incrementais que vieram da nossa equipe. Isso me dá muito orgulho da maneira como entregamos o estilo Ascot.

A experiência do Ascot mostra como a qualidade da experiência do cliente está diretamente relacionada com a qualidade da maneira como os colaboradores vivem a marca. É necessário articulá-la e comunicá-la claramente para os colaboradores, mas isso não é suficiente para o sucesso. As pessoas no Ascot sentem um orgulho genuíno pela sua entrega, quer trabalhem lá durante seis ou 365 dias por ano. Elas valorizam o quanto a organização está preparada para cumprir sua promessa internamente, e isso reafirma seu próprio senso de compromisso para cumprir a promessa externamente. A diferença entre clientes e colaboradores é que estes estão mais familiarizados com a organização. Eles estão posicionados de maneira ideal para identificar onde sua experiência de marca fica aquém da promessa e também para sugerir onde e como as melhorias podem ser feitas. Trate seus colaboradores como seus clientes mais exigentes: comunique-se com eles com clareza, pergunte quais são seus conhecimentos e ideias, demonstre os sacrifícios que está disposto a fazer em nome deles. Os funcionários lhe pagarão com sacrifícios próprios que farão a diferença entre ser "bom" e "excelente".

TERRITÓRIO
COMPREENSÍVEL
E DEFENSÁVEL

—

Trate seus colaboradores como seus clientes mais exigentes.

DAVE

13

Quais defeitos da sua marca você aprendeu a ignorar?

Uma conversa com **Kristian Brugts**
Diretor de marca
Ocado

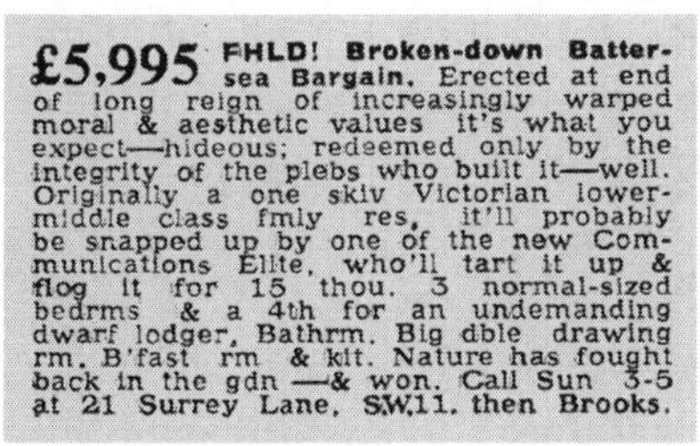
£5,995 **FHLD! Broken-down Battersea Bargain.** Erected at end of long reign of increasingly warped moral & aesthetic values it's what you expect—hideous; redeemed only by the integrity of the plebs who built it—well. Originally a one skiv Victorian lower-middle class fmly res, it'll probably be snapped up by one of the new Communications Elite, who'll tart it up & flog it for 15 thou. 3 normal-sized bedrms & a 4th for an undemanding dwarf lodger, Bathrm. Big dble drawing rm. B'fast rm & kit. Nature has fought back in the gdn —& won. Call Sun 3-5 at 21 Surrey Lane, S.W.11. then Brooks.

Vamos falar de uma série de classificados que foram divulgados pelo corretor imobiliário Roy Brooks no *The Sunday Times* nos anos 1960.* Os corretores imobiliários não são conhecidos pela sua franqueza ou

* Em tradução livre, o anúncio diz: £ 5.995 Propriedade! Pechincha de imóvel decadente em Battersea. Erguido no fim do longo reinado da moral e dos valores estéticos cada vez mais distorcidos. É o que você está pensando: terrível. Redimido apenas pela integridade da plebe que o construiu, que bom. Originalmente uma residência familiar miserável de classe média na era vitoriana. Provavelmente será comprado por alguém da nova elite das comunicações, que irá reformá-lo e vendê-lo por quinze mil. Três quartos de tamanho normal e mais um para um não muito exigente inquilino anão. Banheiro. Grande sala de estar dupla. Sala de jantar e cozinha. A natureza lutou para voltar ao jardim e ganhou a batalha. Ligue para 3-5 na 21 Surrey Lane. S.W.11. Antigo Brooks.

senso de humor, por isso é fácil ver como os anúncios espirituosos de Roy Brooks se tornaram uma sensação — o jornal até se ofereceu para publicá-los gratuitamente.

Roy Brooks não inventou a ideia de que as falhas podem ser usadas para criar interesse. Seus anúncios apareceram logo após as publicidades "Lemon" e "Think small" ["Limão" e "Pense pequeno", em tradução livre, respectivamente] da Volkswagen, amplamente consideradas as campanhas mais criativas, surpreendentes e bem-sucedidas de todos os tempos. A publicidade icônica da agência de publicidade estadunidense DDB é talvez o exemplo mais poderoso de desvio de direção na história da publicidade: o desafio deles consistia em transformar um *buggy* sem frescuras e com conotações nazistas em um objeto de desejo para um público americano com gosto por carros aerodinâmicos e espaçosos.

Toda marca tem suas falhas, mas poucas têm a coragem de exibi-las em público. A Teoria da Penetração Social sugere que admitir imperfeições é uma forma de passar de uma relação superficial para uma mais profunda e íntima. A ideia básica é que as pessoas — ou marcas — são como cebolas. Temos uma camada voltada para o exterior e um "eu" privado no núcleo. A profundidade de qualquer relacionamento pode ser medida pelas qualidades que escolhemos revelar e pela honestidade que demonstramos ao fazer isso. Admitir nossas fraquezas é um aspecto necessário na construção de relações. Ninguém é perfeito. E nenhuma marca ou negócio é perfeito. Por isso, ser franco sobre nossas insuficiências estimula a ideia de que uma fachada pública está sendo quebrada a favor da intimidade e da autenticidade.

Algumas falhas, no entanto, são muito graves para serem consideradas encantadoras. Quase sessenta anos após a publicidade icônica, a Volkswagen se viu envolvida em um escândalo de emissões de poluentes que levou a uma multa de 2,8 bilhões de dólares nos Estados Unidos e a uma admissão relutante de culpa.[60] Em vez de reconhecer suas imperfeições e esforçar-se para melhorar, a organização ou ignorava suas falhas ou era cúmplice de sua supressão. O público pode perdoar ou esquecer esses crimes, mas as instituições reguladoras e legisladores são menos indulgentes. Martin Winterkorn, antigo diretor executivo da empresa, está sendo acusado criminalmente nos Estados Unidos, e a empresa reservou 25 bilhões de euros para cobrir multas criminais e indenizações. A marca sobreviverá: Winterkorn renunciou em setembro de 2015, e o novo CEO, Herbert Diess, anunciou que a empresa se tornará "mais honesta, mais aberta e mais verdadeira".[61] Desde então, as receitas cresceram e o balanço do negócio se recuperou.

Esse escândalo pode ter sido a melhor coisa que aconteceu à Volkswagen em décadas, pois levou a uma revisão fundamental — desde procedimentos de denúncia de irregularidades até a filosofia de gestão e tomada de decisão corporativa. O sucesso pode tornar um negócio complacente e, por vezes, escândalos são um mal necessário. Em círculos de teoria de gestão, isso é conhecido como o paradoxo Ícaro: os líderes de negócios que estão voando alto ficam embriagados de sucesso e cegos ao perigo. É uma das razões pelas quais as empresas prósperas lutam para manter altos níveis de desempenho.

A humildade é um recurso subestimado, particularmente em empresas acostumadas a vencer. A literatura sobre gestão pode ser culpada por isso, a ênfase está quase sempre na conquista da perfeição. A lista dos 25 livros de negócios mais influentes da revista *Time* é uma ode à impecabilidade: grandeza, liderança e eficácia são os temas mais falados. Essa tradição remonta, pelo menos, a Nicolau Maquiavel — um dos teóricos de liderança mais notórios da história —, que também acreditava que uma característica vital de uma liderança bem-sucedida é a capacidade de convencer os outros das suas virtudes. A notoriedade de Maquiavel deriva de sua crença de que isso inevitavelmente requer que um grande líder seja um grande mentiroso: "É preciso saber colorir as próprias ações e ser um grande mentiroso e enganador. Os homens são tão simples e obedecem tanto às circunstâncias, que o enganador encontrará sempre alguém pronto para ser enganado."

É aí que a exigência de autenticidade e o desejo de uma grande liderança se esbarram. Em termos modernos, o líder de Maquiavel é um "automonitor de alto nível", maximizando sua influência com a monitoração e adaptação a todas as situações. Em contraste, "automonitores de baixo nível" se expressam sem um filtro, refletindo seus próprios pensamentos, sentimentos e disposições, em vez de gerenciar qualquer situação específica.

A professora do Instituto Europeu de Administração de Empresas Herminia Ibarra chamou isso de "paradoxo da autenticidade": ser fiel a si mesmo no trabalho pode limitar tanto o crescimento pessoal quanto o impacto profissional. A solução de Maquiavel para o paradoxo é simplesmente mentir quando for necessário; esteja atento às suas falhas, mas nunca deixe que ninguém mais as veja. A flexibilidade moral é a característica que define um grande líder. A solução de Ibarra é mais sutil: o "eu" não é fixo, mas está evoluindo permanentemente a cada nova experiência. As pessoas que se apegam a um sentido imutável de si mesmas estão condenadas a reforçar as formas existentes de pensar e trabalhar. Em contraste, a marca da verdadeira liderança é a vontade de aprender e crescer, o que requer um senso flexível de si mesmo. Na visão de Ibarra, os líderes se desafiam a ir além do que é confortável ou familiar e, como resultado, permitem que seus valores e crenças evoluam.[62]

A admissão privada de falhas é absolutamente vital para esse tipo de liderança. Empresas e líderes que não conseguem identificar suas falhas tiram de si mesmos a oportunidade de melhorar. Ibarra chama isso de "autenticidade adaptável": um processo constante de desafio, experimentação e esclarecimento, em que as falhas são reveladas quando você assume riscos (grandes e pequenos) e está aberto às possibilidades.

Ocado
Adaptável e autêntica desde 2000

Quando Kristian Brugts ingressou na Ocado, em 2008, o negócio era um supermercado on-line com muitas promessas, mas sem histórico de lucratividade. Havia 109 pessoas trabalhando na sede, e o negócio lidava com uma perda operacional de 21 milhões de libras em receitas acima de 320 milhões. Dez anos depois, a organização está quase irreconhecível. Em 2018, chegou ao FTSE 100, tendo se tornado um negócio de tecnologia de entrega de artigos de supermercado com relações globais de varejo, desde o Casino na França até o Kroger nos Estados Unidos e o Sobeys no Canadá. As receitas em 2017 atingiram mais de 1,3 bilhões de libras com lucros de 84 milhões de libras. Em muitos aspectos, a Ocado é a encarnação do ideal de autenticidade adaptável de Herminia Ibarra.

Brugts é o diretor de marca do grupo Ocado, responsável por alinhar o negócio à missão e ao propósito, ou seja, é dever dele garantir que a empresa não perca a alma à medida que cresce. É justo dizer que sua experiência ao ingressar estabeleceu expectativas claras sobre o que isso envolveria.

> **Kristian Brugts:** eu já estava fazendo compras com eles há cerca de três anos, estranhamente. Parecia ser uma empresa divertida para se trabalhar. Certamente, quando eu entrei e falei com as pessoas, elas eram — sendo honesto — loucas e muito motivadas pelo que tinham que fazer. Aquilo me entusiasmou. Minha segunda entrevista deveria ser com o diretor de varejo, que tinha um compromisso, então me jogaram em uma sala com Tim Steiner e Jason Gissing. Eu pensei: "Isso é uma loucura. Por que estou falando com as duas pessoas mais importantes daqui, que fundaram a empresa?" Era um sinal de que tipo de empresa era aquela, a informalidade e o fato de que você poderia interagir com pessoas tão seniores como aquelas. Em duas horas, eles me ligaram de volta e disseram: "Você quer um emprego?"

Embora a empresa estivesse em seu oitavo ano, mantinha a cultura e o espírito de uma startup, que sobrevive até hoje. A equipe de liderança permaneceu muito estável durante o período de intervenção; Steiner ainda dirige o negócio com uma política de portas abertas. Em grande medida, isso ajudou a reter parte do espírito fundador da empresa. O imperativo de mudar é uma parte essencial do DNA do negócio:

> O que mais me surpreendeu foi a rapidez com que você poderia causar impacto. Pelo fato de termos tão poucas pessoas, recursos e, provavelmente, orçamento limitado, tínhamos muita responsabilidade e precisávamos fazer as coisas. Não era apenas na minha perspectiva. Você podia ver isso acontecendo em todos os aspectos do negócio. Foi fantástico. Isso fazia com que fosse empolgante vir para cá todos os dias. Você não sabia o que iria acontecer, ou quem seria responsável, mas algo iria acontecer e seria divertido.

Uma forma crucial de manter o espírito da Ocado é pela sua abordagem ao recrutamento. O negócio cresceu muito desde 2008 e agora emprega cerca de doze mil pessoas. Um aspecto marcante da mentalidade da Ocado quando se trata de recrutamento é considerar o primeiro papel que uma pessoa assume na empresa como um ponto de partida, porque, à medida que as pessoas aprendem e se desenvolvem, eventualmente irão crescer dentro da empresa e sair de seu cargo inicial para algo inteiramente novo. A Ocado reconhece que à medida que o negócio muda, também muda aquilo que é exigido delas. O resultado é uma mentalidade muito fluida quando se trata de recrutamento e retenção de pessoal:

> Nós vamos expandir para nos adequarmos ao seu conjunto de habilidades e a você como pessoa. Nós sempre dizemos que você entrou em um determinado cargo, mas não é nesse cargo que vai sair. Na verdade, o cargo em que você vai sair provavelmente não existe. Vamos criar um para você, porque estamos preparados para utilizar seu conjunto de habilidades, seu entusiasmo e experiência, onde quer que estejam, para o benefício do negócio, em vez de tentar colocá-lo em uma caixinha, só porque é isso que a descrição do cargo diz que você deve fazer. É uma coisa da qual sempre nos orgulhamos.

Essa atitude não se aplica apenas ao administrativo ou à equipe de gestão — estende-se até o modo como os motoristas de entregas são recrutados e treinados. Você pode pensar que o requisito mais básico para qualquer um que espera se tornar um motorista da Ocado é ser capaz de dirigir uma van. Pense de novo. Aqui está outra maneira pela qual a essência organizacional da Ocado vem à tona:

> O que costumamos fazer é empregar pessoas e ensiná-las a dirigir, em vez de empregar motoristas e ensiná-los a serem pessoas, porque a interação humana é a mais importante que temos com nossos clientes enquanto empresa e não é algo que possa ser ensinado. É realmente mais fácil ensinar as pessoas a não bater uma van do que sorrir para os clientes e ser simpático.

O resultado dessa abordagem de recrutamento é uma mentalidade de "contratar pessoas incríveis e sair da frente delas", que resulta em muita liberdade para as pessoas tomarem decisões e cometerem erros. Assim como muitos dos outros negócios apresentados neste livro, a Ocado é extremamente tolerante com erros... desde que sejam usados como oportunidades para aprender. A consequência é um elevado grau de autonomia pessoal e confiança organizacional.

> Confiamos na nossa equipe para fazer a coisa certa. Eles não precisam falar com ninguém. Se acharem que é certo subir seis lances de escada para fazer uma entrega, porque a senhora de oitenta anos não parece estar muito bem, e passarem mais dez minutos lá dentro guardando as sacolas, nós não os puniremos.

Isso não quer dizer que a Ocado seja menos suscetível ao fracasso que outros negócios. Brugts não está falando nenhuma mentira, mas é honesto sobre o fato de que os erros acontecem, e isso inclui contratar funcionários que não dão certo. Pessoas que têm a mente fechada não costumam prosperar na empresa, quanto menos elas querem saber sobre a Ocado e sua cultura, menos a entendem e mais isso as assusta. Inversamente, mentes curiosas tendem a prosperar por lá. Isso não quer dizer que todos os que trabalham no negócio sejam rebeldes ou uma miniversão de Steiner. No início da nossa conversa, Brugts menciona que a Ocado costumava ser descrita como um grupo de "amadores entusiastas". A definição parece ser cinquenta por cento um insulto e cinquenta por cento uma honra. Ao longo do tempo, e talvez como resposta, uma tropa de profissionais se juntou ao negócio para evitar acusações de amadorismo. Não se espera que todos na Ocado sejam iniciantes *superstars*.

> Apesar do tamanho, pouca coisa mudou. A mentalidade ainda está lá. Esse espírito empreendedor de pirata ainda está presente nas pessoas em um nível muito elevado. Costumávamos ser descritos como amadores entusiastas. Isso desapareceu um pouco depois que nos enchemos de — e detesto dizer isto — profissionais. Tentar transmitir a eles que ainda temos um espírito empreendedor, sem assustá-los ou desencorajá-los, é um desafio. Você precisa ter as pessoas certas inovando. Então, tem que ser capaz de dizer: "Esse grupo de pessoas aqui está com as rédeas soltas. Vão, inovem, pensem livremente, façam o que for preciso." Se disso sair alguma coisa que mova a empresa para a frente, então fantástico. Todos os outros precisam ter a certeza de que a operação está correndo bem. Então, você acaba ficando com aquela dicotomia estranha. Com pessoas malucas aqui, e pessoas muito disciplinadas ali.

Há um firme desejo de manter uma proporção saudável entre piratas e profissionais. Cada um tem um papel distinto a desempenhar, e cada grupo compensa as falhas do outro. Os profissionais ajudam os piratas a parecerem menos amadores, enquanto os piratas injetam bastante estranheza e loucura no negócio para levar os profissionais a lugares que eles não teriam sido capazes de imaginar. Desse modo, uma falha se torna um ponto forte. A Ocado abraça seu lado estranho e se beneficia da capacidade de ver o mundo de forma diferente, com a certeza de que há um grupo de pessoas que transformam ideias loucas em modelos de negócios lucrativos. Isso é particularmente importante porque Brugts sabe que a Ocado está em um estado constante de fluxo: ninguém sabe exatamente como será o negócio daqui a cinco ou dez anos, exceto que terá como objetivo estar na vanguarda de qualquer oportunidade que escolher buscar. Isso significa que, no futuro próximo, o espírito de amadorismo entusiasta continuará sendo uma virtude organizacional.

> Ainda estamos na vanguarda. Ninguém fez o que fizemos. Então, ainda há um pouco de tentativa e erro. Ainda existe empolgação. Você não sabe o que virá depois. Estamos trabalhando muito em pesquisa e desenvolvimento de peças de tecnologia, com anos de antecedência, e não sabemos o que elas são. Só sabemos que estão acontecendo. Nós éramos apenas um supermercado on-line há dez anos. Há cinco anos, éramos um supermercado on-line à beira da falência. Agora, somos a líder em tecnologia. Isso teve um impacto fundamental no meu papel no negócio, porque agora você não está falando apenas de feijões, mas de robôs e feijões e das tecnologias disruptivas que estamos usando para fornecer isso, seja no Reino Unido ou no resto do mundo. Poderemos fazer outra coisa no futuro, o que é fantástico. É empolgante vir trabalhar todos os dias.

Ter defeitos é um resultado inevitável dessa abordagem de tentativa e erro no crescimento. O foco da Ocado em aprender e inovar significa nunca fingir ser um negócio completamente polido ou profissional. E eles nem querem fazer isso.

> Se você tem uma personalidade perfeita, possivelmente é um psicopata. Ter que explicar nossas falhas para as pessoas às vezes é um pouco doloroso. Alguns não entendem que as empresas têm falhas, e que as falhas são necessárias, pois fazem o negócio ser o que é. Todo mundo pensa que todos sempre serão perfeitos. Isso se resume a psicopatia corporativa. Nós poderíamos resolver isso, mas seria chato. Por que faríamos isso? As falhas nos deram a mentalidade que temos. Você pode defender um pouco mais de polidez, mas nossas fraquezas fizeram de nós o que somos. Não seríamos quem somos sem elas. Se não levarem nosso negócio à falência, são uma falha positiva.

Como a empresa mesma diz, a Ocado é um lugar estranho. Tem um nome estranho e emprega pessoas estranhas. Mas é a estranheza que a torna especial. Tornar-se uma empresa FTSE 100 é algo muito importante, e há todo um sentimento de que o negócio apenas começou a utilizar todo seu potencial. Comparado com seus pares do FTSE — como Barclays, Marks & Spencer, Reckitt Benckiser e Unilever —, seu potencial de crescimento parece enorme. Desde que os piratas continuem pilotando o navio.

TERRITÓRIO
COMPREENSÍVEL
E DEFENSÁVEL

—

Abrace o que torna sua marca esquisita.

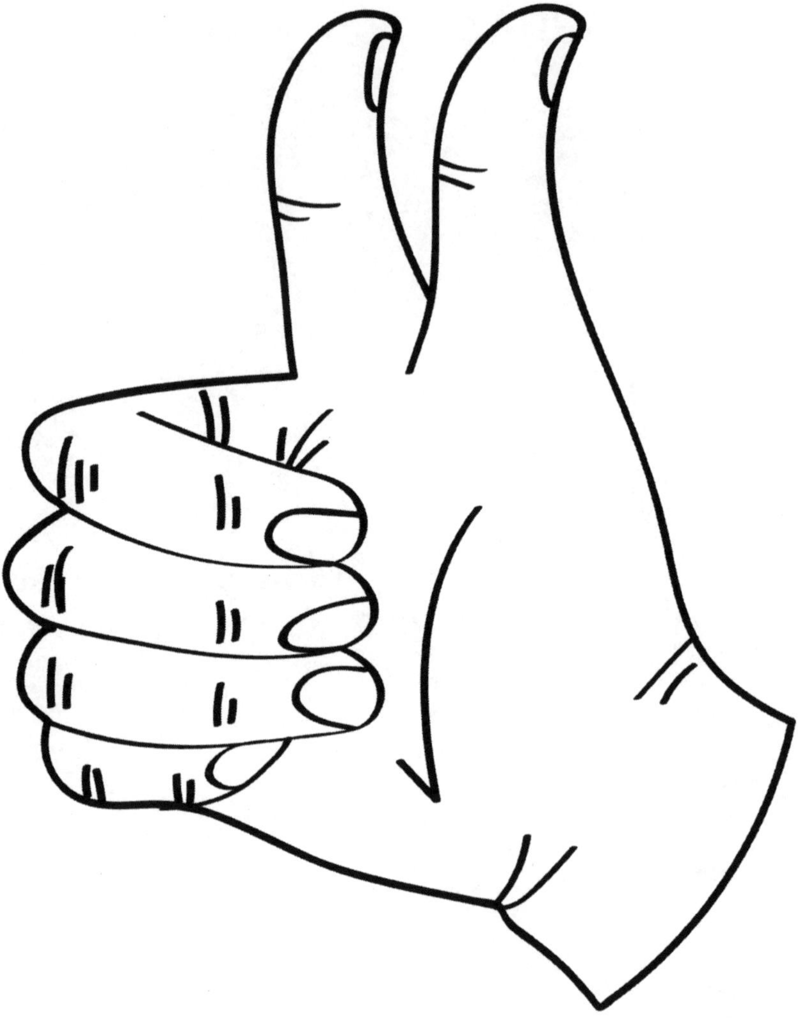

14

Os pais devem dar aos filhos o que eles precisam ou o que querem? A mesma lógica se aplica quando se trata de dar a seus clientes o que eles pedem?

Uma conversa com **Angela O'Farrell**
Diretora administrativa de portfólios de vida e estilo
TI MEDIA

Você deve estar familiarizado com a experiência do marshmallow de Stanford: o ponto de encontro entre a boa paternidade e o sucesso do negócio. Um marshmallow é colocado diante de uma criança, e ela receberá um segundo se não comer o primeiro durante quinze minutos. O pesquisador, então, deixa a criança sozinha com o marshmallow para ver se ela está disposta a adiar a gratificação por uma recompensa final maior. Vários testes semelhantes foram realizados nos anos 1960 e 1970, e um estudo de acompanhamento realizado décadas mais tarde sugeriu a existência de uma relação positiva entre a vontade de adiar a gratificação na infância e o subsequente sucesso na escola e na vida. A moral da história: encoraje seus filhos a sacrificar os desejos de hoje pelas necessidades de amanhã. O autocontrole constrói o caráter e é uma qualidade definidora do sucesso na vida adulta.

Isso contrasta com a forma como somos ensinados a nos comportar como clientes. Gratificação atrasada e autocontrole são ideais anacrônicos para uma geração de nativos digitais que esperam receber produtos e serviços instantaneamente ao toque de uma tela. É difícil imaginar a Amazon ou o Google introduzindo gratificação atrasada em seus modelos de negócio com base na construção do nosso caráter. Tal como as crianças, os clientes esperam que todos seus caprichos sejam satisfeitos. Mas, ao contrário de uma criança, o cliente está no comando. Philip Kotler, o "pai do marketing moderno", argumentou veementemente em seu livro de 2003, *Princípios do marketing:* "Agora vivemos em uma economia de cliente, onde o cliente é o rei... São os clientes, não as mercadorias, que estão em falta... As empresas precisam acordar para o fato de terem um novo chefe: o cliente. Se as pessoas da sua equipe não estão pensando no cliente, elas não estão pensando. Se não estiverem servindo diretamente o cliente, é melhor servirem alguém que esteja. Se não tomarem conta do cliente, alguém o fará."[63]

A GRATIFICAÇÃO TARDIA FUNCIONA?

A ambição não é apenas dar aos clientes o que eles pedem, mas identificar necessidades não atendidas e não articuladas, bem como antecipar necessidades futuras inimagináveis. De acordo com a associação global para pesquisadores de mercado ESOMAR, as empresas gastam mais de 68 bilhões de dólares por ano em pesquisa de mercado para descobrir essas necessidades e orientar o desenvolvimento de novas maneiras de fornecer formas cada vez mais instantâneas de gratificação para os clientes. Vale a pena notar que a virtude da gratificação tardia também tem sido usada quando se trata de criar filhos.[64] As experiências originais com os marshmallows foram realizadas com uma amostragem pequena e não representativa de crianças. Estudos mais recentes envolvendo amostragens maiores e mais representativas descobriram que a relação entre autocontrole em uma criança e sucesso futuro é muito mais fraca do que se pensava; inteligência e antecedentes familiares são preditores mais poderosos de sucesso na vida adulta do que o fato de uma criança estar disposta a esperar quinze minutos por um marshmallow a mais.[65]

OS NEGÓCIOS DEVEM SATISFAZER TODOS NOSSOS CAPRICHOS?

Então, a morte da gratificação tardia significa que devemos satisfazer os caprichos dos nossos filhos e dos nossos clientes? Depende de quem você acredita que está no comando.

Um artigo de 2016 do acadêmico de marketing Mark Tadajewski argumenta que a visão de Kotler sobre o consumidor como chefe tem suas raízes na Grande Depressão dos anos 1930, que levou a uma reformulação fundamental do papel das finanças e do marketing para tornar as empresas mais sensíveis às necessidades de seus clientes.[66] O marketing como profissão ganhou destaque nas décadas seguintes à Grande Depressão, com o objetivo de tornar as empresas mais capazes de prever a demanda e mais eficientes no planejamento de onde, quando e como atender melhor a essa demanda. O foco no cliente surgiu como uma lei inviolável dos negócios. Isso teve profundas implicações para as empresas, tanto em termos de organização como de cultura.

Em termos organizacionais, os negócios foram reconstruídos em torno de um entendimento científico e objetivo do cliente: a demanda poderia ser prevista e quantificada, cotas de vendas poderiam ser estabelecidas e o desempenho individual poderia ser avaliado de acordo com um plano prescrito. O cliente foi declarado chefe da empresa e a importância dos fornecedores de capital e dos gestores da empresa foi subestimada. Tadajewski chama isso de "deslocamento", os reais patrões da empresa (banqueiros, proprietários, gerentes) usaram a tática de subestimar o próprio papel e superestimar o papel do consumidor como forma de reduzir a animosidade do trabalhador. Curvar-se para fazer os clientes felizes é um objetivo nobre e valioso. Matar-se de trabalhar para que os investidores tenham a garantia de uma margem de vinte por cento é destruidor e desumano. Os proprietários de empresas têm um forte incentivo para exagerar o poder do cliente, porque isso ajuda a motivar as pessoas que trabalham para eles a cooperar alegre e voluntariamente com a criação de valor para os acionistas.

O PERIGO DE COLOCAR O LUCRO ACIMA DAS PESSOAS

Tudo isso parece terrivelmente cínico. Mas não precisamos ir muito longe para achar exemplos de negócios supostamente focados no cliente que colocam o lucro acima das pessoas. Em setembro de 2016, as instituições reguladoras federais nos Estados Unidos revelaram que os funcionários da Wells Fargo, que se esforçavam para atingir metas de vendas ambiciosas, haviam secretamente aberto milhões de contas-correntes e cartões de crédito não autorizados, modificado contratos de hipoteca, vendido mal os seguros de automóvel e retomado carros de maneira ilegal sem autorização do cliente.[67] Como resultado, o banco foi multado em um bilhão de dólares e despediu mais de cinco mil empregados envolvidos no crime.

O Wells Fargo não é uma exceção à regra. Algumas das empresas mais respeitadas e focadas no cliente do mundo demonstraram que as necessidades deles devem ser equilibradas, e não priorizadas, em relação ao valor do acionista. A United Airlines foi forçada a se desculpar quando um vídeo de funcionários removendo à força um passageiro ferido e ensanguentado tornou-se viral em 2017. No mesmo ano, o Facebook ficou sob intenso escrutínio por ter usado dados de clientes, a Kobe Steel admitiu ter falsificado dados qualitativos e a Samsung substituiu uma linha de telefones explosivos por versões supostamente mais seguras... que também explodiram.[68, 69, 70, 71]

A questão não é que a noção de negócios focados no cliente seja uma impossibilidade ou uma mentira; temos trabalhado com muitas organizações atenciosas e sinceras na forma como tratam seus clientes. Mas essas empresas também são atenciosas e sinceras na forma como tratam investidores, funcionários, parceiros, instituições reguladoras e a sociedade em geral. Em nenhum momento fingem que o cliente é o chefe. Em vez disso, veem os negócios como o ato de administrar as motivações às vezes conflitantes dos vários públicos em que confiam seu sucesso. É uma base mais honesta para conduzir negócios do que fingir que o cliente é o chefe da empresa.

TI Media
entregando uma transformação em que todos ganham

Em 11 de junho de 2018, a Time Inc. UK mudou a marca para TI Media. O nome e a identidade contêm um aceno claro para o passado, o que é lógico para uma empresa que possui algumas das revistas mais respeitadas e amadas do Reino Unido, incluindo *NME*, *Marie Claire UK* e *TV Times*. Mas a evolução da marca sinaliza um forte desejo de inovar diante das profundas mudanças sociais, culturais e tecnológicas. Angie O'Farrell tem um papel central a desempenhar na realização dessa mudança. Ela é diretora administrativa de portfólios de vida e estilo: responsável por conduzir a transformação da TI Media e garantir que o negócio antecipe e responda com sucesso as necessidades em constante mudança dos seus consumidores, anunciantes, funcionários, parceiros e proprietários.

É difícil exagerar a complexidade de transformar um negócio que opera por meio de cerca de quarenta marcas voltadas para o consumidor, cada uma com os próprios seguidores leais, teimosos e com suas especificidades. O ponto de partida de O'Farrell é, ao mesmo tempo, prático e pragmático: desenvolver, a partir de um ponto de vista equilibrado, o motivo pelo qual as marcas existem em primeiro lugar.

> **Angie O'Farrell:** Uma pergunta que me fizeram quando estava na universidade foi: "Qual é o objetivo de uma marca?" É claro que todos nós respondemos: "Atender às necessidades latentes", e meu professor sempre dizia: "Não, não, não, isso é ótimo, mas não." Por fim, ele nos revelou a resposta: "O objetivo de uma marca é ganhar dinheiro." É uma perspectiva muito dura, mas é verdade. Então, na construção de uma marca, você precisa manter o foco no resultado, porque, de outra forma, qual seria o objetivo? Construir uma marca leva tempo. É muito fácil errar, e é muito mais difícil continuar acertando.

Essa pode não ser a maneira mais romântica ou popular de resumir o objetivo de uma marca, mas impede que uma organização e seus líderes caiam na armadilha do "cliente como chefe". A nova marca da TI Media foi impulsionada pela aquisição do negócio em março de 2018 pela Epiris LLP, uma empresa de *private equity* de propriedade de parceiros com forte ênfase na transformação, clareza estratégica e excelência operacional. O próprio *rebranding* da TI Media representa um primeiro passo na forma como essa transformação será realizada em todas as marcas da organização: com uma combinação de construção de confiança e inspiração.

> Como empresa, nós nos identificamos como TI Media. O pensamento por trás do nome era a continuidade com o passado, mas, igualmente, o que entregamos aos nossos consumidores é inspiração. Assim, o "I" significa inspiração, e o "T" significa confiança (do inglês, *trust*), e o que fazemos, independentemente da marca que usamos, é fornecer conteúdo fundamentado e confiável, não importa a área temática. Nossos consumidores confiam nesse conteúdo, e essa relação de confiança é extremamente importante para nós.

A confiança é, claramente, a base sobre a qual será construída a reputação da TI Media. No contexto do consumidor, isso significa manter os princípios jornalísticos antigos que antecedem a era das *fake news*.

Por exemplo, na inquietante área das histórias da vida real, nunca publicamos uma história que não fosse legalmente verificada por um processo judicial. Da mesma forma, nunca publicaremos uma história se, em algum momento, quem está contando sentir que não pode continuar; isso é uma verdadeira questão de princípio para nós. Esse *ethos* não é necessariamente representado em nossos concorrentes ou outros meios de comunicação, mas é muito importante para quem somos enquanto marca... Não podemos ser manchados pelo cinismo dos outros. Devemos nos manter fiéis aos nossos princípios de credibilidade, autoridade, veracidade e honestidade.

Além do relacionamento com o consumidor, a construção de confiança também significa navegar pelas motivações potencialmente conflitantes de anunciantes, criadores de conteúdo e consumidores. Nenhum público é priorizado, o objetivo é criar um círculo virtuoso no qual o conteúdo publicitário agregue valor ao conteúdo editorial, em benefício do público consumidor.

O arco de relacionamento entre criadores de conteúdo e anunciantes, especialmente do ponto de vista editorial, é circular. Sempre há uma tensão, como deveria haver, entre o comercial e o editorial. O que não queremos é ser apenas um porta-voz da publicidade. Os consumidores percebem isso muito rapidamente. É por isso que, a despeito do fato de os anunciantes gostarem que o produto deles seja utilizado, só faremos isso se for apropriado. Um bom exemplo é quando o conteúdo publicitário é absolutamente valioso para o consumidor. Trata-se de acrescentar um verdadeiro valor publicitário ou narrativo. Acho que um exemplo disso é o trabalho que fizemos no passado com a Sky. O Natal é um ótimo período para ver televisão. É parte integrante de toda a maravilha brega que é o Natal. Trabalhamos com a Sky, fazendo uma reportagem sobre seus filmes e apresentamos isso como um editorial publicitário. É um ganho mútuo para o consumidor (que se beneficia de páginas extra de conteúdo), para a marca e também para o cliente de publicidade — e é aí que funciona muito bem.

Além de conciliar as necessidades de diferentes públicos, a TI Media tem a difícil tarefa de encontrar meios de manter a relevância como editora de revistas físicas quando o mundo está se tornando cada vez mais digital. Enquanto os mundos físico e digital competem por nossa atenção, O'Farrell aponta para outra possibilidade: que a mídia física e a digital têm o potencial de se tornarem complementos poderosos. Cada meio tem suas vantagens e desvantagens, e há pontos fracos na tecnologia digital em que a mídia física pode agregar valor. Embora seja verdade que a mídia digital democratizou o conteúdo, isso tem sido feito à custa do controle de qualidade. A impressão é um meio mais restrito, mas consequentemente é mais cuidadoso na forma como a qualidade é gerenciada e o conteúdo é curado.

> Ainda existe o problema adicional da mudança tecnológica. É espantosa a rapidez com que nossos comportamentos estão sendo afetados. Se nossas marcas não responderem a isso, seremos tubarões mortos na água. Sempre voltamos ao desenvolvimento da marca, a ser corajosos e não ter medo do que o futuro nos reserva. Se você simplesmente enterrar sua cabeça na areia e continuar fazendo o que sempre fez, chegará um ponto em que não vai funcionar, ou vai funcionar de forma menos eficaz ao longo do tempo. Portanto, sim, estamos servindo a um mercado existente, mas também estamos analisando a forma como nos mantemos relevantes, e isso pode ser feito por meio de *joint ventures*, parcerias e, de fato, pegando o que fazemos hoje e reimaginando-o de outro modo. Netflix, Amazon Prime e Now TV não se encaixam no mundo ordenado de programações. Pela sua própria natureza, estão desestabilizando isso. É muito difícil encontrar coisas boas na Netflix ou no Amazon Prime. Há uma salada de conteúdo. O que isso nos diz é que a curadoria ainda é muito importante.

O truque, então, é entender onde essa habilidade de curadoria é mais relevante e onde cria mais valor. A forma óbvia de fazer isso é simplesmente perguntar aos consumidores o que pensam e depois responder de acordo. Isso é o que uma organização focada no cliente faria. Mas os clientes podem ser péssimos em projetar o futuro.

Segundo minha experiência, os consumidores são muito claros quanto ao que querem, porque definem o que querem em oposição ao que têm. O que não estão articulando — e por que fariam isso, não é mesmo? — é o que usariam no futuro. Acho que nosso portfólio de TV é um bom exemplo disso. Toda vez que pesquiso uma marca que tem um patrimônio extraordinário, como a TV Times, meus atuais consumidores me dizem que estão felizes com a marca e com a maneira como ela é. No entanto, posso ver, ano após ano, a partir do declínio de um mercado maduro, que o que eu não estou fazendo é atrair novos consumidores. Para mim, é o enigma exposto: como eu preparo minha marca para o futuro? Obviamente isso acabará se resumindo ao diálogo contínuo e ao desenvolvimento da marca, quer com os consumidores existentes, quer, mais dificilmente, com aqueles que (ainda) não são nossos clientes.

A chave para preparar uma marca para o futuro é não focar tanto no que os clientes dizem que querem (embora não estejamos sugerindo que você ignore isso), mas se focar com mais atenção naquilo que eles realmente fazem: as ações falam mais alto que as palavras. Isso também envolve desafiar a sabedoria aceita sobre o que as pessoas querem e como desejam se comportar no futuro. Há poucas pesquisas cujos resultados, ao longo do tempo, se tornaram fatos inquestionáveis, especialmente quando se trata de millennials, consumo sustentável e interações digitais. Entender comportamentos é importante demais para o futuro da TI Media para dar ouvido aos boatos.

Realizamos muitas pesquisas — qualitativas e quantitativas — anualmente. Temos um ciclo contínuo de desenvolvimento editorial de dezoito meses, e isso é sempre desencadeado por uma revisão da pesquisa sobre o que as pessoas estão fazendo. Você ouve pronunciamentos terríveis sobre a morte da televisão. Na verdade, não é bem assim. Os telespectadores de TV comprometidos assistem, em média, à TV por quatro horas diariamente. Os jovens também veem televisão e as evidências comprovam isso. Eles veem um pouco menos de quatro horas, mas não muito menos. Estão assistindo mais à TV on-line, usam o YouTube, a Netflix mais do que seus pais, mas veem televisão. O fenômeno do programa *Love Island* está aí para comprovar. Alguns de nós podem pensar que vamos todos para o inferno em um carrinho de mão, mas é um carrinho de mão que vai passar pela *Love Island*, porque capturou a imaginação de uma parcela muito mais jovem da população. A questão é: não presuma que esses comportamentos ou costumes são reais, você tem que continuar experimentando, tem que continuar interrogando o público.

O sucesso da transformação da TI Media não virá pelo fato de os clientes serem colocados no coração da gerência e de cada marca que faz parte do grupo. O sucesso virá da apreciação de que o insight do consumidor não é suficiente para construir um grande negócio. A paixão de O'Farrell pelo conteúdo significa que a empresa terá que ir muito mais longe e se esforçar muito mais para entregar inspiração além das expectativas atuais de seus muitos públicos. É somente inspirando esses vários públicos sobre o futuro que eles serão motivados a participar da sua concretização.

TERRITÓRIO
COMPREENSÍVEL
E DEFENSÁVEL

—

É seu trabalho inspirar seus clientes, não apenas satisfazer as necessidades deles.

15

SE SUA MARCA FIZESSE UM TESTE NO DETECTOR DE MENTIRAS, A PERGUNTA MAIS ESTRESSANTE SERIA...

Uma conversa com **Owen Burton**
Cofundador
ONE FEEDS TWO

Napoleão não era baixo.

Com 1,70 m ele estava acima da média para um homem francês da sua época. Esse dado é importante para aqueles de nós que foram acusados de ter a síndrome de Napoleão.

Acontece que o mundo está cheio de "fatos" comumente aceitos que se tornam falácias. Os touros não odeiam a cor vermelha: eles são daltônicos. Os morcegos não são cegos. É provável que os peixes-dourados tenham memórias que duram meses em vez de segundos. Beber café não desidrata — o efeito diurético da cafeína é compensado pela quantidade de água que contém. Não há divisão comprovada entre as funções dos lados esquerdo e direito do cérebro. Adicionar uma pitada de sal em uma panela de água não vai fazer com que ela ferva mais rápido. A água da descarga não gira para o outro lado no Hemisfério Sul. E a água pura não conduz eletricidade.

Como Harry Frankfurt, professor de Princeton, tão eloquentemente apontou ao longo de seu ensaio *On Bullshit* [*Sobre bobagens*, em tradução livre], de 2005: "Uma das características mais marcantes da nossa cultura é que há muita baboseira. Todo mundo sabe disso. Cada um de nós contribui com sua parte. Mas tendemos a tomar a situação como certa."[72] Vale a pena ler o ensaio de Frankfurt em toda sua glória, especialmente em um mundo pós-verdade. Sua conclusão foi que a qualidade que define a baboseira não é o fato de ela envolver uma mentira ou a deturpação da verdade, mas a absoluta falta de preocupação de um mentiroso com a verdade — sua total indiferença à realidade. Frankfurt argumentou que a baboseira não é tão mentirosa quanto a falsidade: assim como uma falsificação, ela é produzida sem qualquer consideração pelo que é real. Também como uma falsificação, a baboseira pode ser tão bonita e útil quanto a verdade. Em muitos casos, pode ser ainda mais eficaz, o que explica por que ficamos felizes em viver entre tantas mentiras.

COMO DISTINGUIMOS DISPARATES DE FATOS?

Carl Sagan também estava preocupado com a falsidade, embora se expressasse em termos muito mais brandos. Ele escreveu um ensaio sobre "The Fine Art of Baloney Detection" ["A fina arte de detectar disparates", em tradução livre], no qual lamenta o papel das marcas no incentivo a uma cultura corporativa que emprega as técnicas de desorientação e evasão à custa do consumidor: "Você não deve perguntar. Não pense. Compre."[73] Na opinião dele, o disparate existe quando uma combinação de cinismo e inocência resulta em um engano. Isso pode acontecer consciente ou inconscientemente. Em geral, envolve o fato de a vítima sentir uma emoção poderosa — tanto positiva, como o deslumbramento; quanto negativa, como o horror — que prejudique a capacidade de pensar criticamente. Como indivíduos, o disparate pode nos custar dinheiro. No nível institucional ou social, pode custar vidas.

O KIT DE FERRAMENTAS DO DISPARATE

Sagan define nove ferramentas que, juntas, constituem seu "kit de detecção de disparates". Ideias que sobrevivem ao escrutínio dessas ferramentas podem ser cautelosamente aceitas:

1. Sempre que possível, confirme, com outra fonte os fatos ou provas que sustentam a ideia proposta.
2. Encoraje o debate substancial das evidências com conhecedores de todos os pontos de vista.
3. Não se deixe influenciar por argumentos de autoridade, as "autoridades" são tão falíveis como nós.
4. Não se apegue a uma única hipótese. Desenvolva múltiplas hipóteses de trabalho e, em seguida, identifique formas rigorosas de refutar sistematicamente as alternativas. Qualquer hipótese que sobreviva tem uma chance muito maior de estar certa; é melhor do que apenas aceitar a primeira ou mais óbvia hipótese apresentada.
5. Seja particularmente cauteloso com hipóteses ou ideias de que você pode gostar simplesmente porque são suas. Pergunte-se por que gosta de uma ideia. E aprenda a se desapegar daquelas que não resistem ao escrutínio.
6. Se houver uma cadeia de argumentos, cada elo deve funcionar (incluindo a premissa), não apenas a maioria deles.
7. Navalha de Ockham: diante de duas hipóteses que explicam os dados igualmente bem, escolha a mais simples.
8. Sempre pergunte se a hipótese pode ser testada e falsificada — pelo menos em princípio. As proposições que não são testáveis nem falsificáveis não servem de muita coisa.

NÃO PERCA OS SINAIS DE AVISO DE DISPARATES

Omitimos uma das ferramentas sugeridas por Sagan: que as ideias ou hipóteses que nos são apresentadas devem ser quantificadas sempre que possível. Segundo ele, "o que é vago e qualitativo está aberto a muitas explicações. É claro que há verdades a serem buscadas nas muitas questões qualitativas que somos obrigados a enfrentar, mas encontrá-las é mais desafiador." Infelizmente — e em especial no que se refere às marcas — a quantificação nem sempre é possível ou mesmo desejável. Estamos constantemente atentos à falácia McNamara: que as pessoas muitas vezes procuram quantificar o que é importante, mas muitas vezes acabam apenas atribuindo importância ao que podem quantificar. Nós argumentaríamos que só pelo fato de uma ideia não poder ser quantificada, não significa que não seja importante, nem poderosa, nem correta. As ideias qualitativas ou intangíveis podem ser mais desafiadoras, mas não são menos válidas ou relevantes.

Para complementar essas ferramentas, o ensaio de Sagan também lista um conjunto de falácias comuns da lógica que funcionam como sinais de alerta para o disparate. Entre eles:

- atacar o argumentador em vez do argumento;
- argumento de autoridade;
- argumento das consequências adversas;
- apelar para a ignorância, especialmente quando a ausência de provas é utilizada como prova de ausência;
- fazer uma pergunta que pressupõe a resposta;
- viés de confirmação, ou contar os acertos e esquecer os erros;
- estatísticas com números pequenos (tenha muito cuidado com qualquer estudo com uma amostragem abaixo das centenas);
- mal-entendidos ou má interpretação de estatísticas (não deveria ser surpresa que cinquenta por cento das pessoas estejam abaixo da inteligência média);
- incoerência;

- *non-sequitur*: uma afirmação que não segue os pontos anteriores de forma lógica;
- supor que há uma conexão causal entre dois acontecimentos em sequência (Donald Trump se tornou presidente e o mercado de ações atingiu novos patamares);
- falsas dicotomias: considerar apenas os dois extremos em um continuum de possibilidades — inclusive presumindo que o curto e o longo prazo estão necessariamente em conflito;
- Cadeia de acontecimentos ou argumentos que sugerem uma consequência muito séria para um pequeno acontecimento;
- confundir correlação com causalidade;
- caricaturar a posição do adversário para facilitar o ataque;
- evidências suprimidas e meias verdades;
- palavras evasivas (por exemplo, apresentar os disparates como "verdade alternativa")

O kit de ferramentas foi concebido para ajudar os utilizadores a avaliar seu próprio disparate e perceber o disparate produzido pelos outros. Por mais útil que seja, estamos pessimistas e não achamos que o disparate se tornará uma coisa do passado tão cedo; há muitos comerciantes (e políticos, aliás) com um gosto pela hipérbole e um público pronto para aceitar a sabedoria barulhenta que lhes é vendida. Mas isso não é necessariamente ruim. Os conselhos de Carl Sagan e Harry Frankfurt são úteis se tudo o que queremos fazer é reconhecer os disparates. Mas e se tivermos aspirações mais elevadas? E se estabelecermos uma meta de reduzir a quantidade de disparates acontecendo no mundo?

One Feeds Two
Recusando-se a usar disparates para alimentar crianças em situação de pobreza

A história da One Feeds Two começa com JP Campbell, que deixou um emprego no ramo do direito empresarial para criar um negócio de sopa gourmet em Edimburgo chamado Elephant Juice. Uma de suas propostas de venda era que, para cada sopa que servisse, ele doaria para um programa de alimentação de base dinheiro suficiente para financiar merenda escolar para uma criança vivendo na pobreza. Depois de financiar 37.500 refeições nos seus primeiros dezesseis meses, JP visitou o Quênia para ver que tipo de impacto estava causando. A viagem foi reveladora em dois aspectos importantes: para começar, foi gratificante ver a diferença positiva que a merenda escolar fazia para as crianças que a recebiam; no entanto, a viagem também deixou claro quantas crianças não estavam sendo atendidas — 37.500 refeições mal começavam a resolver o problema. JP regressou ao Reino Unido com a determinação de encontrar uma forma de dimensionar sua ideia para que menos crianças passassem fome. Então montou uma equipe que pudesse ajudá-lo.

A primeira pessoa com quem se juntou foi Mark Christophers, que cofundou a West Cornwall Pasty Company e posteriormente a vendeu. Campbell e Christophers concordaram que era improvável que o negócio de venda de sopa atingisse a escala desejada, mas Christophers estava extremamente entusiasmado com a simplicidade, semelhante à da TOMS, de um mecanismo que fornece uma refeição escolar para uma criança em situação de pobreza cada vez que alguém compra uma refeição. Esse era precisamente o tipo de ideia que ele teria desejado para seu negócio de massas e para seu novo negócio, Rola Wala. Eles acreditavam que outros empresários do setor de alimentos também gostariam da ideia e a ajudariam a ganhar escala. Nesse momento, a dupla abordou Owen Burton, que tinha trabalhado como diretor executivo interino no Branson Centre of Entrepreneurship, na África do Sul. O papel de Burton era ajudá-los a desenvolver a proposta e transformar o sonho em realidade.

Pela maioria dos padrões, a equipe tem sido incrivelmente bem-sucedida; desde que se uniram, em 2013, a One Feeds Two financiou mais de quatro milhões de merendas escolares. Em 2015, estabeleceram uma parceria com a cadeia de hambúrgueres britânica Byron, que deu visibilidade à marca em todo o país. Em 2017, a equipe se juntou ao Mindful Chef, que desde então acrescentou mais seiscentas mil refeições ao total. Em 2018, a marca lançou uma operação inicial nos Estados Unidos. A parceria com a COOK foi projetada para fornecer pelo menos dois milhões de refeições escolares até 2020, e a jovem empresa de Christophers, Rola Wala, forneceu quase quinhentas mil merendas a partir de apenas alguns *food-trucks* e lojas de produtos alimentares. Mas ainda há um longo caminho a ser percorrido. O tamanho do problema é de cerca de 67 milhões de merendas escolares por dia. Seu modelo "um para um" significa que a One Feeds Two precisa atrair financiamento de um número equivalente de refeições. É uma quantia enorme, mas não é impossível — exigiria que todas as pessoas nos Estados Unidos e no Reino Unido comprassem uma refeição One Feeds Two a cada cinco dias. Seria compreensível se Burton, Campbell e Christophers adotassem uma abordagem de "os fins justificam os meios" para alcançar esse objetivo: contanto que as crianças recebam uma merenda escolar, quem se importa se a equipe One Feeds Two precisa dizer algumas mentiras inofensivas, ou burlar algumas regras para fazer isso acontecer? Não é assim que Burton vê o mundo. Quando ele avalia os esquemas existentes de combate à fome, vê uma proliferação de disparates (do tipo ruim e figurativo):

> **Owen Burton:** Há, sem dúvida, uma série de outros mecanismos pelos quais as empresas do setor alimentício podem contribuir no combate à fome nos países em desenvolvimento. Há o exemplo de um jantar caro no Soho que custa algumas centenas de libras a um grupo de amigos e, no fim, o restaurante pergunta se pode colocar uma libra na sua conta. Acho que falta um senso de proporcionalidade. Outra coisa que acho complicada é o fato de não haver transparência sobre o que é feito com uma libra. Eu confio a ponto de acreditar que a maior parte dessas libras vai chegar aonde deve, mas não faço ideia se estão fornecendo uma barrinha de cereal supernutritiva, ou três merendas escolares, ou se só precisam dessa uma libra porque precisam pagar o administrador.

Esse senso de proporcionalidade é absolutamente fundamental para o modelo One Feeds Two; alguém que paga uma refeição compreende que está financiando uma merenda escolar, da mesma forma que alguém que compra um par de TOMS compreende que está financiando um par de sapatos para alguém que precisa deles. Essa falta de proporcionalidade de muitos esquemas de combate à fome nos parece um desfile de mesquinhez disfarçada de generosidade. Outro aspecto do disparate que enfrentamos é a suposição de muitas empresas de alimentos de que a melhor maneira de fazer sua parte em prol das pessoas e do planeta é investir em um esquema de responsabilidade social corporativa que esteja isolado do seu negócio. Vemos muitos exemplos disso fora do mundo dos alimentos — empresas químicas que financiam cursos para o exterior, empresas petrolíferas que apoiam as artes e bancos que promovem a alfabetização digital de idosos. Por mais bem-intencionadas que sejam, essas iniciativas frequentemente são projetos de vaidade ou respostas automáticas a questões de sustentabilidade que têm apenas uma ligação tênue com o negócio que as apoia. A One Feeds Two é uma alternativa mais positiva e produtiva para as empresas de alimentos fazerem a diferença.

> Há uma expectativa de que agora as empresas façam algo em prol de um bem maior. Isso é bom, mas também é um enorme fardo para as empresas que têm requisitos muito diferentes, para ainda precisar se concentrar no mundo "sem fins lucrativos" e encontrar a causa certa. Alguns donos de empresas realmente incríveis apenas estavam agarrados à primeira coisa que acharam que era boa. O exemplo clássico disso é uma pizzaria que estava doando dinheiro para as pesquisas sobre câncer, que é uma excelente causa para se doar dinheiro, mas não havia nenhuma relação com sua história. Eles nunca vão receber o feedback positivo dessa boa ação, o que é algo muito importante, porque, quanto mais feedback positivo alguém recebe, mais comprometidos ficam os clientes.

Em outra parte deste livro, discutimos a importância da colaboração nos negócios, isso é particularmente importante quando as empresas optam por assumir desafios tão grandes que nenhuma organização poderia esperar resolver sozinha. E fornecer mais de sessenta milhões de merendas escolares por dia entra nessa categoria. A equipe da One Feeds Two tem um instinto de cooperação muito aprimorado e valoriza a importância tanto das empresas de alimentos quanto das instituições de caridade para tornar essa visão uma realidade.

Por sua vez, as empresas de alimentos operam em um espaço extremamente competitivo, esforçando-se para proporcionar experiências memoráveis a uma base de clientes cada vez mais exigente e sofisticada, enquanto se debatem com o aumento dos custos das matérias-primas, aluguéis e salários. As instituições de caridade do ramo da alimentação enfrentam uma tarefa igualmente desafiadora de ter que buscar alimentos, lidar com todos os tipos de eventos climáticos, políticos e sociais inesperados, e ainda coordenar o fornecimento confiável de merendas. A colaboração nessa escala só pode acontecer com muita confiança. E, para Burton, isso significa que a One Feeds Two precisa agir com integridade desde o início da relação. A equipe é extremamente sincera.

> Nas conversas iniciais que temos com potenciais parceiros, somos completamente honestos. A maioria dos nossos argumentos iniciais envolve explicar do que não abrimos mão. Fazemos isso porque não queremos que eles tenham surpresas mais tarde. Do nosso ponto de vista, se um parceiro entra a bordo e não trabalha da maneira certa, não vale a pena. Se significa que nossa organização ficará estagnada por um tempo, é frustrante e pesa sobre nós, mas preferimos isso a fazer algo com o parceiro errado.

A abordagem "um para um" é de importância vital para a credibilidade da One Feeds Two. Existem inúmeras salvaguardas para garantir, para quem compra uma refeição anunciada como parte da iniciativa, que sua doação realmente resulta em uma merenda. Burton e sua equipe certificam-se de que só trabalham com parceiros de alimentação com baixos custos administrativos. Eles pagam as refeições depois de servidas e todos os anos pedem às instituições de caridade que confirmem o preço necessário para poderem trabalhar. Todas as doações são certificadas, assim como o número de refeições fornecidas. A One Feeds Two é igualmente rigorosa no trabalho com empresas de alimentos que estão felizes em atender aos rigorosos requisitos de qualidade de transparência nos pagamentos e relatórios. A caridade não existe apenas para angariar dinheiro; todo esforço é feito para angariar dinheiro da maneira certa. Isso inclui a manutenção de um senso de proporcionalidade na forma como os parceiros de alimentos definem o que é uma refeição, para cumprirem com confiança a promessa de "refeição por refeição". Nem todos querem participar desse jogo. As empresas de alimentos que, de início, amam a ideia buscam, por vezes, enganar o sistema, relativizando a ideia do que constitui uma "refeição" — uma forma de obter a máxima glória por um investimento mínimo. Apesar de toda a ideia de retribuição, existem empresas que querem dar o mínimo possível. A equipe da One Feeds Two tem algumas dessas histórias para compartilhar:

> Uma grande decisão que tomamos foi recusar um acordo com uma grande rede que tínhamos passado meses negociando. Conhecemos todas as pessoas da equipe sênior, apresentamos o conceito várias vezes. Eles disseram que gostariam de fazer parte, mas, quando chegamos ao momento de definir os produtos que seriam licenciados, e a que preço, eles definiram de forma tão restrita que a doação seria menor que o preço de uma xícara de café por filial a cada dia. Parecia o tipo de coisa que prejudicaria o conceito. Teria sido um grande nome, uma história de sucesso muito útil para atrair outros parceiros. Teria sido enorme em termos de conscientização do cliente. Mas, por mais que a decisão tenha sido difícil de tomar, acho que não me arrependi nem por um momento. Não quero que pareçamos um clube incrivelmente exclusivo. Só que precisa haver alguns princípios básicos. Tem que ser feito de forma proporcional e transparente. Especialmente agora, que conseguimos parcerias com empresas leais, existe um enorme senso de responsabilidade para garantir que sempre projetemos um reflexo positivo sobre elas e que nunca estejam em uma posição em que sejam

de alguma forma prejudicadas pelo uso desonesto da One Feeds Two por outra pessoa.

É bem provável que recusar essas oportunidades tenha limitado o "sucesso" de curto prazo da One Feeds Two. Uma abordagem do tipo "faça o que for preciso" ou "os fins justificam os meios" poderia ter financiado mais merendas escolares, mas, na opinião de Burton, isso comprometeria a sustentabilidade da oferta.

Não vale a pena enganar o sistema para alimentar mais crianças hoje, se isso prejudicar a capacidade de alimentar mais crianças amanhã. A integridade envolveu sacrifícios de curto prazo, mas Burton acredita que irá beneficiar a todos no longo prazo. Então, que pergunta o mantém acordado à noite? O que ele detestaria que lhe perguntassem?

> A pergunta que tememos é "E aquela criança que não vai receber a merenda hoje? Você fez absolutamente tudo o que era possível para aquela criança hoje?"

Eis o lado negativo da insistência da One Feeds Two em acordos sem disparates: contar mentiras economiza dinheiro para as organizações. Ajuda as empresas a reduzir custos e permite que façam compromissos financeiros convenientes. A se promover como realistas e a rejeitar qualquer pessoa que discorde considerando-as idealistas ou fantasiosas — uma acusação da qual a One Feeds Two seria quase certamente culpada aos seus olhos. Isso é algo que pesa muito na mente de Burton, porque estão em jogo a saúde e a educação de milhões de crianças. É um preço incrivelmente alto pela integridade. E não se trata apenas de recusar grandes empresas, ser capaz de fazer com que seu modelo funcione para empresas menores é um desafio ainda maior.

> Esta semana recebi um lindo e-mail de uma senhora que gerencia um berçário, perguntando como funciona a One Feeds Two e como ela poderia participar. Ela é proprietária de uma pequena empresa e quer fazer uma contribuição e fazer algo de bom. Eu adoraria ser o parceiro

> que possibilitaria isso. Mas digamos que ela tenha vinte crianças. Para ganhar a doação diária que pagaria vinte das nossas merendas, teríamos que sujeitá-la às mesmas verificações de proporcionalidade, estabelecer a transparência, faturá-la, verificar se ela pagou e certificar-se de que não está deturpando a parceria com a One Feeds Two. Tudo isso custaria mais do que o valor das refeições doadas. Não podemos mudar a economia intrínseca do nosso modelo, que infelizmente não funciona em volumes pequenos. É muito difícil. Poderiam ser vinte crianças financiadas com um ano de merenda escolar, algo que adoraríamos possibilitar. Então, é supercomplicado.

Para onde eles vão a partir daqui? A One Feeds Two realizou coisas incríveis, mas está muito longe de descansar sobre seus louros. No momento, está entregando pouco mais de 1,5 milhão de refeições por ano a partir de parceiros com sede no Reino Unido e um novo conjunto de parceiros com sede nos Estados Unidos prestes a ser lançado. A população do Reino Unido e dos Estados Unidos consome um total combinado de mais de duzentos milhões de refeições todos os dias. O problema é enorme, mas o potencial para resolvê-lo é ainda maior. Talvez a One Feeds Two só possa escalar até certo ponto, ou talvez Burton e seus colegas encontrem uma maneira de atingir o enorme potencial de creches, cafés e restaurantes independentes. Aonde quer que cheguem, chegarão lá intactos e sem fazer concessões. Todo o resto é apenas disparate.

TERRITÓRIO
COMPREENSÍVEL
E DEFENSÁVEL

—

Usar o disparate das outras pessoas como uma força motivadora para o bem.

16

O QUE SIGNIFICA A PALAVRA "QUALIDADE" NO CONTEXTO DA SUA MARCA? SERÁ QUE SEUS CONCORRENTES A DEFINEM DE FORMA DIFERENTE?

Uma conversa com **Claire Farrant**
Diretora de marketing
LIDL

Qualidade: um dos termos mais estranhos no mundo dos negócios. É difícil definir e é quase impossível medir. Todas as organizações do planeta querem melhorar a qualidade, mas poucas conseguem responder às perguntas mais básicas sobre ela:

- Quem define a qualidade?
- A qualidade é melhor descrita como uma ausência de fracasso ou a realização de um ideal?

- Quanto de qualidade é suficiente?
- A qualidade do processo importa tanto quanto a qualidade do resultado?

Mesmo em um negócio simples, essas não são perguntas simples. Considere garrafas de água mineral. Quem define a qualidade? É o consumidor? Uma agência reguladora? Uma ONG de sustentabilidade? Um painel de *sommeliers* de água? Um cientista? Dependendo de qual perspectiva priorizamos, a qualidade de uma garrafa de água pode ser definida pela estética, composição mineral, impacto ambiental, sabor, pureza ou uma combinação de todas as características anteriores. O bem-estar dos trabalhadores que engarrafam a água deve contar na nossa definição de qualidade? E quanto ao impacto da fábrica de engarrafamento nas empresas locais? E será que a distribuição e venda de água mineral é justificável em locais onde as pessoas têm acesso à água filtrada e perfeitamente limpa, especialmente em um mundo em que uma em cada dez pessoas continua bebendo água de fontes que não estão livres de contaminação?

COMO VOCÊ MEDE A QUALIDADE?

A única coisa que podemos dizer com certeza sobre qualidade é que ela é uma enorme dor de cabeça. Em 1987, o professor David A. Garvin, da Harvard Business School, desenvolveu um modelo de qualidade de oito partes para ajudar os gestores a escolherem a medida de qualidade mais relevante para competir:

1. **Desempenho:** medidas do quão bem um produto ou serviço devem funcionar. Elas podem ser universais (por exemplo, a economia de combustível em um carro provavelmente será um fator positivo), mas também podem ser específicas para cada tarefa. (Posso me importar com a potência do freio se eu for um piloto de rali, mas o número de assentos é mais relevante se eu precisar levar as crianças para a escola.)

2. **Características:** os recursos adicionais que complementam o funcionamento básico de um produto ou serviço, como o suporte para copo de fibra de carbono em uma Ferrari F12.
3. **Confiabilidade:** a probabilidade de um produto ou serviço dar errado em determinado período de tempo; especialmente importante quando o "tempo de inatividade" custa caro.
4. **Conformidade:** em que grau o projeto e as características operacionais de um produto atendem a uma norma estabelecida — relevante se você fabricar peças.
5. **Durabilidade:** a capacidade de utilização que posso obter de um produto antes que ele se deteriore — um conceito por vezes ignorado pelos fabricantes de lâmpadas e smartphones.
6. **Serviço:** a rapidez, conclusão e facilidade de reparo de um produto, bem como o nível de satisfação quando reparado.
7. **Estética:** uma dimensão muito mais subjetiva, mas crítica para quem possui um Alfa Romeo.
8. **Qualidade percebida:** o teste final! Parece que a qualidade, assim como a beleza, está nos olhos de quem vê.[74]

Poucos produtos competem em todas as oito dimensões, mas o problema para quem deseja aplicar o modelo de Garvin é que quase todas as empresas devem competir na oitava dimensão da qualidade. Qualquer negócio que venda a um cliente está vendendo a uma pessoa, e cada uma toma decisões baseadas em uma combinação de emoção e racionalidade — com a emoção firmemente sentada no banco do motorista.

Mesmo em mercados ricos em dados, a percepção e a emoção vêm à tona. Um site de comparação de preços pode fornecer a seus usuários um conjunto abrangente de dados sobre potenciais fornecedores de energia — avaliações de clientes, detalhes de preços, desempenho ambiental, termos contratuais —, mas os usuários quase sempre escolherão uma empresa com a qual se sintam confortáveis, em vez de simplesmente escolher a tarifa mais barata. Gostando ou não, as percepções do cliente são um componente crucial da definição de qualidade de qualquer negócio, e, inconvenientemente, o cliente nem sempre está certo.

QUANDO O PREÇO PODE AJUDAR

Já que tentar medir a qualidade é algo tão difícil, muitos de nós usam um atalho prático para ajudar a escolher melhor dentre todas as opções: o preço. Isso não representa preguiça. O famoso economista Joseph Stiglitz salientou que o preço é um indicador de qualidade totalmente justificável para clientes mal informados, desde que exista um número suficiente de clientes bem informados no mercado.[75] Esses clientes bem informados irão "disciplinar" o mercado, de modo que as diferenças de preços reflitam variações intrínsecas à qualidade, e os clientes mal informados acabam se beneficiando indiretamente. Assim, embora eu saiba muito pouco sobre vinho, posso confiar que a garrafa mais cara será a de maior qualidade, desde que eu compre em uma loja frequentada por esnobes que entendem da bebida. Esta é uma ressalva importante. Às vezes o barato sai caro, e a regra prática de Stiglitz só funciona se um número razoável de clientes for capaz de identificar a qualidade e estiver disposto a pagar por ela. Também exige um grau razoável de concorrência da oferta, a sinalização de preços não funciona tão bem quando estou em um restaurante escolhendo um vinho de uma carta em que todas as opções estão com preços exorbitantes. Quando isso acontece, deixo para o conhecedor de vinhos do grupo escolher a melhor opção.

Portanto, se não se pode confiar no preço para sinalizar a qualidade, como uma empresa pode convencer os clientes da qualidade do seu produto, especialmente se oferece preços mais baixos do que a concorrência?

LIDL
Grande na qualidade, pequeno no preço

Existem poucos mercados tão competitivos e agressivos como o dos supermercados no Reino Unido. Gigantes nacionais como Tesco e Morrisons lutam pelos corações, mentes e carrinhos dos consumidores britânicos, juntamente a empresas como Asda e Sainsbury's, do Walmart. As margens são estreitas e o sucesso é avaliado semana a semana. E as marcas históricas têm sofrido ainda mais pressão à medida que Aldi e Lidl, supermercados de baixo custo (do inglês, *discounters*) alemães, foram ganhando popularidade nos últimos cinco anos. De acordo com dados da Kantar Worldpanel, a participação de mercado combinada dos dois cresceu quase oitenta por cento entre os verões de 2013 e 2018.[76] No processo, os *discounters* mudaram permanentemente a dinâmica do setor, oferecendo qualidade equivalente à dos "Quatro Grandes" supermercados a preços mais baixos. O próprio termo *discounter* parece concebido para evocar um sentimento de vergonha. Mas acontece que o *discounter* se tornou um distintivo de honra. Aldi e Lidl agora apelam às sensibilidades da classe média, são sinônimos de astúcia e simplicidade. Claire Farrant, diretora de marketing da Lidl no Reino Unido, teve uma jornada semelhante. Ela se juntou ao negócio em 2015, depois de uma década trabalhando no Tesco, e claramente levou algum tempo para se ajustar à ideia de trabalhar para um *discounter*.

> **Claire Farrant:** Vim para cá há dois anos e meio. Tinham me falado, em empregos anteriores, que os *discounters* eram baratos e alegres, baratos e desagradáveis. Agora sei como eles fazem as coisas e o que representam, sei que têm alta qualidade e operam com sucesso em margens baixas, então acho que os *discounters são fantásticos. Em um mundo onde todos os múltiplos estão se transformando em um, acho que ser um "discounter"* nos dá um forte ponto de diferença. Tenho muito orgulho da palavra.

A sabedoria convencional sugere que, em um mercado maduro e competitivo como o do Reino Unido, não deveria ser possível para um iniciante oferecer preços mais baixos sem algum tipo de concessão, a menos que tenha a vantagem de uma tecnologia disruptiva capaz de minar fundamentalmente os modelos de negócios existentes. Mas o Lidl não está tentando ser a Uber do mundo dos supermercados, a empresa obteve uma taxa de crescimento espantosa sem uma plataforma de comércio eletrônico. Em vez disso, tem uma abordagem admirável à disrupção dos preços: melhorar a qualidade e o preço simultaneamente, eliminando ineficiências que outras empresas não conseguem ver ou recusam-se a contemplar. No caso do Lidl, isso significa reduzir a grande quantidade de escolhas a que nos habituamos.

> Você pode entrar em um dos quatro grandes [supermercados] e será presenteado com oitenta opções de iogurte. Quem precisa de oitenta variações de iogurte? Como consumidor, não quero ter que pagar mais caro por isso. Então, reduzimos a quantidade de opções em nome do cliente. Isso significa que as pessoas estão pagando menos por cada produto e podem fazer escolhas mais rápidas — e economizar algum tempo de vida. Esse modelo de negócio simplista de manter a logística e padrão de loja racionalizados e eficientes nos garante sempre entregar a combinação de qualidade e valor para o cliente.

Um aspecto marcante da estratégia de simplificação do Lidl é proporcionar não só uma vantagem de preço, como também uma experiência de compra materialmente melhor. Em 2004, o psicólogo norte-americano Barry Schwartz introduziu a ideia do paradoxo da escolha: em algum momento, a escolha deixa de ser libertadora e torna-se tirânica.[77] Acontece que o excesso de opções torna a decisão mais difícil e aumenta a probabilidade de evitarmos a tomada da decisão. Assim, restringir a variedade não é apenas uma forma de oferecer um conjunto de produtos mais focado e de maior qualidade, mas também melhora a experiência do comprador na hora de escolhê-los. Um estudo da Bain, de 2006, sugeriu que a redução da complexidade e da escolha podem aumentar as receitas de cinco a quarenta por cento e reduzir os custos de dez a 35 por cento.[78] Tudo isso parece fácil quando apresentado dessa forma, mas no Lidl é o resultado de anos de uma cuidadosa construção de base.

> Uma das nossas principais prioridades é obter sempre produtos de alta qualidade. Nunca iremos comprometer a qualidade por causa do preço, então, se necessário, lidamos com uma queda nas margens de

lucro, a fim de proporcionar ao cliente a qualidade esperada e o menor preço do mercado. Investimos muito tempo no estabelecimento do nosso modelo de negócio, aprimorando a logística e refinando nossa oferta para o cliente britânico antes mesmo de começarmos a falar de qualidade. Acho que é a coisa certa a fazer. Agora podemos nos comunicar com confiança, ousadia e o apoio de toda a empresa. Podemos garantir o que afirmamos na nossa comunicação. Isso é absolutamente correto.

Ter um produto superior não garante o sucesso, mesmo que tenha um preço melhor. De fato, a experiência ensinou à equipe de marketing do Lidl que uma comunicação racional e orientada para o preço tende a reforçar a "velha" percepção de um *discounter*.

O que está profundamente enraizado nas palavras "desconto" e "barato" é, infelizmente, por vezes, "barato e ruim". Algumas pessoas não se ligam a qualquer comunicação de desconto. Descobrimos que, se usássemos apenas a publicidade racional [focada no preço], então nosso monitoramento de qualidade diminuiria ligeiramente, o que tende a sugerir que ainda temos muito a comunicar a nossos clientes e que precisa haver equilíbrio entre racional e emocional.

O desafio enfrentado por Farrant e sua equipe foi criar uma história convincente sobre qualidade que não pudesse ser prejudicada pelos preços baixos. A empresa tem uma crença inabalável na qualidade de seus produtos — fornecedores, auditores e compradores fazem questão de que controles rigorosos sejam realizados para manter os padrões de qualidade e de que o preço não os comprometa. Em sintonia com a lógica do negócio, a lógica da abordagem de marketing do Lidl é simples, mas poderosa.

Há um velho ditado que diz que "você recebe aquilo pelo o que paga". As pessoas não esperam que nossos produtos sejam de boa qualidade, e são. Dois terços dos nossos produtos são de origem britânica. So-

> mos tão conhecidos por sermos bons com o preço que a qualidade é definitivamente uma surpresa, e acho que isso contribuiu para nosso crescimento e sucesso. Viemos do nada, se considerarmos o quanto o cliente britânico sabe. Nós não ganhamos a confiança das pessoas, nós a perdemos e tentamos reconstrui-la. Então as pessoas nos descobrem, em vez de sermos uma loja que sempre esteve lá, ou com quem as pessoas já estavam familiarizadas. Há uma magia em descobrir o Lidl. Há uma verdadeira sabedoria lá.

Farrant e sua equipe decidiram que "mostrar" seria uma forma mais poderosa de persuadir o público do que "falar" sobre o foco do Lidl na qualidade. O poder do Lidl reside em ser descoberto pelas pessoas, foi por isso que o supermercado promoveu um engajamento com "detratores": pessoas que criticaram publicamente os padrões de qualidade da marca nas redes sociais. Eles os convidaram a conhecer toda a cadeia de suprimentos, para conhecer as pessoas que estavam plantando e criando os produtos da empresa e para ver o quanto o negócio está comprometido com a integridade e a qualidade daquilo que vende. Os clientes puderam testemunhar em primeira mão de onde vem a magia do Lidl — preconceitos desafiadores revelaram-se uma poderosa ferramenta de marketing. O benefício em ser um *player* pequeno é que você ainda pode crescer significativamente ao visar a um conjunto de consumidores esclarecidos. No Lidl, isso criou um orgulho quase feroz na relação que criaram com sua base de clientes.

> Nós nos orgulhamos do fato de que nossos clientes são extremamente experientes. Têm informação na ponta dos dedos. Na maioria das vezes, se você assistir às pessoas fazendo compras no Lidl, verá que muitas delas estão verificando os preços em seus smartphones. Nossos clientes podem ter certeza de que não há truques em nossos preços. Não há truques na nossa qualidade. Não está na nossa mentalidade cortar custos. Não nos anunciamos dessa forma. Nós temos certeza de que podemos fazer isso, mas não é o caminho certo. Nossos clientes são espertos e vão perceber.

Essa fé no cliente se estende a pequenos detalhes. Por exemplo, o Lidl não coloca data de validade em noventa por cento das suas frutas e vegetais. Faz verificações rigorosas para garantir que os produtos estejam aptos para exibição nas prateleiras e, em seguida, confia nos clientes para decidir o tempo de armazenamento desse produto antes de consumi-lo. Esse foco na simplicidade e na confiança se estende à cultura de trabalho da empresa. A sede de Wimbledon é minúscula quando comparada ao tamanho da operação de varejo. Comparado com o monstro que é o Tesco, o Lidl parece mais um fusquinha.

> Somos uma organização muito ágil. Temos uma pequena sede para gerir uma enorme operação de varejo. Isso significa que somos menos hierárquicos, que podemos ter ideias na segunda-feira e implementá-las na sexta. Se realmente nos sentimos apaixonados por alguma coisa, podemos fazer isso ainda mais rápido em alguns casos. Podemos reagir muito mais depressa porque temos menos burocracia. Em termos de cultura, é absolutamente incrível. Há um verdadeiro sentimento familiar. Quanto mais complexidade você coloca em um negócio, mais caro ele se torna, e quem sofre é o cliente. Manter as coisas simples é a magia do Lidl. Muitas vezes, descartamos imediatamente uma ideia se ela for perturbar nosso modelo de negócio, seja de que forma for, porque o custo poderia acabar sendo transferido para o cliente, o que é algo que nunca faríamos.

A medida final da qualidade da abordagem do Lidl é que os clientes continuam retornando, e em números cada vez maiores. Por trás de tudo isso está um impressionante senso de disciplina. À medida que as empresas crescem, a tendência à complexidade pode se tornar irresistível. Aliada à liberdade e agilidade, Claire Farrant e sua equipe têm um foco único em manter a simplicidade. Sem essa disciplina, o Lidl perderia gradualmente sua magia. A qualidade de uma empresa e seus produtos aumenta na proporção da disciplina com que realiza seus negócios.

TERRITÓRIO
COMPREENSÍVEL
E DEFENSÁVEL

—

Qualidade requer disciplina.

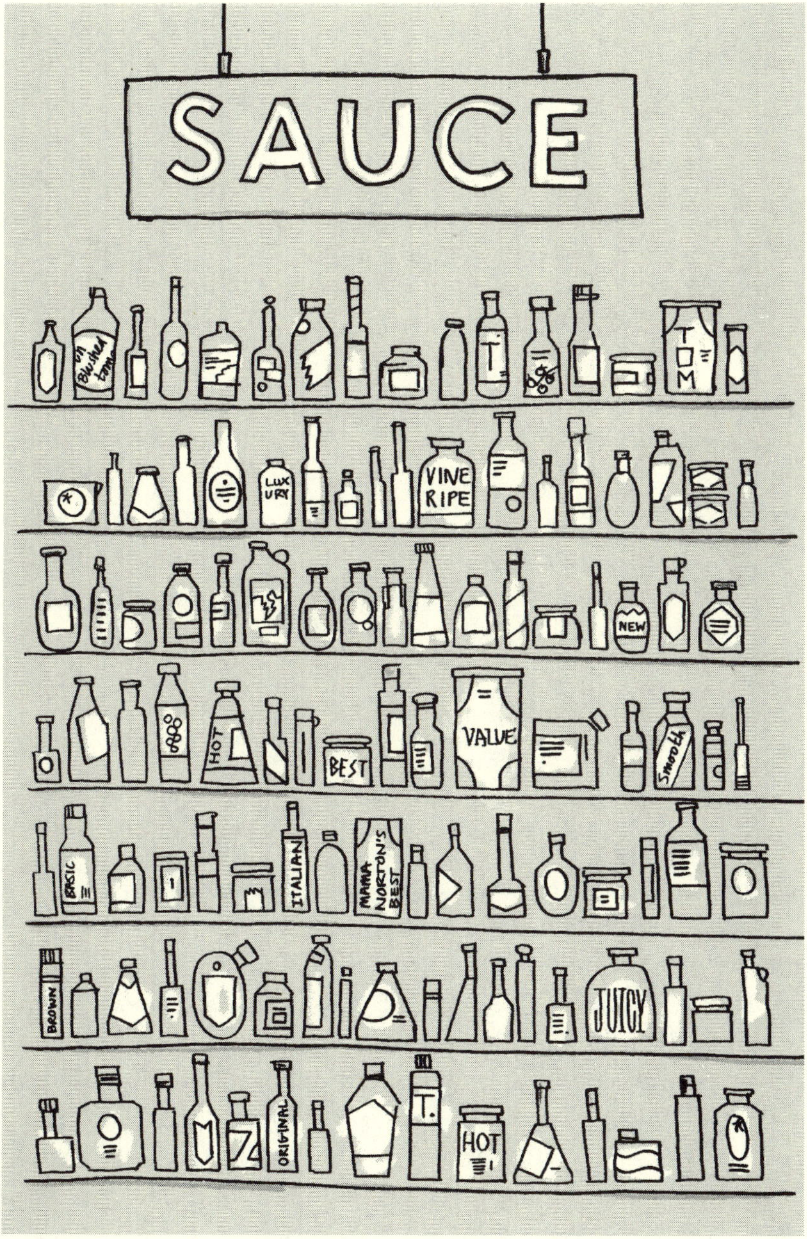
SAUCE
VINE RIPE
LUXURY
NEW
HOT
BEST
VALUE
Smooth
BASIC
ITALIAN
MAMA NORTON'S BEST
BROWN
JUICY
ORIGINAL
HOT

Molho

17

VOCÊ É CHAMADO PARA REALIZAR UM *PRE-MORTEM* NA SUA MARCA. A CAUSA DA MORTE SERÁ...

Uma conversa com **Martin Brooks**
Cofundador
SHACKLETON

"Todo mundo tem um plano, até levar um soco na boca."

Essa foi a resposta de Mike Tyson a uma pergunta durante uma entrevista antes de uma luta sobre a provável estratégia do seu oponente. Tyson não é muito conhecido pela sua inteligência e sabedoria, mas essa citação contém uma das lições mais importantes sobre estratégia que qualquer pessoa pode aprender. Em algum momento, a estratégia se depara com a realidade, e a realidade sempre ganha. Nas palavras de Mike Tyson: "Se você for bom e seu plano estiver funcionando, em algum ponto durante o evento em que está envolvido, você ficará irado, sofrerá as consequências. Vamos ver como vai lidar com isso. Normalmente as pessoas não lidam muito bem."[79]

Os projetos fracassam, os planos de recuperação dão errado, as inovações falham e os mercados ficam desestabilizados. A realidade dos negócios não é um progresso contínuo em direção a um objetivo declarado, embora seja assim que a estratégia represente o mundo com otimismo. Normalmente, somos péssimos em prever ou moldar o futuro, o que é irônico, já que a tendência atual é moldar a estratégia da empresa em torno de uma visão central que declare explicitamente uma meta ousada e ambiciosa de longo prazo. A missão do Google é "organizar as informações do mundo para que sejam universalmente acessíveis e úteis para todos". O Facebook quer "dar às pessoas o poder de criar comunidades e aproximar o mundo". A visão da Amazon é "ser a empresa mais centrada no cliente que existe no mundo e se esforçar para oferecer os preços mais baixos possíveis, dando aos clientes a chance de encontrar e descobrir qualquer coisa que queiram comprar on-line".

TRABALHAR "PARA TRÁS" PARA AVANÇAR

Essa forma de estratégia orientada por objetivo ou missão se presta a um tipo de pensamento estratégico chamado *backcasting*: articular uma visão e depois trabalhar "para trás" a fim de identificar os passos necessários para alcançar o estado final desejado. É uma maneira útil de estabelecer passos práticos e incrementais de curto prazo que eventualmente levem a um resultado transformacional e de longo prazo. Se os fundadores do Google, Larry Page e Sergey Brin, usassem o método de *backcasting* para determinar a estratégia da empresa para alcançar sua missão, eles usariam estes passos gerais:

1. **Definir o domínio:** se o objetivo é organizar a informação do mundo, faz sentido listar que tipo de informação incluir e que prioridade atribuir a cada um, com base na sua importância e acessibilidade atual. Essa etapa também identificaria os públicos relevantes que precisariam estar envolvidos no projeto — quem atualmente possui, controla e regula cada tipo de informação.

2. **Identificar cenários futuros:** desenvolver um cenário (ou conjunto de cenários) em como cada tipo de informação poderia ser recolhida, organizada e disponibilizada. Por exemplo, visualize o Google Maps como uma forma de consolidar todos os dados geográficos do mundo e ajudar as pessoas a se deslocar, e desenvolva um conjunto de características e benefícios do produto que o Google Maps teria de proporcionar para se adequar à visão global da empresa.
3. **Desenvolver um roteiro:** para cada cenário, desenvolver um cronograma com um "agora" na extrema esquerda e uma data definida para a realização do cenário na extrema direita. Em seguida, "ande para trás" ao longo do cronograma para discutir e estabelecer acordos sobre as ações e os eventos necessários para alcançar o resultado desejado.
4. **Criar um plano de ação:** definir atividades de curto prazo, recursos necessários, medidas de sucesso, marcos importantes e datas de revisão.

Durante a execução, os progressos são avaliados em função do plano de ação e o roteiro é atualizado para refletir os conhecimentos adquiridos durante essa fase. A abordagem *backcasting* é uma forma positiva, produtiva e lógica de criar valor no longo prazo a partir de ações de curto prazo. Mas está longe de ser uma garantia de sucesso. O pesquisador e psicólogo Gary Klein foi pioneiro na ideia de um *pre-mortem*, em 2007, com base na ideia de que imaginar um projeto fracassado pode ser uma maneira poderosa de identificar fatores de risco logo no início.[80] Um *pre-mortem* funciona de forma quase oposta à abordagem de *backcasting*. Uma vez que um roteiro e um plano de ação tenham sido desenvolvidos para realizar a ambição declarada, a equipe seria instruída a imaginar o fracasso da estratégia. Cada membro da equipe, de maneira individual, anotaria todas as razões da falha, compartilhando suas razões com a equipe, a fim de mitigar cada fonte de problema e, consequentemente, tornar o plano de ação mais resiliente.

O *pre-mortem* é uma forma útil de convidar os colegas a fazer críticas francas sobre uma estratégia. Um estudo de 2017 realizado por pesquisadores em Harvard e na Universidade da Carolina do Norte concluiu que tendemos a evitar colegas que fornecem esse tipo de feedback (também conhecido como "feedback não confirmatório"), por não confirmar nossa visão do quão bem estamos fazendo o trabalho. O poder de um *pre-mortem* é fornecer um espaço seguro para criticar uma estratégia que já pode ter a adesão do topo de uma empresa.[81]

E SE O PLANO PRECISAR MUDAR?

Como a maioria das coisas na vida, a estratégia raramente é perfeita logo de cara. Quando a realidade se apresenta, o curso precisa ser corrigido e o plano de ação precisa ser revisado. Com base nos relatos de pessoas que estavam presentes na época, Larry Page e Sergey Brin não empregaram nenhuma dessas técnicas na construção do Google, pelo menos não inicialmente. Embora tivessem um excelente produto, adotaram um e outro plano sem muito sucesso, tal como Mike Tyson previu.[82] Inicialmente, tentaram vender seu software PageRank aos mecanismos de busca existentes, que recusaram, porque seus modelos de negócio estavam (perversamente) concentrados em manter os usuários nos seus sites; em vez de entregarem os resultados de pesquisa mais relevantes, queriam apresentar resultados que fariam com que os usuários gastassem mais tempo procurando o que queriam. Foi só com a chegada de Eric Schmidt e Sheryl Sandberg que a estratégia da empresa realmente entrou em foco, provocando uma grande dose de angústia existencial, já que Page e Brin, até então, tinham uma visão fraca da publicidade no site e acreditavam que isso comprometeria a qualidade da função de pesquisa. A experiência de Sandberg em transformar o Google em uma megaempresa globalmente dominante lhe ensinou o valor de construir um espaço seguro para o feedback honesto, ou não confirmatório. Quando estava construindo sua equipe no Google, ela percebeu que sua política de entrevistar todos os potenciais contratados estava atrasando o processo de recrutamento. Acontece que os membros da sua equipe já tinham identificado isso como um problema, mas não tinham lhe falado. Sandberg descreveu seu momento de epifania em uma entrevista a Reid Hoffman no *Masters of Scale* ["Mestres da escala", em tradução livre]: "Eu pensava que minha entrevista era muito importante, mas só eu pensava assim. Eu era a chefe deles, a gerente deles. Se eles não me disseram nada, foi por culpa minha. Percebi que precisava fazer com que fosse seguro falar quando eu estivesse fazendo besteira.[83]

Os *pre-mortems* são uma forma simples de criar esse sentimento de segurança e são particularmente importantes quando as organizações estão navegando em águas desconhecidas. Quanto mais imprevisível for a situação, mais importante é recolher feedback e antecipar as múltiplas fontes de fracasso que se escondem nas sombras da incerteza. Isso é algo que uma série de exploradores polares que falharam descobriram à própria custa, principalmente Robert Scott, que foi enviado ao Polo Sul por Roald Amundsen. Scott era um homem da Marinha, e dizem que seu passado militar não o inclinava a mudar seus planos iniciais ou mesmo abandonar a missão nem mesmo quando se tornou muito claro que a expedição estava condenada ao fracasso. Sua perseverança e coragem não foram suficientes para Amundsen e seu planejamento obsessivo e habilidade de alterar o rumo quando a situação exigia.

Shackleton
Arrancando a vitória das garras da derrota

Ernest Shackleton é possivelmente o principal estudo de caso sobre como transformar o fracasso da expedição polar em um exemplo notável de liderança em momentos de crise. Em agosto de 1914, ele partiu para o Polo Sul com a missão de se tornar o primeiro homem a atravessar a Antártica a pé. Seu plano era chegar lá navegando pelo Mar de Weddell (conhecido por ter blocos de gelo desprendidos do continente), atracar na Baía de Vahsel (onde não se conheciam portos comprovados) e então cruzar a pé o Polo Sul (em uma rota desconhecida). Shackleton estava ciente desses desafios quando desenvolveu seus planos, mas quando seu navio ficou congelado e preso no gelo antes do esperado, esses planos mudaram. Ele e os 27 homens da expedição foram para os barcos salva-vidas e navegaram para a ilha Elefante, onde deixaram 22 homens para trás, e seguiram com os outros cinco em busca de resgate.

Shackleton e sua pequena equipe fizeram uma incrível jornada de mais de 1.200 quilômetros em um barco salva-vidas aberto, enfrentando ventos de furacão e a escuridão total para chegar à ilha Geórgia do Sul, onde se abrigaram sobre montanhas não mapeadas. Quatro meses e três tentativas de resgate sem sucesso depois, Shackleton retornou à ilha Elefante para salvar seus homens que estavam aguardando e garantir que todos os 28 membros da expedição sobrevivessem.

Cem anos depois de Ernest Shackleton ter partido para o Polo Sul, Martin Brooks estava de férias em Zaquintos, na Grécia. Ele viu um homem lendo o livro do explorador Ranulph Fiennes sobre o capitão Scott. Ambos concordaram que Shackleton era um modelo muito melhor e discutiram como seria interessante construir uma marca em sua memória. O leitor era Ian Holdcroft e, em dois anos, a dupla se uniu, adquiriu a Shackleton Design and Manufacturing Company Limited e começou a transformá-la de uma fabricante de banjos em uma marca de roupas esportivas. É justo dizer que Martin Brooks é fissurado por Shackleton. E ele está certo de que a empresa que está construindo e os produtos e experiências que vende são fiéis ao próprio homem.

> **Martin Brooks:** Estamos na fase inicial de construção da marca e só precisamos acreditar que há poder suficiente na história, no homem e nos valores que levamos adiante para construir uma grande marca. Isso ainda não está provado. Estamos gerando interesse. Estamos recebendo muitas ofertas da Harvey Nichols e de outras lojas, e muitas pessoas adoram a marca e estão interessadas nela. Mas, sem rodeios, a marca é a parte fácil. De verdade. Temos uma história incrível de 110 anos que precisa ser contada e uma marca que deve viver, que as pessoas devem amar e desejar. Sinto que temos uma coisa fantástica e temos a responsabilidade de fazer um bom trabalho. É uma coisa fantástica com a qual quero estar associado.

A equipe Shackleton tem a vantagem de dispor de uma quantidade significativa de material e artefatos históricos. Shackleton nasceu cerca de quarenta anos após a invenção da fotografia. Há algumas gravações de voz e pedaços de filme. Ele foi um autor prolífico e poeta, o que tem proporcionado uma riqueza de insights sobre o homem e sua mente. A tripulação também escreveu sobre ele, muitas vezes em termos brilhantes.

> Ele era um gênio imperfeito, mas incrivelmente carismático. Alguém o descreveu uma vez como um vento forte e apressado. Ele tinha um carisma incrível, que sustentava todos à sua volta. Sua equipe o chamava de "O Chefe" porque ele estava claramente no comando, mas não havia nenhum trabalho que não fizesse. Ele seria a primeira pessoa a fazer os trabalhos ruins e a última pessoa a comer. Há histórias brilhantes sobre seu altruísmo.

Uma das histórias mais famosas sobre a expedição de Shackleton diz respeito a um anúncio apócrifo para os membros da tripulação, que supostamente foi escrito da seguinte forma: "PROCURA-SE HOMENS para viagens perigosas, baixos salários, frio intenso, longos meses de escuridão total, perigo constante, regresso em segurança duvidoso, honra e reconhecimento em caso de sucesso."

É improvável que o anúncio tenha sido publicado, mas é verdade que Shackleton se envolveu em algumas práticas de recrutamento pouco ortodoxas. Por exemplo, pedia aos candidatos à expedição para assoviar e cantar. Se recusassem, então ele rejeitaria a candidatura, presumivelmente com base na falta de vontade de seguir ordens ou simplesmente porque não sabiam brincar. É difícil não pensar que parte do método dessa loucura tenha afetado Martin Brooks e seus colegas. O outro co-fundador corre ultramaratonas. O gerente de comércio eletrônico escala montanhas. A chefe de design de produto é instrutora de esqui. O gestor de conteúdo é nadador. E, claro, Martin Brooks esteve na Antártica. A marca Shackleton é construída com base na ideia de que, quando temos a coragem de superar a adversidade, somos transformados. É quando nos tornamos verdadeiramente vivos. E esse senso de coragem não se reflete apenas na equipe, mas também no plano de negócios.

> Desenvolvemos uma coisa chamada estratégia de elevação, que é uma forma de dizer que não teremos nenhuma chance de construir uma

> marca se estivermos vendendo jaquetas pelo mesmo preço que todo mundo, porque não podemos obter economia de escala. Mas, se dissermos: "Ok, vamos fazer em pequenas quantidades, mas vamos fazer o melhor casaco que você possa comprar, que é feito com os mesmos materiais que os uniformes espaciais ou que tem uma malha que se conecta a seu celular e duplica sua recepção quando estiver vestindo", então, de repente, ele se torna um sistema de suporte à vida.

É uma abordagem de alto risco para a construção de marcas, particularmente em uma categoria em que marcas como Canada Goose e Moncler passaram décadas construindo um público forte e leal, preparado para pagar até três mil libras por um casaco. Martin Brooks não faz suposições de que sua estratégia irá funcionar. Sua visão é clara, mas uma das suas citações favoritas de Shackleton é: "Um homem se molda a um novo objetivo no momento em que o antigo vai embora." Em outras palavras, parte integrante de uma empreitada de aventura — quer se trate de atravessar a Antártica ou criar um novo negócio — é o fato de seus planos acabarem se desmantelando. Nesse momento, é importante permanecer focado e flexível. Também é importante permanecer atento a um possível fracasso, algo relativamente estranho para Martin Brooks, apesar de sua longa história de empreendedorismo.

> Nunca falhei em nada antes. Tudo sempre correu bem. Esta é a primeira vez, com 51 anos, que estou diante de algo que pode não dar certo ou que há uma chance razoável de que não dê. É engraçado experimentar essas coisas mais tarde na vida. É muito desconfortável, mas preciso pensar que pelo menos não estamos em 1914 e meu navio não está preso no gelo. Não vou acordar em cima de um pedaço de gelo prestes a se desfazer.

Então, a quem se dirige Martin Brooks para seu *pre-mortem*? Como ele se certifica de deixar espaço para feedback não confirmatório? Ele faz o que pode para se comunicar aberta e honestamente com seu cofundador e colaboradores. Trabalhou duro para recrutar um conselho que mistura amplitude de interesse com profundidade de experiência, incluindo um ex-COO da Burberry e um membro da banda Coldplay.

Mas ele tem um conselho suplementar a quem recorre para pedir conselhos sobre sucessos e fracassos. E esse conselho é imaginário.

> É uma ideia louca, mas sempre tive este conselho imaginário com vários Martin Brooks na minha cabeça. Meu pai está nele, e Ernest Shackleton está sempre sentado no fundo. É ele que diz: "As dificuldades só existem para serem superadas." Ele me estimula a me fortalecer e seguir em frente. Se esta marca não fosse sobre ele, acho que não seria capaz de passar pelo estresse de tentar iniciar uma marca de roupa em 2016. Ele está sempre de pé, atrás do meu ombro direito.

Uma última máxima de Shackleton ajuda Martin Brooks, seus colaboradores e diretores a superar as dificuldades de consolidar um novo negócio em uma categoria implacável e intransigente. Trata-se de encontrar um equilíbrio adequado entre cautela e bravura.

> A equipe dele o chamava de "Velho Cauteloso" porque ele sempre verificava duas vezes. O que é incrível — e um bom aprendizado para nós enquanto empresa — é que eles o descreveriam como sendo realista quanto às circunstâncias e otimista quanto aos resultados, o que eu realmente amo. Em uma situação de vida ou morte, ele diria: "Provavelmente, temos 95 por cento de chance de morrer, mas há uma probabilidade de cinco por cento de não morrermos, por isso, vamos a esses cinco por cento." Temos uma crença sólida de que esta marca valerá cem milhões de libras em dez anos e assim que acharmos que talvez não funcione, daremos um basta. Portanto, somos realistas quanto às circunstâncias — fluxo de caixa, concorrência, margens, tudo isso —, mas estamos otimistas quanto aos resultados.

O excesso de cautela pode cegar um negócio para sua ousadia e ambição. A máxima da Shackleton fornece um guia útil para a tomada de decisões em condições de mudança e incerteza. O *pre-mortem* pode ser uma forma inestimável de entender os potenciais riscos envolvidos em uma empresa, mas uma dose saudável de coragem e otimismo é necessária para tomar uma decisão positiva e ter sucesso onde os outros voltariam atrás.

TERRITÓRIO
COMPREENSÍVEL
E DEFENSÁVEL

—

Seja realista quanto às circunstâncias e otimista quanto aos resultados.

18
Quantas vezes você embarca em projetos cujos resultados o deixam ansioso e inseguro?

Uma conversa com **Liz Warner**
CEO
Comic Relief

Poderíamos ter feito essa pergunta de outra forma: quantas vezes você chora no trabalho?

Mas, claro, essa não é uma pergunta que a maioria de nós gostaria de responder honestamente na frente dos colegas. Em 2016, pesquisadores da Harvard Business School, Cornell e Universidade de Michigan analisaram como reagimos às pessoas angustiadas no trabalho.[84] A hipótese deles é que é provável que interpretemos como um sinal de incompetência e dependência. Em outras palavras, chorar no trabalho é sinal de que você não está à altura dele. Os pesquisadores perguntaram a 202 trabalhadores em tempo integral sobre a frequência com que eles sentem angústia no trabalho: 99 por cento disseram que pelo menos uma vez na carreira, enquanto 55 por cento admitiram sentir-se angustiados pelo menos uma vez por semana. Então, até certo ponto, estamos todos no mesmo barco. A angústia é um flagelo semanal para mais da metade de nós, e provavelmente terá todos os tipos de implicações negativas para o bem-estar emocional, satisfação no trabalho, número de faltas e retenção de funcionários.

Esse fenômeno não passou despercebido, uma série de instituições de caridade e programas de bem-estar foram lançados para encorajar as pessoas a falar mais abertamente sobre a saúde mental no trabalho. A OMS estima que a depressão e a ansiedade custam à economia global aproximadamente um trilhão de dólares por ano em perda de produtividade.[85] O Fórum Econômico Mundial sugere a promoção dos aspectos positivos do trabalho e dos pontos fortes dos trabalhadores. Esse conselho ecoa os resultados da pesquisa de 2016 da Harvard Business School, que descobriu que reformular o estresse no local de trabalho como resultado da paixão, em vez da emoção, melhora a percepção da competência de um colega. Portanto, na próxima vez que a ansiedade e incerteza se espalharem no seu trabalho, credite isso à sua paixão e entusiasmo pela tarefa em mãos. Infelizmente, os pesquisadores descobriram que as pessoas respondem mais positivamente aos colegas que são capazes de suprimir o emocional. A capacidade de permanecer estoico diante da ansiedade nos faz parecer trabalhadores competentes, mas ao custo potencial de nossa humanidade e capacidade de forjar laços significativos de longo prazo com as pessoas com quem trabalhamos. Apesar de frequentemente ouvirmos falar da importância da honestidade emocional, parece que, no fundo, preferimos que nossos colegas mantenham o rosto impassível.

MANIFESTAÇÕES PÚBLICAS DE EMOÇÃO

Uma observação interessante da pesquisa envolve a diferença de gênero. Esperava-se que as manifestações públicas de emoção dos homens fossem interpretadas como um sinal da força de sua paixão, enquanto as manifestações femininas de emoção seriam mais facilmente definidas como sensibilidade.

No entanto, os pesquisadores não encontraram apoio consistente para isso em suas experiências. Os homens muitas vezes foram julgados mais severamente do que as mulheres por serem emocionais, particularmente nos casos em que apresentavam sinais de angústia de alta intensidade. Por outro lado, as mulheres tendem a ser mais penalizadas do que os homens quando exibem angústia de baixa intensidade. Embora seja reconfortante saber que o gênero tem um impacto menor do que o esperado sobre a forma como percebemos nossos colegas, isso parece ser uma espada de dois gumes. Por um lado, é mais provável que ignoremos as manifestações de emoção das colegas do sexo feminino, o que sugere uma tendência ligeiramente deprimente para dizer "calma, querida" para as colegas do sexo feminino. Por outro lado, esperamos que os colegas do sexo masculino simbolizem a visão de masculinidade apresentada por Rudyard Kipling no poema "Se":

> Se *és* capaz de manter a tua calma quando
> Todo o mundo ao teu redor já a perdeu e te culpa [...]
> Tua é a Terra com tudo que existe no mundo
> E — o que é mais — serás um Homem, meu filho!

Essa versão do homem no local de trabalho foi mais recentemente descrita em termos menos lisonjeiros como "Homem Padrão" pelo artista britânico Grayson Perry em seu tratado sobre a masculinidade moderna, *The Descent of Man* [*O declínio do homem*, em tradução livre]: "Mulheres e minorias exóticas têm sido frequentemente enquadradas como 'passionais' ou 'emocionais', como se eles, os Homens Padrão, tivessem, de alguma forma, a capacidade única de olhar para a lente mais interna, a lente que é sempre distorcida pelos nossos sentimentos. De alguma forma, o Homem Padrão tem a visão desapaixonada, empírica e objetiva do mundo como um direito de nascença, e todos os outros estão à mercê de sentimentos turbulentos e descontrolados."[86]

O livro de Perry é um apelo à ação para o homem moderno, para se livrar da camisa de força da identidade do Homem Padrão — "líder, provedor, caçador de status, predador sexual, respeitável, símbolo digno da realização séria" — e abraçar a vulnerabilidade. Ele evoca a metáfora da "superfície de contato": as duas pequenas elipses de pneu que nos ligam ao mundo quando andamos de bicicleta ou de moto. Quanto mais suave for o pneu, maior será o contato e maior será a aderência que ele proporciona. Da mesma forma, se nos permitirmos ser suaves no trabalho e nos abrirmos para o espectro completo de emoções, o tamanho do nosso contato emocional aumentará e poderemos construir relacionamentos mais honestos, duradouros e produtivos. Isso não se aplica apenas aos homens e nem apenas à angústia no local de trabalho, quanto mais tristeza, tédio ou medo admitirmos na paisagem emocional do local de trabalho, mais espaço deixaremos para que a felicidade, o amor, a aventura e o humor floresçam.

Comic Relief
Honestidade emocional no trabalho

Liz Warner tem uma enorme superfície de contato emocional. Ela entrou para a Comic Relief em 2016, depois de ocupar cargos seniores no Channel 4 e na BBC, além de fundar e transformar a própria produtora, Betty, em uma das trinta maiores empresas independentes do Reino Unido, conquistando duas indicações ao BAFTA e um Emmy. Sua mudança da indústria criativa para a filantropia pode parecer surpreendente, mas reflete uma crença de longa data no poder da criatividade para inspirar mudanças sociais.

Liz Warner: Eu sempre fui muito orientada por objetivos. Quando trabalhava em revistas, trabalhei na ONG Samaritans. De dia era jornalista, de noite era conselheira. Com o *Big Brother* consegui que o dinheiro das ligações fosse doado para uma série de instituições de caridade. Eu quero trazer um pouco do que a TV tem para o mundo da filantropia,

> incluindo a capacidade de galvanizar as pessoas muito rapidamente em torno de algo e fazer acontecer. O mundo da filantropia tende a ser bastante lento, porque o processo de governança é muito importante e há muita diligência. O estilo de gestão pode ser muito consensual. São duas formas muito diferentes de trabalhar.

A Comic Relief tem um forte histórico de atrair talentos criativos. A instituição nasceu em 1985 como uma criação de Jane Tewson e Richard Curtis, o roteirista de *Quatro casamentos e um funeral* e *Simplesmente amor*. A ideia deles era usar a comédia para angariar dinheiro e mudar vidas na África e no Reino Unido. Desde então, a instituição ampliou sua visão para criar um mundo justo e livre de pobreza. Durante grande parte desse tempo, a Comic Relief foi liderada por Kevin Cahill, que foi substituído por Warner quando se demitiu após 26 anos. Como convém a um novo CEO, a chegada de Warner provocou uma mudança de ética na instituição. O desejo dela é enfatizar as raízes criativas da Comic Relief e transformá-la de uma organização de arrecadação de fundos e doações em uma "agência criativa para a mudança social" — um grande passo para uma instituição tão visível que se incorporou ao tecido social do Reino Unido.

> O que é brilhante na Comic Relief é que não é como qualquer outra instituição. Antes, provavelmente se descreveria como uma instituição filantrópica que usa a televisão para arrecadar fundos. Agora, estamos nos definindo muito claramente como uma agência criativa que trabalha para gerar mudança social. Estamos usando todos nossos ativos criativos, não apenas a televisão, para provocar mudanças e influenciar as pessoas a nos apoiarem. Procuramos fazer isso durante o ano todo. Temos a capacidade de colaborar. Somos agnósticos, não somos uma instituição de um único assunto. Nosso objetivo é levar as pessoas a uma cúpula global de saúde mental, fornecendo o trabalho do projeto e o talento para falar sobre ele, para que sejamos colaboradores e convocadores.

Ao lado dessa rearticulação da visão da instituição de caridade, Warner também trabalhou com a equipe de liderança para redirecionar a Comic Relief em torno de quatro questões centrais:

Crianças sobrevivem e prosperam: dar às crianças pequenas acesso à saúde de qualidade, nutrição, proteção, cuidados e oportunidades de desenvolvimento e apoiar uma criação positiva e acolhedora.

Saúde mental global importa: dar apoio às pessoas com problemas de saúde mental e trabalhar para erradicar o estigma e a discriminação.

Luta pela justiça de gênero: eliminar a violência e a discriminação com base no gênero e trabalhar pela igualdade de poder para mulheres e meninas na tomada de decisões em todos os níveis.

Um lugar seguro para estar: providenciar assentamentos legais, seguros e dignos para pessoas desabrigadas.

Essas questões centrais tornam a instituição mais disciplinada e eficiente ao concentrar sua influência. Uma das formas pelas quais ela tem conseguido isso é reduzindo o número de projetos que financia para aumentar o impacto. Não é possível efetuar esse tipo de mudança sem se afastar de projetos com que as pessoas se preocupam. Esse é, talvez, um dos aspectos mais difíceis de liderar uma instituição filantrópica — as pessoas que trabalham nela provavelmente estarão muito mais ligadas emocionalmente ao trabalho do que, digamos, um banqueiro ou um consultor de marca.

> Sabe, é um trabalho duro, cuidar. As pessoas que são atraídas para trabalhar na instituição muitas vezes são uma força de trabalho mais sensível, emocional e apaixonada. As pessoas têm paixões pessoais e, se sua estratégia não se encaixa nessas paixões, pode ser difícil. É preciso estar motivado pela causa, mas concordar em trabalhar a estratégia, e é muito difícil, porque todo tipo de opiniões pessoais entra em jogo. É

> um movimento com base na paixão, não é? As pessoas vêm trabalhar na Comic Relief porque têm uma vontade muito forte de construir um mundo justo. É algo movido pela paixão e, por vezes, não pela lógica.

A sensibilidade necessária para efetuar mudanças em uma organização tão emocionalmente carregada é enorme. Sensibilidade também é um requisito fundamental dos negócios na Comic Relief. Em 2018, o deputado David Lammy acusou a instituição de "tatuar" imagens da pobreza na África na mente das pessoas e de reforçar os estereótipos do branco salvador.[87] Em resposta, Liz Warner enfatiza a importância de usar vozes locais e dar às pessoas a oportunidade de contar as próprias histórias e falar sobre o trabalho em que a Comic Relief está envolvida em um nível de base. Há também a questão de como equilibrar o ser "cômico" no contexto do "alívio". A instituição lida com questões extremamente graves, mas uma parte importante de sua magia é a capacidade de atrair estrelas como David Tennant, James Corden e J. K. Rowling para ajudar a aumentar a conscientização sobre essas questões.

> Levamos o que fazemos a sério, mas não nos levamos muito a sério. Usamos o humor e o entusiasmo das celebridades para influenciar as atitudes do público, e isso pode mudar o diálogo no longo prazo. Fomos recentemente a uma reunião com um departamento governamental e a pauta era séria, mas pudemos dizer: "Como podemos usar nossas habilidades sociais, nosso humor e criatividade para ajudar esta grande mensagem a chegar a um público mais amplo?" Isso é o que sempre gostei muito de fazer, pegar algo muito desafiador e sério e colocá-lo em uma embalagem popular que o torna acessível. Foi o que fiz na televisão. Eu peguei coisas que estão no limite, à margem da sociedade, todas as questões que se escondem nos cantos escuros e reentrâncias do nosso mundo e as coloquei bem ali.

Há um risco óbvio envolvido em pegar questões difíceis e trazê-las para todos verem. Também há um risco inerente ao financiamento de projetos e à parceria com empresas sociais para oferecer melhorias em cada uma das quatro questões centrais da Comic Relief. Como seria de esperar, existe um processo rigoroso de avaliação de projetos e parceiros, bem como diretrizes claras para a elaboração de relatórios de impacto. Mas há um forte desejo de garantir que o financiamento não seja direcionado apenas para atividades que possam gerar um resultado previsível. Afinal de contas, a criatividade é um aspecto central do *ethos* fundador da Comic Relief e algo que Warner está interessada em incorporar no coração da instituição. Consequentemente, ela criou propostas seguras para trabalhar a filantropia de diferentes maneiras.

> Com nosso fundo Red Shed, procuramos fazer investimentos em projetos inovadores que utilizem tecnologia para responder às necessidades, por exemplo, utilizando o *crowdfunding* para apoiar diretamente os sem-teto. Nós também criamos o fundo Futures Lab, apoiando instituições de caridade e empresas sociais com um subsídio, enquanto descobrimos como deixá-las. Parece realmente conflitante, mas significa que podemos incorporar a sustentabilidade em projetos para que possam viver sem nós. Por exemplo, estamos financiando a sustentabilidade de uma empresa social que gerencia uma padaria só de mulheres. Ela apoia mulheres que sofreram traumas extremos — muitas vezes, vítimas de tráfico sexual, refugiadas ou vítimas de violência doméstica — e as treina para serem padeiras e confeiteiras profissionais. Algumas delas agora trabalham no Borough Market. Este será o último ano em que a financiaremos, porque vai dar lucro. Podemos deixá-la, sabendo que é um projeto brilhante que vai sobreviver além de nós, mas ajudamos em sua criação e sua independência. Permaneceremos, naturalmente, clientes delas.

O entusiasmo de Warner pela filantropia e pelas causas que financia é óbvio, e é fácil ter a impressão de que ela tem o emprego mais divertido e gratificante do mundo. Mas, por mais legal que ela faça o trabalho parecer, também fica claro ao longo da nossa conversa que as coisas nem sempre foram tão simples. Substituir um CEO que tinha permanecido na instituição por mais de um quarto de século não foi tarefa fácil. Warner foi recrutada para introduzir grandes mudanças culturais e organizacionais. Ela não era uma CEO com experiência em instituições filantrópicas. Sua formação foi em mídia e criatividade, não em mudanças sociais. E sua visão de uma "agência criativa para a mudança social" é uma forma radical de remodelar uma instituição desse tipo. Houve momentos de triunfo, mas também momentos de dúvida, ansiedade, atrito e frustração:

> Eu cheguei aqui de paraquedas. Mudei completamente a equipe de gestão. Não há como fugir do fato de que tem sido muito difícil. Fiquei noites sem dormir por causa disso, porque é uma coisa muito difícil de fazer. Entrei depois de um CEO que estava aqui há 26 anos. É muito difícil pedir às pessoas para mudarem. Algumas pessoas vêm com você e algumas pessoas escolhem não vir. A organização agora é metade nova. Isso é uma mudança enorme. Você precisa respeitar o passado, mas, ao mesmo tempo, desafiá-lo. No momento em que diz qualquer coisa negativa sobre o passado, está virando as costas para as pessoas que quer trazer com você para o futuro. Acho que é preciso celebrar todas as coisas boas que você quer levar consigo. Celebre isso dez vezes mais.

A evolução da instituição está bem encaminhada, mas isso não significa que a agitação na Comic Relief tenha diminuído ou que tudo tenha se tornado mais estável. Transformar a instituição em uma agência criativa forçou a organização a considerar que tipo de criatividade deve oferecer. Nas próprias palavras de Warner: "Você pode ser criativa de forma chata e confiável, mas não estou interessada nisso. Acho que as pessoas querem um pouco de surpresa." O tipo de criatividade que Warner espera que a Comic Relief ofereça traz consigo um elemento de risco necessário. O risco é algo que deve ser reconhecido, abraçado e administrado ativamente.

> Obviamente, como instituição filantrópica, não arriscaria o dinheiro de ninguém. Adoro o risco. Tenho um apetite muito genuíno por isso. Ele pode parecer grande, como uma coisa realmente assustadora, e impedir

que faça coisas brilhantes, mas, se você pode gerenciá-lo e aproveitá-lo, é incrível. Ele pode levar ao futuro, ao esplendor. Trata-se de ter estrutura, resiliência e robustez em seus sistemas para permitir que o risco aconteça. Se você não tem o profissionalismo, a estrutura organizacional e o rigor, tem irresponsabilidade e caos. Você precisa de processo, o que soa o oposto de criatividade. Uma vez que tenha a estrutura, você encoraja as pessoas a fazer um bom trabalho enquanto estão aqui, mas não tenta ser dono delas. Elas vêm, fazem um trabalho brilhante e vão, mas não se tenta possuir o brilho das pessoas. Você apenas aproveita isso, criando uma organização onde elas podem florescer.

O exemplo de Warner fornece uma demonstração vívida de que uma organização e um líder emocionalmente maduros não devem evitar a ansiedade e o risco, ou aceitá-los relutantemente como males necessários. Uma organização onde esses sinais emocionais estejam ausentes provavelmente não está se esforçando o suficiente, não está criando, não está indo a lugar algum. Em vez disso, o risco e a ansiedade devem ser abraçados. O risco é uma ponte para o futuro esplendor. Deve ser amado e respeitado em igual medida.

TERRITÓRIO
COMPREENSÍVEL
E DEFENSÁVEL

—

Aprender a amar o risco e a respeitá-lo em igual medida.

19

O QUE MAIS O DESAPONTA NOS SEUS CONCORRENTES?

Uma conversa com **Tony Elliott**
Fundador
Grupo Time Out

Para algumas pessoas, a resposta a essa pergunta é simples: a coisa mais decepcionante em seus concorrentes é a própria existência deles. O antigo CEO da GE, Jack Welch, era uma dessas pessoas. Para ele, as regras de ouro dos negócios eram: número um, o dinheiro é rei; número dois, comunique-se; número três, compre ou enterre a competição.[88] A última regra é deliberada e inequivocamente viciosa. Os jogos de guerra e a análise SWOT estavam no auge durante o mandato de Welch na GE — todos ecoando a mesma visão de que os negócios, no fundo, são análogos à guerra.

Culpemos Charles Darwin.

Ele popularizou a ideia do mundo como um lugar violento onde só os mais aptos sobrevivem. Muitos de nós crescemos com uma ideia darwiniana de negócio como uma atividade fundamentalmente competitiva — um "vendaval perene de destruição competitiva". Como consequência, as empresas dedicam uma quantidade significativa de tempo e inteligência estratégica tentando se destacar da concorrência, lutando para se superar em áreas que nem sempre beneficiam o cliente. Mas essa narrativa de "sobrevivência do mais apto" só conta metade da história. Em grande medida, a natureza é um estudo de caso sobre colaboração. As garças-vaqueiras vivem nas costas dos búfalos e os deixam livres de insetos e parasitas potencialmente nocivos. Os pássaros caçadores de mel não são suficientemente fortes para entrar nas colmeias, por isso guiam os texugos para as colmeias que encontram para que eles entrem. Avestruzes, zebras e gnus dependem da sua capacidade de detectar ameaças predatórias à distância. As avestruzes têm uma visão fraca, mas o olfato bem desenvolvido, por isso andam ao redor de zebras e gnus, dotados de uma visão excelente, mas um olfato relativamente fraco. Na natureza, como nos negócios, a capacidade de colaborar é tão vital para o sucesso quanto a capacidade de competir, talvez até mais.

ALIANÇAS SÃO BOAS PARA TODOS

Em um nível muito básico, a maioria das empresas faz parte de uma rede (ou cadeia) de valor muito maior, incluindo fornecedores de energia, fabricantes, empresas de logística, distribuidores, varejistas, usuários e agregadores de dados. A capacidade de comunicar, coordenar e colaborar com outras empresas na mesma rede de valor é fundamental para o sucesso de qualquer organização. Além disso, a visão predominante dos negócios como uma atividade essencialmente competitiva nos impede de identificar e formar alianças potencialmente valiosas que beneficiariam a todos.

Um dos benefícios mais imediatos de uma abordagem colaborativa é fornecer ao negócio uma maneira segura de introduzir novas ideias e formas de trabalhar. Por exemplo, fazer aço é complicado. Você deve treinar as pessoas a pensar de certa forma para manter o forno alto funcionando. Não se pode dizer a um grupo de engenheiros para "pensar fora da caixa" se acabamos de passar vinte anos treinando-os para pensar dentro da caixa, e é por isso que, em primeiro lugar, está o funcionamento do negócio. A grande vantagem da colaboração é que ela traz o pensamento externo para a organização. Convidar pessoas de fora da empresa a pensar de forma diferente permite que isso aconteça de maneira segura e controlada.

No caso da siderurgia, a ArcelorMittal está investindo em tecnologia que transforma os resíduos de CO_2 em combustível para aviação. Richard Branson vai pilotar aviões com seus resíduos de CO_2. Isso é *muito* interessante. É um modelo de negócio completamente novo em um negócio tradicional e conservador, gerido por engenheiros que tendem a não gostar de mudanças, a não ser que haja um cronograma e os custos estejam planejados, o que não se pode fazer neste caso devido à quantidade de incógnitas. É aqui que uma abordagem de mente aberta pode realmente agregar valor ao negócio: encontrar novas formas de colaboração com pessoas com as quais você nunca esperaria trabalhar. Quem diria que a ArcelorMittal estaria trabalhando com Richard Branson? O conceito de "todos saem ganhando" é clichê, mas verdadeiro. Os problemas que a Virgin e a ArcelorMittal têm com carbono podem se tornar uma oportunidade para ambas as empresas, mas isso significa que alguém precisa inventar um modelo de negócio que pegue o CO_2 de uma instalação de gerenciamento de resíduos em Ghent e o coloque em um avião no aeroporto de Heathrow com todas as verificações de segurança necessárias.

QUANDO COMPETIR E QUANDO COLABORAR

Coisas incríveis podem acontecer como resultado da colaboração, maneiras inteiramente novas de desbloquear valor emergem. As ideias modernas sobre como se deve criar valor, como a economia circular, são uma ótima maneira de fazer com que as pessoas façam perguntas interessantes que, de outra forma, não considerariam. Quais problemas nós enfrentamos coletivamente? Se trabalhássemos com nossos concorrentes tradicionais, quais recursos nos trariam benefícios se os compartilhássemos? Os varejistas trabalham de acordo com a Lei da Escravidão Moderna e estão descobrindo que a colaboração é muito mais valiosa do que a auditoria. As organizações que trabalham com empresas do mesmo setor ou de outros estão encontrando muito mais coisas com as quais podem trabalhar, o que pode levar todos a uma direção muito melhor. Vale a pena gastar tempo com a pergunta "O que temos para compartilhar?".

A dificuldade reside em saber quando competir e quando colaborar. A distinção nem sempre é clara, especialmente quando as empresas e tecnologias disruptivas representam uma ameaça existencial — ou oportunidade. Qual é a melhor forma de as empresas tradicionais responderem à internet? Como as equipes esportivas tradicionais devem reagir aos e-esportes? Os fabricantes de automóveis devem considerar as empresas de carona como potenciais concorrentes ou como colaboradores? E as revistas impressas devem considerar as mídias sociais, blogs e sites de notícias como canais complementares ou substitutos de baixa qualidade?

Time Out
Como fazer parte do tecido cultural

A história da *Time Out* começou com um momento de decepção competitiva. No verão de 1968, Tony Elliott, um estudante de 21 anos da Universidade de Keele, visitou o escritório de Sue Small. Ela fazia parte de uma equipe que dirigia o jornal alternativo quinzenal *International Times*, que continha uma seção intitulada "O que está acontecendo", que listava os eventos culturais mais notáveis de Londres na época. Elliott havia organizado a reunião para sugerir que fosse dedicado mais espaço à seção, além de se colocar como a pessoa responsável por torná-la um sucesso. Em sua opinião, a imprensa tradicional não conseguia capturar a riqueza cultural da época, e ele sentiu que havia uma oportunidade para uma cobertura mais cuidadosa dos próximos eventos. Small o expulsou, e ele decidiu estabelecer sua própria revista. E assim nasceu a *Time Out*.

> **Tony Eliott:** Eu estava fazendo algo por mim, em certo sentido. Queria saber o que estava disponível. Havia uma enxurrada de novas culturas — desde o teatro à música e à arte, passando pela sociedade alternativa e pela contracultura. As fontes convencionais de informação não faziam listagens de nenhuma forma e ofereciam cobertura mínima sobre a cena cultural. Eu estava produzindo uma revista cultural trimestral na universidade, que falava de pessoas como Jimi Hendrix, Yoko Ono, John Peel e Keith Albarn, então, do meu ponto de vista, o processo de produção da revista não foi complicado.

A equipe original da revista era muito unida. A namorada de Elliott, Stephanie Hughes, cobria teatro, lojas e restaurantes. Bob Harris, que mais tarde ganhou fama (assim como uma Ordem do Império Britânico) sob o nome "Whispering Bob Harris" na BBC, cobria eventos musicais. Tony se concentrou nos próprios interesses: cinema e política. A revista tomou forma em uma grande folha de papel impressa em ambos os lados e dobrada no formato A5. A ideia por trás da revista era simples: informar os londrinos sobre as melhores formas de entretenimento cultural. A política era um aspecto importante da oferta e se enquadrava no título "Marchas e protestos/ Encontre os tiras". Elliott também queria que a revista fosse além do *mainstream* cultural, subcultura e contracultura foram uma parte importante de sua ideia fundadora de informar as pessoas sobre os eventos que deviam conhecer, incluindo show de *drags* e filmes B. A única forma de entretenimento considerada fora dos limites foram os musicais de West End, que Elliott ignorou por vários anos. Desde o início, ele considerou que a revista tinha uma espécie de contrato tácito com seus leitores.

> Nós descíamos para vender as cópias diretamente às pessoas na rua. Era perceptível como muitas pessoas diziam: "Isso é ótimo. Por que ninguém pensou nisso antes?" Ao fazermos um esforço para estar disponível da forma que estávamos, assumimos o compromisso de contar às pessoas sobre coisas que eram legais. Esse foi o fio condutor durante todo o percurso.

A falta de concorrência e esse firme compromisso com a qualidade fizeram com que a revista se expandisse rapidamente e se tornasse uma referência quinzenal da cena cultural e social londrina no início dos anos 1970. Elliott nunca concluiu seu curso de francês na Universidade de Keele, escolhendo continuar desenvolvendo a revista. Ele gostava demais do que estava fazendo para desistir. A equipe estava trabalhando bem e se divertindo. O estímulo para transformar a revista em uma publicação semanal chegou em 1971, na forma de uma conversa durante um jantar com Felix Dennis, o editor da revista *Oz*, que posteriormente seria condenado por conspiração para corromper a moral pública.

> Jantei com Felix Dennis. Ele disse: "Tony, vamos publicar um jornal alternativo chamado *Ink*, e teremos listas nele." Eu pensei "oh". Publicação semanal. Quer dizer, estávamos pensando nisso, mas não muito a sério. Esse foi o alarme que nos despertou para que prosseguíssemos. Então, tive uma reunião com todas as pessoas envolvidas, e tornamos a revista semanal em um mês. Acabamos com a *Ink*. Quer dizer, a nova publicação era muito melhor. O conteúdo era muito bom. Nossa cobertura e nossos artigos editoriais eram tão bons quanto qualquer coisa que eles tentassem fazer. Pessoas que começam uma revista ou jornal, especialmente se forem da área jornalística, não querem fazer listagens. Elas querem fazer reportagens premiadas.

O exemplo da *Ink* tipifica a perspectiva de Elliott sobre os vários concorrentes da *Time Out* que apareceram ao longo dos seus cinquenta anos de atividade; ele fala frequentemente deles como um grupo de colegas, não como um grupo competitivo. A *Ink* deu o pontapé de que ele precisava para fazer da *Time Out* uma publicação semanal. Uma década e meia depois, nos anos 1980, a *Time Out* enfrentou uma forma mais dura de competição com uma onda de revistas de estilo como *i-D*, *The Face* e *Blitz*, todas atraindo um público cult. Sua resposta a esses novos concorrentes foi típica: eles deram um incentivo adicional para a *Time Out* continuar lutando pela relevância cultural.

> Essa geração de jornalismo criativo era competitiva no sentido de que eles faziam coisas que eram realmente bem executadas. Estavam no topo de coisas importantes que surgiram, e, se tivéssemos ignorado muitas das coisas sobre as quais estavam escrevendo, seríamos claramente considerados desatualizados. Eles eram um estímulo tão grande a ponto de me deixar irritado, porque eu pegava nossos diretores de arte tentando imitar as capas da *The Face*, e fazendo isso de forma ruim.

A intenção nunca foi imitar cada nova onda de concorrentes, mas sim vê-los como uma nova parte da paisagem cultural da qual a *Time Out* também fazia parte e garantir que seu conhecimento sobre essa paisagem fosse inigualável. Isso também significa que a revista buscou um tipo diferente de relacionamento com seus leitores. Por exemplo, Elliott odeia a ideia de se referir a eles como "clientes". Em vez disso, fala de "círculos" de leitores, pessoas com uma grande variedade de interesses e um desejo de que lhes digam algo que ainda não sabiam. A ideia nunca foi seguir tendências ou satisfazer gostos predominantes.

> Se tivéssemos seguido o que os leitores queriam, teríamos posto a Madonna na capa todas as semanas. Fomos guiados por uma missão de contar às pessoas sobre o melhor dos melhores. Eu costumava dizer a elas: "Olha, nós podemos colocar um evento único da parte mais obscura de Londres na capa." Se é a melhor coisa em Londres, é a coisa certa a se colocar na capa. Muitos editores diziam: "Você não devia fazer isso. Você não pode fazer isso. Ninguém está interessado." É por isso que você se depara com pessoas que dizem: "A *Time Out* é minha bíblia. Ela nos diz coisas que nunca saberíamos de outra forma", o que é ótimo.

Mais recentemente, é claro, a *Time Out* teve que responder à concorrência on-line, desde ferramentas de busca e blogs especializados a redes sociais e sites de estabelecimentos. A resposta da *Time Out* a essa nova onda de competição não é diferente, em princípio, da sua reação à *Ink*, *i-D*, *The Face* e *Blitz*: primeiro, compreender onde a competição poderia estar mais bem colocada para descobrir e informar as pessoas sobre o que se passa e usar isso como estímulo para melhorar a própria oferta da *Time Out*; segundo, compreender onde a competição é deficiente e garantir que a *Time Out* continue a valer a pena, fornecendo informações sobre o que está acontecendo e o que é melhor. Em primeiro lugar, claramente existem concorrentes digitais que oferecem uma oportunidade de aprender sobre a melhor forma de desenvolver a *Time Out* na era digital:

> Há um filme chamado *Domando o destino* que saiu recentemente. É um filme americano independente, e encontrei um site que foi montado pela produtora do filme. É brilhante. Você coloca o dia em que quer ir, e ele diz os cinemas onde o filme está passando. O site é lindamente projetado.
>
> Se todas as produtoras de filmes fizessem isso, seria útil até certo ponto, mas o problema é que teríamos que saber qual filme queremos ver, ao passo que quero ver todas as opções antes de tomar uma decisão.

A resiliência da *Time Out* se deve em grande parte à crença inabalável de Elliott de que sempre haverá uma demanda por listas de eventos feitas com cuidado e consideração. Sites especializados como o de *Domando o destino* são um complemento da *Time Out* tanto quanto são substitutos. O mesmo se aplica aos sites de busca — em primeiro lugar, é preciso saber o que procurar, enquanto a *Time Out* permite que os leitores naveguem pelas seções e encontrem algo que a princípio não os interessaria. O mesmo se aplica às redes sociais e às listas de "Top 10" no estilo *clickbait* que elas popularizaram.

> Quando chego a uma cidade, quero ter a oportunidade de analisar tudo o que está disponível, com camadas de informação. A gente descobre todas as informações importantes, novas e estranhas. Só espero que continuemos fiéis a essa missão, que é ser a fonte de informação para as coisas inovadoras. É óbvio demais fazer um Top 10 de restaurantes de sushi.

Em vez de representar uma ameaça, a ascensão das mídias digitais proporcionou uma oportunidade para a *Time Out* crescer. A versão digital da revista cobre centenas de cidades ao redor do mundo, de Sydney a Hong Kong e Nova York. O poder da visão de Elliott tem sido o de atrair colaboradores com a mesma mentalidade em cidades estrangeiras, que têm um compromisso compartilhado de oferecer o mesmo nível de qualidade e visão nas próprias cidades. E a beleza dessa abordagem é que muitas vezes eles criam designs, ajustes e formas inovadoras de interação que podem ser replicadas em todo o mundo. Um exemplo brilhante disso é o Time Out Market em Lisboa:

> O cara que começou a *Time Out Lisboa* executou a revista brilhantemente, depois teve a oportunidade de ocupar um mercado de frutas e legumes fabuloso, grande e antigo. Então, ele lançou a ideia de um mercado de alimentos que se chama Time Out Market, com cerca de 32 lojas de restaurantes. Recebe 250 mil pessoas por mês. É o maior mercado turístico de Lisboa. E gera dinheiro. Então, pegamos esse formato e agora estamos abrindo mercados em Miami e Nova York, depois em Boston e Chicago. Nunca teríamos pensado em fazer isso, mas tudo bem. O design está certo, a qualidade está certa. Uma das coisas que ele fez desde o início foi dizer: "Os restaurantes não podem comprar a entrada." Eles têm que ser selecionados, por isso é feita uma excelente curadoria. É ótimo.

Não há muitas empresas que possam afirmar ter segurado a onda durante mais de meio século. Desde o estabelecimento da *Time Out*, as revistas *Ink*, *I-D*, *The Face* e *Blitz* chegaram e partiram. A marca tem permanecido relevante, aprendendo com as sucessivas ondas de competição e encontrando seu lugar em um cenário cultural e midiático em constante mudança. O primeiro instinto de Elliott não é esmagar a concorrência, mas aprender com ela e compreender como ela pode ser um complemento. Como Elliott, os vencedores de amanhã não serão os líderes que mais efetivamente eliminarão seus concorrentes. O futuro pertence àqueles que conseguirem equilibrar o ato da competição com a arte da colaboração.

TERRITÓRIO
COMPREENSÍVEL
E DEFENSÁVEL

—

Equilibrar o ato da competição com a arte da colaboração.

20

Em que os clientes erroneamente acreditam sobre seu setor? O que você pode fazer para mudar isso?

Uma conversa com **Maxine McKenzie**
Diretora executiva, marketing e desenvolvimento de associados
The Royal Institute of British Architects (riba)

Lobistas e vendedores de automóveis são as profissões mais incompreendidas do mundo?

Ao fim de cada ano, a Gallup realiza uma pesquisa para entender como o público americano vê a honestidade e a integridade ética de várias profissões. Desde que a enquete começou, em 1999, os enfermeiros têm liderado a lista em quase todos os anos (foram brevemente ofuscadas em 2001 pelos bombeiros após os atentados do 11 de Setembro). Em 2017, 82 por cento dos americanos classificaram a honestidade e os padrões éticos dos enfermeiros como "altos" ou "muito altos". Os vendedores de automóveis (dez por cento) foram os penúltimos da lista, seguidos pelos lobistas (oito por cento) em seu nível percebido de flexibilidade moral.[89]

As profissões no topo da lista de 2018 são aquelas em que o público americano confia para cuidar de sua saúde, segurança e educação: enfermeiros, oficiais militares, professores do ensino fundamental, médicos e farmacêuticos. A parte inferior da lista é dominada por profissões que envolvem a venda de produtos, ideias e ideais: lobistas, vendedores de automóveis, congressistas, publicitários e executivos de empresas.

Esses resultados são, ao mesmo tempo, deprimentes e profundamente preocupantes. Mais de um em cada quatro americanos acredita que os padrões éticos dos executivos são "baixos" ou "muito baixos", enquanto menos de um em cada seis acredita que os padrões éticos dos executivos de negócios são "altos" ou "muito altos". Cerca de 85 por cento dos americanos estão empregados no setor privado, o que significa que o nível muito baixo de confiança nos executivos de negócios é o resultado da experiência direta de trabalhar com eles. É uma acusação bastante contundente do estado de ética e liderança empresarial.[90]

Essa questão não se limita aos Estados Unidos. Um relatório de 2017 da Confederação da Indústria Britânica (CBI, na sigla em inglês) concluiu que, embora a percepção do público sobre as empresas no Reino Unido seja relativamente alta em comparação com os Estados Unidos — 58 por cento descreveria a reputação das empresas britânicas como "muito boa" ou "boa" —, o público é mais solidário com as empresas com as quais está familiarizado.[91] Quanto menos as pessoas souberem sobre um negócio, menor será a probabilidade de o valorizarem e mais suspeitas terão sobre a maneira como as empresas e seus gerentes operam. Como resultado dessa desconexão, o público tende a subestimar a contribuição de setores específicos, incluindo serviços profissionais, construção e habitação, e serviços de informação, comunicação, varejo e automotivos: ou seja, o trabalho de executivos de empresas, arquitetos, comerciantes e vendedores de automóveis.

O estudo identificou uma falta de compreensão geral do modo como as empresas funcionam: menos da metade dos participantes do questionário afirma compreender como uma empresa funciona. Mas essa desconexão corre em ambas as direções: 77 por cento do público britânico concorda que os diretores de empresa estão muito longe do mundo das pessoas "comuns". Considerando que o setor privado corresponde a cerca de 84 por cento das vagas de emprego no Reino Unido, esse fato sugere que a profundidade da desconexão entre as empresas e o setor público é semelhante à dos Estados Unidos. As empresas não estão conseguindo convencer seus funcionários, seus clientes e suas comunidades de sua capacidade e desejo de contribuir positivamente para a sociedade. E as evidências sugerem que essa questão é particularmente grave para as grandes empresas que operam em setores mais complexos.

COMO AS EMPRESAS PODEM SE CONECTAR COM AS PESSOAS COMUNS?

Um lugar óbvio para começar é garantir que os funcionários sejam bem tratados e entendam o valor mais amplo que a organização cria para a sociedade. Há também uma clara necessidade de melhorar a forma como as empresas comunicam essa contribuição ao público em geral, explicando o que fazem, como funcionam e como melhoram a vida dos trabalhadores, das comunidades locais e da sociedade como um todo, usando termos que sua avó entenderia.

Tudo isso não é novidade. Será que ainda existem empresas por aí que não estão cientes de que têm a responsabilidade de tratar bem os funcionários e esclarecer seu propósito social ou missão mais ampla? E é suficiente enfatizar a contribuição social de um negócio? Em 2007, a varejista britânica Marks and Spencer (M&S) lançou sua iniciativa Plano A para estabelecer uma visão clara do papel da organização na sociedade.[92] A iniciativa em si tem sido um enorme sucesso. Ao reduzir a quantidade de resíduos nas cadeias de fornecimento da M&S, a empresa alcançou uma economia de custos de mais de 750 milhões de libras e ganhou mais de 240 prêmios. Por meio do Plano A, a M&S está cumprindo um conjunto ambicioso de cem compromissos que abrangem alimentação saudável, vestuário ético, bem-estar dos colaboradores, apoio às comunidades locais, direitos humanos, reutilização e reciclagem de vestuário, consumo de energia e sustentabilidade da cadeia de fornecimento.

A imaginação e a criatividade que entraram na concepção, planejamento e execução do Plano A são impressionantes. Foram gastos milhões em práticas de negócios sustentáveis para a comunicação do compromisso. E há sinais claros de que esse esforço para construir uma reputação respeitável se infiltrou na consciência pública: de acordo com um estudo da YouGov de 2018, a M&S é a segunda marca de varejo mais forte do mercado britânico, atrás apenas da John Lewis.[93] Apesar disso, o lucro anual da M&S até o dia 31 de março de 2018, período anterior aos pagamento dos impostos, caiu 62 por cento, e um extenso programa de fechamento de lojas foi anunciado pouco depois.

O PERIGO DA IRRESPONSABILIDADE CORPORATIVA

É um erro acreditar que o público se preocupa com a responsabilidade corporativa, é a irresponsabilidade corporativa que realmente nos perturba. Os trabalhos da M&S demonstram claramente que, para o público, não basta respeitar uma marca, para que ela tenha sucesso, eles também precisam amá-la.[94] E isso significa que os donos das marcas precisam ir além da construção de confiança, para falar com o público sobre assuntos com os quais ele realmente se preocupa. O estudo da YouGov indica que, em 2018, a M&S ficou em 24º lugar de uma lista com 26 varejistas em termos de valor. Há aqui uma clara desconexão entre o grande plano da M&S para se tornar um negócio sustentável e o benefício que uma pessoa "comum" verá como resultado. A M&S não conseguiu explicar claramente de que forma o Plano A melhora a vida cotidiana dos cidadãos britânicos, em especial no que se refere à relação entre qualidade e preço.

Os estudos da Gallup e da CBI demonstram que, em muitos casos, as pessoas não compreendem, ou não confiam, no funcionamento de grandes organizações em categorias complexas. Mas há uma questão paralela que também precisa de ser abordada: essa falta de compreensão acontece dos dois lados.

The Royal Institute of British Architects
A compreensão começa em casa

Talvez não na mesma proporção que os vendedores de automóveis, lobistas e homens de negócios, mas arquitetos se encontram à mercê de uma série de equívocos. No Reino Unido, os perfis de um punhado de arquitetos famosos, como Richard Rogers, Norman Foster e David Chipperfield, encorajaram uma visão dos arquitetos como um grupo exclusivo. A realidade para a maior parte dos profissionais é bem diferente. No Reino Unido, os arquitetos precisam estudar por cerca de sete anos para alcançar as qualificações necessárias para começar a trabalhar, o que significa, devido ao custo de vida e dos materiais do curso, desembolsar cerca de cem mil libras. Apesar dessa despesa, a expectativa é a de que um arquiteto médio ganhe um valor próximo ao salário médio nacional do país — algo em torno de 27 mil libras por ano.[95] Não é de se surpreender que, entre 2011 e 2015, o número de arquitetos no Reino Unido caiu mais de onze por cento (durante o mesmo período, o número de pessoas empregadas nas indústrias criativas do Reino Unido como um todo cresceu quase vinte por cento).[96] Falamos com Maxine McKenzie, diretora executiva de marketing e desenvolvimento de associados do The Royal Institute of British Architects (RIBA), para discutir alguns dos conceitos equivocados atribuídos aos arquitetos e sobre como o RIBA está trabalhando com seus membros para melhorar a percepção da profissão:

> **Maxine McKenzie:** O RIBA trabalha arduamente para ajudar os clientes a entender o papel do arquiteto e por que isso importa. Precisamos mudar as percepções e mostrar a gama incrivelmente talentosa e diversificada de arquitetos na profissão.

Parte do problema é que a arquitetura pode dividir opiniões, as pessoas podem amar alguns edifícios e achar outros muito vanguardistas ou simplesmente feios. Nada disso é novidade. Já em 1984, o príncipe Charles ganhou as manchetes no jantar do 150º aniversário do RIBA quando descreveu uma extensão modernista da Galeria Nacional na Trafalgar Square como uma “verruga monstruosa no rosto de um amigo muito amado e elegante". Alguns podem concordar e ver os arquitetos como puristas desinteressados. McKenzie é muito mais aberta à arquitetura, mas tem as próprias memórias de crescer cercada por edifícios projetados para resolver um conjunto de problemas, que acabaram criando outros:

> Lembro-me do lugar onde cresci, no sul de Londres, e de alguns dos enormes conjuntos habitacionais construídos naquela época. Lembro de pensar: "Para quem esses lugares foram projetados? O que tinham na cabeça quando pensaram em fazer isso?"

A visão de McKenzie é que a arquitetura está evoluindo para se tornar mais diversificada, mais focada na comunidade, e para ser uma melhor representação da sociedade a que serve. Nos dias de hoje, a profissão é predominantemente masculina e branca, mas isso está mudando, principalmente devido aos esforços do RIBA nessa área.[97]

> Se agora falo com arquitetos jovens e em ascensão, sinto que não poderiam ser mais diferentes da visão estereotipada. Eles estão interessados em causas e na sociedade de uma forma diferente. Existe uma forte comunidade de jovens arquitetos colaborativos, criativos e pés no chão. Hoje, a arquitetura é um processo criativo e colaborativo. Estamos começando a tirar partido de uma maior reserva de talentos, atraindo uma gama diversificada de pessoas para esse mercado, qualificando-as bem, garantindo que continuem se qualificando, garantindo que os negócios de que fazem parte sejam de alto padrão, porque é assim que você avança na arquitetura, e é esse nosso propósito.

O RIBA tem um papel significativo a desempenhar no apoio e na promoção de uma maior diversidade no mercado. Ele também tem outro papel importante a desempenhar, ajudando o público a compreender o valor que um arquiteto pode trazer a um projeto de construção. O RIBA tem uma equipe responsável por ajudar as pessoas a encontrar um arquiteto que seja qualificado e combine com elas, quase como um serviço de encontros para arquitetos e clientes:

Obviamente, as melhores relações começam com uma boa combinação, em primeiro lugar. A primeira coisa que temos que fazer é ajudar as pessoas a perceber pelo que estão pagando. Trata-se de compreender o valor que os arquitetos agregam, que vai além de ajudar no planejamento e na elaboração de planos. Eles veem o espaço de uma forma diferente. Seu nível de criatividade irá ajudá-los a pensar em coisas em que você talvez nunca tenha pensado. Eles podem ajudá-lo a criar um espaço que melhore a vida familiar, ou quaisquer que sejam seus objetivos para a transformação da casa — esse é o aspecto humano daquilo que um arquiteto faz.

A visão da McKenzie é desenvolver uma série de campanhas que ressaltem o profundo impacto que os arquitetos podem ter na nossa experiência nos espaços e, portanto, no nosso bem-estar. Os premiados do Maggie's Centre são um grande exemplo de como espaços bem concebidos melhoram o apoio prático, emocional e social oferecido aos doentes oncológicos e às suas famílias. Como observou Winston Churchill, "nós moldamos nossos edifícios, depois eles nos moldam" — e nas mãos de um arquiteto empático e bem treinado, isso pode significar a melhoria da sociedade. A empatia é um aspecto crítico que a arquitetura ainda deixa a desejar. A maioria de nós não conhece o vocabulário específico para ajudar um arquiteto a entender o que queremos, e os termos que eles usam podem nos confundir ainda mais. Inevitavelmente, isso pode resultar em uma falha na comunicação. Novamente, McKenzie tem experiência nisso, já que recentemente contratou arquitetos:

Os arquitetos que contratei para a reforma da minha casa —registrados no RIBA, é claro — eram muito simpáticos, realistas e ótimos para trabalhar, mas até mesmo eles usavam muito jargão. Por exemplo, falavam sobre ser capaz de "ler a casa". Basicamente, o que isso significava era que iriam deixar parte da alvenaria sem acabamento. Lembro-me de ter criado uma pasta no Pinterest, e um dos rapazes disse: "Ah, sim, você está mesmo interessada na materialidade." Isso significa que gosto de tijolos, cerâmica, madeira e vidro. O bom foi que, por serem tão acessíveis, conseguimos rir e fazer piada sobre essas coisas. Eles não se importaram de me explicar nada até eu entender. Mas, se não tivessem sido tão amigáveis, poderia ter me sentido intimidada. Eu queria ser uma "boa" cliente.

É inteiramente compreensível que o uso do jargão possa exacerbar a falta de confiança no nosso gosto ou conhecimento. O desejo de ser um bom cliente nos faz querer comunicar o que desejamos, mas o que acontece se nos faltarem as palavras para descrever? O que acontece se não soubermos o que queremos? A sugestão de McKenzie é que viremos a conversa de cabeça para baixo. Em vez de tentar explicar o espaço que queremos — o que é difícil quando nos falta o vocabulário —, podemos explicar o que queremos obter do espaço: pode ser tão simples como ter um lugar calmo para ler, ou olhar para o céu a partir do conforto de uma banheira, ou fugir da confusão da vida familiar. Afirmar nossos objetivos em termos que nos interessam é de grande ajuda. No entanto, o cliente não deve ser o responsável por introduzir esse assunto. O RIBA tem um papel a desempenhar, dando aos arquitetos as ferramentas para ajudá-los a iniciar essa conversa.

> Os arquitetos precisam ser capazes de explorar os pensamentos e sentimentos de um cliente. A casa de uma pessoa é uma coisa incrivelmente preciosa. Seus sentimentos por ela, suas crenças, os valores e os medos relacionados a ela são muito profundos. Isso é algo que um arquiteto realmente precisa entender para que seja possível estabelecer um bom relacionamento.

Nossas casas são um reflexo profundo de quem somos. Casas e comunidades bem projetadas nos tornam mais felizes como indivíduos, como família e como sociedade. Todos perdem com a percepção que alguns podem ter dos arquitetos como profissionais inacessíveis ou distantes. É provável que o mesmo seja verdade (talvez em menor grau) quando se trata de vendedores de automóveis e lobistas. Mas é desses profissionais — e dos órgãos que existem para apoiar e promover seus interesses — a responsabilidade de ser empáticos com o público. Quanto melhor eles entenderem nossas esperanças e aspirações, maior será a probabilidade de nos esforçarmos para entender o papel valioso que eles podem desempenhar para levar a sociedade adiante.

TERRITÓRIO
COMPREENSÍVEL
E DEFENSÁVEL

—

Se as pessoas o entendem mal, provavelmente é porque você entende mal as pessoas.

21

De quais outros negócios você secretamente tem inveja?

Uma conversa com **Dean Weston**
Gerente-geral adjunto, comunicações da marca
Yusen Logistics

A inveja e o ciúme não são emoções fáceis de admitir. Sugerem inadequação e uma certa maldade de natureza. Rodney Dangerfield brincava com o ciúme ridículo da sua mulher: "Teve um dia que ela olhou para meu calendário e exigiu saber quem era Júlio." A maioria das pessoas que expressam publicamente a própria opinião sobre ciúmes parece concordar que, no geral, é uma coisa desagradável e improdutiva de se sentir.

Aristóteles é uma exceção rara. Ele considerou que a inveja é tanto razoável quanto produtiva — pode ser uma poderosa força motivadora (mesmo que a maioria de nós não goste de admiti-la). Pesquisadores da Universidade do Estado da Califórnia e da Universidade de Kentucky, em artigo de 2016, argumentam que, embora a inveja possa gerar consequências negativas em um negócio — corroendo a qualidade das relações e atitudes no local de trabalho, bem como aumentando o comportamento antissocial —, também pode melhorar o desejo das pessoas de aprender e ter sucesso.[98] Em suma, a inveja pode ser boa ou ruim. O estudo sugere que esses dois tipos de inveja não são meros opostos. Enquanto a inveja ruim tem um efeito de puxar a motivação para baixo, e a inveja boa tem um efeito de puxar para cima, ambos os tipos de inveja aumentam a probabilidade de um empregado querer deixar o local de trabalho. A inveja boa pode ser uma ferramenta motivacional, mas ainda é uma experiência negativa.

O QUE ACONTECE QUANDO A INVEJA EXISTE ENTRE ORGANIZAÇÕES, E NÃO NELAS?

Os estudos sobre a inveja no local de trabalho tendem a se concentrar na inveja entre colegas, por isso, do ponto de vista acadêmico, não temos muito o que falar aqui. Segundo o psicólogo Richard Smith, a inveja requer uma combinação de relevância e semelhança. É improvável invejar pessoas ou organizações que consideramos irrelevantes para nós mesmos: quem trabalha na Citigroup está muito mais propenso a invejar o Goldman Sachs do que o Google. Também é improvável invejar pessoas ou organizações que vemos como diferentes, mesmo que trabalhem em um espaço relevante. Por exemplo, é improvável que a Prada inveje a Zara, embora ambas as empresas vendam roupas e acessórios. Além disso, parece haver pouca razão para sugerir que as pessoas não possam invejar os negócios que veem como relevantes e semelhantes aos seus. Na verdade, seria estranho se não o fizessem.

Um artigo publicado em 2016 no *Telegraph* compartilhou as histórias de quatro proprietários de pequenas e médias empresas (PMEs) que experimentaram a inveja entre empresas, quer como invejosos quer como invejados.[99] Depois de surgir com uma ideia inicial de negócio, um empresário descobriu que algumas empresas já tinham sido estabelecidas usando a mesma ideia. A inveja o estimulou a melhorar a si próprio e sua organização. Outra empresária foi vítima de difamação on-line de concorrentes tradicionais que se sentiram ameaçados pela sua criação. Ela aprendeu a interpretar os ataques como um sinal de que estava no caminho certo. Todas as quatro histórias têm uma moral comum: não deixe que a inveja o arraste para baixo, aproveite-a para se tornar uma pessoa melhor e construir um negócio melhor.

APRENDER A SER UM POUCO INVEJOSO

As histórias do *Telegraph* são casos extremos. Elas envolvem proprietários de pequenas empresas que investiram muito em seus empreendimentos — financeira e emocionalmente. A maioria de nós não se sente tão chateada se outras empresas tiverem a ousadia de competir com as nossas. Mas pode ser útil se forçar a considerar quais negócios lhe fariam sentir inveja, caso você se torne o tipo invejoso. Achamos que essa é uma forma útil de prevenir que nossa inclinação natural prejudique a competição. Existem milhares de empresas semelhantes às nossas, mas é fácil esquecer que existem pessoas extremamente brilhantes trabalhando em organizações semelhantes resolvendo problemas semelhantes aos nossos. É inevitável que, em alguns momentos, eles encontrem respostas mais elegantes, eficientes e eficazes. Com toda a sinceridade, pode parecer um pouco desleal admitir que a concorrência apresenta ideias mais inteligentes, uma melhor experiência na internet ou marketing mais convincente, mas isso é muito mais produtivo do que apontar cada mediocridade produzida por ela simplesmente para nos sentirmos mais confiantes em nossa suposta superioridade. E depois que você se acostuma, libertar esse monstrinho pode ser divertido. Desde que ele esteja firmemente preso na coleira.

Os criadores de inovação também apreciam o valor da inveja entre as organizações. Um exercício de ideação popular consiste em pedir que os membros da equipe desempenhem o papel de uma empresa com o potencial de prejudicar sua categoria. Como funcionaria uma hamburgueria da Amazon? O que aconteceria se o sistema Watson da IBM se tornasse um personal trainer? Como funcionaria a rede de transportes de uma cidade se fosse concebida pelo Google? Como o Facebook venderia energia elétrica? O exercício não funciona a menos que os participantes invejem (ou temam) a organização em questão.

Felizmente, existe todo um mercado de livros de gestão e liderança dedicada a nos fazer invejar essas empresas *superstars*. Toda vez que lemos uma matéria de capa da *Wired* ou um perfil na *Fast Company* ou um estudo de caso da *Harvard Business Review*, conhecemos uma nova organização para invejar ou uma nova razão para invejar uma organização que pensávamos já conhecer.

CRIANDO O MELHOR LOCAL DE TRABALHO DO PLANETA

No extremo, o tipo de inveja organizacional que essas matérias de capa geram pode resultar na síndrome "a grama do vizinho é mais verde", a crença de que existem organizações oferecendo um dia a dia de trabalho muito mais gratificante, em detrimento de como percebemos e apreciamos nossa própria organização. Quem não gostaria de trabalhar na Amazon, Google, Netflix ou Apple? A empresa dos seus sonhos está em algum lugar por aí. Em 2013, dois professores de comportamento organizacional — Rob Goffee, da London Business School, e Gareth Jones, da IE Business School, de Madri — se propuseram a entender quais qualidades o "negócio dos sonhos" adotaria.[100] Eles pediram a centenas de executivos, em pesquisas e seminários em todo o mundo, para descreverem a organização ideal e compartilharam os resultados em um artigo da *Harvard Business Review* intitulado "Creating the Best Workplace on Earth" ["Criando o melhor local de trabalho do mundo", em tradução livre], que lista as seis "virtudes" organizacionais, reproduzidas a seguir:

1. **Deixar as pessoas serem elas mesmas:** transcender os traços culturais dominantes, evitando os sistemas convencionais de avaliação e as estruturas de equipe em favor da "solidariedade orgânica", em que as diferenças entre indivíduos de talento único são exploradas (em oposição à "solidariedade mecânica" que resulta de uma cultura de conformidade).
2. **Libertar o fluxo de informação:** empenhar-se em uma "franqueza radical" — comunicação completa, franca, clara

e oportuna com os colegas — em vez de tentar controlar o fluxo de informação.

3. **Ampliar os pontos fortes das pessoas:** cultivar redes de apoio, interação criativa entre pares, trabalho de alongamento, treinamento e uma marca que confira moeda social aos funcionários.
4. **Defender mais do que o valor para o acionista:** comprometer-se com um conjunto de metas significativas e não financeiras e esclarecer que o lucro é a recompensa por atingir essas metas.
5. **Mostrar como o trabalho diário faz sentido:** definir os funcionários que desempenham tarefas que se relacionam claramente com os objetivos "globais" e deixar que eles decidam como, quando, onde e com quem realizar essas tarefas.
6. **Estabelecer regras em que as pessoas possam acreditar:** certificar-se de que os processos, regras e estruturas que você implementar são necessários para atingir o propósito da empresa em vez de proporcionar ganhos de eficiência — ou, pelo menos, evitar a aplicação de regras estúpidas.

Os autores admitem que todas as seis virtudes são encontradas em poucas organizações, se é que em alguma. Mas, embora raras, são realizáveis: LVMH, Arup, Novo Nordisk, New York Life, Rabobank e Ernst & Young UK são todas citadas como exemplos a serem observados.

Yusen Logistics
Um triunfo da humildade sobre o *hype*

Dean Weston não é um homem ciumento. Mas é leal. Trabalhou na Yusen Logistics durante mais de quinze anos, mudando-se da Europa para os Estados Unidos e depois para a sede global em Tóquio, onde, como gerente-geral adjunto de comunicação, desempenha um papel fundamental na TRANSFORM 2025, um programa que visa transformar o serviço de frete japonês no parceiro logístico preferido do mundo.

Weston admite que o negócio está longe de ser perfeito — daí o desejo de transformar —, mas uma pesquisa com clientes, realizada no início do programa de transformação, em 2016, revelou uma virtude organizacional forte e consistente: o compromisso dos 25 mil funcionários em cumprir as promessas feitas a cada cliente, não importa quão grande ou pequena sejam.

Dean Weston: Acho que há muito potencial na nossa empresa. Há um sentimento intrínseco de que todos querem fazer a coisa certa para o cliente. De alguma forma, conseguimos atrair pessoas que só querem continuar tentando. Como podemos aproveitar isso e transformá-lo em algo que as pessoas percebam como uma virtude? Nada vai ser perfeito, mas deve haver algum senso de autenticidade. É isso que quero para nossa empresa.

Então, quais empresas Weston inveja? Há muitas coisas que ele acha interessantes, mas poucas que gostaria que a Yusen Logistics imitasse. Sua principal preocupação é que a organização seja autêntica ao cumprir sua missão de manter o crescimento sustentável para as empresas e a sociedade. O problema é que não há muitas empresas que cumpram seus propósitos com o vigor ou a integridade que Weston está buscando. Consequentemente, não há muitas dignas de inveja.

Sou continuamente atraído por empresas que têm propósito, que realmente conseguem colocar algum senso de autenticidade no centro do que fazem. Veja a Apple, por exemplo. Não tenho inveja deles e não os considero cem por cento autênticos. Está começando a parecer que existe uma identidade que a Apple costumava ter, que era focada no usuário. Mas agora parece que o objetivo de boa parte da identidade deles é apenas vender coisas. Também vi recentemente que a Danone vai tentar se tornar uma Empresa B. A mensagem deles é que a companhia não está apenas sendo gerida para sustentar o preço das suas ações, mas está, na realidade, contribuindo para a economia, criando valor compartilhado, valor para os colaboradores e apoiando o meio ambiente. Mas um dos maiores negócios da Danone é o transporte de água ao redor do mundo. Isso é uma contradição inerente.

É justo dizer que Weston não sofre da síndrome "a grama do vizinho é mais verde". Naturalmente curioso, ele costuma apontar as fraquezas e contradições nesses casos de "melhores práticas". E, quando você está tentando transformar todo o funcionamento de sua empresa, é bom ter exemplos a seguir. O problema da mudança cultural em uma escala tão grande é um aspecto central do programa de transformação da Yusen Logistics. Não basta simplesmente dizer às pessoas que a mudança está chegando, elas precisam se sentir motivadas para se tornarem parte da mudança.

> Estamos tentando criar uma cultura de inovação. Não se trata necessariamente de inovar ou não, mas sim de como fazer com que a inovação seja inata para a organização, em vez de algo prescrito por nós. Trata-se de construir uma forma consistente de pensar em todo o negócio. É um equilíbrio entre organização, processo, cultura e equipe. Certamente, em nosso mercado, que é tão orientado por processos, vendas e operações, é realmente difícil para as pessoas entenderem como os aspectos mais suaves da cultura agregam valor ao negócio. É com isso que luto, e por isso que me esforço para que seja autêntico.

Então, quais organizações demonstram a autenticidade que Weston procura? Parece que ninguém no mundo empresarial fez o suficiente para ser digno de sua inveja. Mas há uma marca que se destaca no mar de inautenticidade: a revista *Thrasher*. Fundada em 1981 por Eric Swenson e Fausto Vitello, foi originalmente concebida como um canal para divulgar sua marca Independent, de *trucks* de skate. O primeiro editor da revista foi Kevin Thatcher, que fundou a revista de golfe punk *Schwing!*. Em 1993, Thatcher foi sucedido por Jake Phelps, que, desde essa época, editou a revista, garantindo que ela permanecesse fortemente antagônica e firmemente contracultural. De acordo com uma entrevista de 2016, Phelps definia seu trabalho como "impor as regras de uma subcultura degenerada" e levava o trabalho extremamente a sério.[101] Ele introduziu seções como "*Poser* do mês", "Skatistas mais odiados" e uma seção chamada "Galeria da carne" com fotografias horríveis de cicatrizes e feridas abertas. É justo dizer que a *Thrasher* não é o alvo mais óbvio de inveja corporativa de um negócio global de logística.

> A questão deles é que gigantes como a Nike e a Adidas se inseriram no espaço do skate. Vai se tornar um esporte olímpico a partir de 2020. Apesar de tudo isso, a *Thrasher* é a bíblia absoluta do skate e é completamente autêntica. É a antítese absoluta de qualquer coisa corporativa. Tenho tentado, sem sucesso, descobrir se existem outras marcas que correspondam a esse nível de autenticidade. Eles construíram uma comunidade e uma identidade em torno do skate que é parte do que a cultura é, e fizeram isso sem tentar ser algo que não são. Não sei como conseguiram. Eu acho que, em parte, é porque não tentaram e simplesmente não se importam com as pessoas que tentariam atrapalhar.

Os paralelos entre a *Thrasher* e a Yusen Logistics não são óbvios, mas estão lá. Ambos competem com rivais maiores e mais tradicionais, abençoados com bolsos mais cheios e orçamentos de marketing maiores. E, até certo ponto, ambas estão dispostas a subverter as convenções da sua categoria. Certamente, há algo de admirável em um negócio que está preparado para dizer "não", desde que tenha razões claras para fazer isso. Talvez seja por esse motivo que o conceito de propósito criou tantas banalidades e resultou em pouquíssimas mudanças organizacionais significativas.

> O propósito, agora, parece ser a coisa mais corporativa do mundo, e foi por isso que comecei a pensar na *Thrasher*. Não é porque quero que nossa empresa seja como a ela — eu realmente não quero! Isso seria terrível. Mas é por sugerir que é possível sobreviver sendo verdadeiramente autêntico. Acho que é uma questão de ter princípios claros. A *Thrasher* quer que o skate continue sendo contracultura. Acho que ser do contra pode ser bom. Tentar subverter normas e encontrar maneiras diferentes de fazer as coisas. Mas, no fundo, resume-se a querer fazer algo em que você realmente acredita.

O que isso significa para a Yusen Logistics? Seu programa de transformação é sustentado por três princípios organizacionais claros: conectar-se com os clientes, colocando a visão no centro do negócio; comprometer-se com os mais altos padrões de qualidade no serviço e na execução; e aplicar a criatividade para encontrar maneiras cada vez melhores de trabalhar. Este último princípio é o mais intrigante do ponto de vista da construção de uma empresa de logística contracultural.

> Estamos no tamanho certo, já que somos grandes o suficiente para fazer a mudança acontecer, mas pequenos o suficiente para nos preocuparmos com nossos clientes. Isso é ótimo. Podemos ser um pouco mais criativos e entregar algo diferente. Parece um pouco absurdo falar sobre uma empresa de logística criativa, mas é por isso que é interessante. É ridiculamente corajoso e ousado. Porque primeiro você precisa admitir abertamente onde se encaixa na escala e no esquema das coisas. Há uma mentalidade de que o sucesso é impulsionado pela cota de mercado e que a escala é o objetivo mais importante. É muito ousado dizer: "Temos um alvo completamente diferente, e isso nos levará aonde nos levar. É assim que vamos fazer, e pensamos que isso se adéqua a quem somos e, venha o que vier, é isso que vamos conseguir." Para uma empresa japonesa, esse é um momento fundamental e profundo de clareza e despertar. Não sei se muitas empresas têm estômago para isso.

Só o tempo dirá se a Yusen Logistics se tornará a *Thrasher* da logística. Certamente, a revista é um alvo de inveja muito mais instigante do que a Apple ou o McDonald's e um exemplo mais poderoso a ser seguido por uma organização em busca de uma forma autêntica de redefinir sua cultura e sua categoria. Em seu caminho para tornar a *Thrasher* um ícone do skate, Jake Phelps sobreviveu após ser esfaqueado, baleado, picado por uma aranha, atingido por um ônibus, por um carro, por uma van e até por um elevador. Ele demonstrou um compromisso irracional com sua causa, isso sem mencionar níveis sobre-humanos de resiliência e sacrifício. Espera-se que o caminho de Weston rumo à autenticidade envolva sacrifícios de natureza menos brutal.

TERRITÓRIO
COMPREENSÍVEL
E DEFENSÁVEL

—

Autenticidade é estar confiante o suficiente para evoluir.

22
Sua equipe opera como uma orquestra ou como uma banda de jazz improvisada?

Uma conversa com **Nick Morris**
Diretor de relações públicas e comunicação,
Europa, Oriente Médio e África
Dropbox

Quem não gostaria que o próprio negócio funcionasse mais como uma orquestra? Como as empresas, as orquestras precisam atrair, formar e reter talentos. Ambas devem agradar um público exigente. Ambas têm um líder cujo trabalho é motivar e organizar especialistas talentosos para executar uma visão da forma mais bela possível. O CEO/regente é um modelo absoluto de disciplina, equilíbrio e comando. É aí que entra George Szell. Amplamente considerado um dos mais talentosos e influentes maestros do século XX, foi também um dos mais problemáticos e tirânicos. Szell foi maestro e diretor musical da Orquestra de Cleveland de 1946 a 1970, que se tornou famosa pela (quase) perfeição sob sua liderança. Ele era conhecido por seus padrões implacáveis, pela intensidade de seus ensaios e por uma lendária intolerância à imperfeição.

Ele instruía as equipes de limpeza sobre como limpar o chão. Pedia um tipo específico de lápis para a biblioteca. Exigia milhões de dólares em melhorias acústicas na sua sala de orquestra. Insistia para que todos os membros da orquestra estivessem sempre de barba feita e cultivava padrões semelhantes neles. Depois de gravar uma interpretação aparentemente impecável da abertura de *Rei Estêvão*, de Beethoven, a primeira trombeta insistiu que tinha tocado uma nota errada, então, por uma questão de honra, embora não desse para ouvir o erro, a peça foi regravada sem falhas.

Há limites para a metáfora da orquestra. Ela encanta aqueles que veem o negócio como uma questão de desenvolvimento e execução da estratégia. Mas outros preferem ver o negócio como um esforço criativo, em que a capacidade de responder rapidamente a situações imprevisíveis — e de improvisar — é fundamental para o sucesso. Para organizações que competem em ambientes dinâmicos e caóticos, a banda de jazz representa uma analogia mais adequada: envolve um grupo de indivíduos diversos e talentosos, que trabalham em conjunto para criar respostas inovadoras em tempo real sem uma estratégia prescrita. É também um modelo mais perigoso para os negócios: devido à sua natureza experimental, o potencial de fracasso é muito maior.

TRANSFORMANDO ESPONTANEIDADE CONFUSA EM UMA VIRTUDE

A avaliação que George Szell faz da própria orquestra admite essa tensão entre perfeccionismo e espontaneidade: "Estamos habituados a uma maior arrumação na execução e não estaríamos dispostos a suportar algumas das performances espontâneas, brilhantes e, em última análise, confusas com as quais os maestros podiam se safar há quarenta ou cinquenta anos."[102] A genialidade do maestro é resolver a espontaneidade confusa, enquanto o músico do jazz faz disso uma virtude. Louis Armstrong possuía um brilho técnico e uma individualidade feroz em pé de igualdade com George Szell. Considerado como o primeiro grande improvisador solo, ele é um ícone do século XX, que simboliza a ideia de que a individualidade é a pedra angular da criatividade do jazz. Até os maestros e críticos clássicos o admiravam. Um deles descreveu sua habilidade de improvisação como "o mais alto alcance do virtuosismo instrumental, com a estrutura melódica mais disciplinada e a expressão emocional mais espontânea, tudo isso em apenas um homem, você precisa admitir que é muito raro".[103]

A diferença central entre a banda de jazz e a orquestra é que o jazz nasceu da liberdade de expressão, enquanto uma orquestra executa uma visão firme. O jazz respeita a maioria das regras da música, mas desafia o restante delas. O acadêmico e músico de jazz Frank J. Barrett estudou como as bandas de jazz improvisam de uma forma que equilibra a coerência com a criatividade.[104] Sua percepção é que a improvisação é aperfeiçoada pela prática. Os músicos de jazz constroem um repertório de trechos e padrões musicais por um processo de imitação, combinação, extensão e alteração da música de outros músicos — isso é conhecido como "*licks*" e "*crips*". Esse processo significa que cada nova geração de músicos de jazz se apoia no legado daqueles que vieram antes, dando nova vida ao gênero e lançando as bases para as gerações futuras tocarem ideias até então desconhecidas.

BUSCANDO O FRACASSO

Barrett identificou um conjunto de características que permitem às bandas de jazz inovar sem cair no caos. Em termos gerais, essas características dividem-se em três áreas:

Em primeiro lugar, as bandas de jazz e os músicos praticam a "competência provocativa", resistindo à tentação de cair nas notas e trechos consolidados no repertório da banda. Tocar os mesmos solos repetidamente é considerado trapaça e clichê em círculos de jazz. Para se protegerem contra isso, os músicos se colocam deliberadamente em situações musicais desconhecidas. John Coltrane tocava canções com notas difíceis. Miles Davis iniciava músicas que sua banda não tinha ensaiado. Em cada caso, o objetivo era quebrar hábitos e incentivar a tomada de risco.

Segundo, as bandas de jazz transformam erros em oportunidades. O jazz experimental envolve inevitavelmente cometer um erro ocasional, mas, em vez de ignorar uma nota obviamente errada, grandes bandas de jazz usam a nota como um trampolim criativo. A banda a repete. Amplifica. Amplia. Constrói com base nisso. Ela vê onde a nota errada a leva e, assim, marca o início de algo inteiramente novo.

A importância de aceitar o fracasso nos negócios está amplamente documentada, mas poucas organizações o fazem como uma banda de jazz. Algumas das nossas maiores e mais loucas inovações comerciais aconteceram graças à vontade de buscar — em vez de aceitar — o fracasso. Em 1968, um cientista da 3M chamado dr. Spencer Silver estava tentando criar um adesivo novo, mais forte e resistente. Em vez disso, descobriu um adesivo que se colava ligeiramente às superfícies, mas não se fixava. O adesivo não tinha nenhuma aplicação útil, mas dr. Silver foi persistente e insistiu que seu fracasso poderia ser desenvolvido até se tornar um produto comercialmente útil... mesmo que na época ele não tivesse ideia do porquê alguém iria querer usar uma cola que não cola. Enquanto isso, outro cientista da 3M chamado Art Fry estava ficando cada vez mais frustrado pelo fato de os marcadores de página continuarem caindo de sua Bíblia. Ele tinha ouvido falar da invenção do dr. Spencer Silver e decidiu tentar transformá-la em algo que funcionasse. A invenção se tornou a nota mais brilhante, famosa e onipresente do mundo: o post-it.

Em terceiro lugar, as bandas de jazz operam com uma estrutura mínima — mas não ausente — e confiam no diálogo contínuo entre os músicos. Trata-se de um processo participativo, democrático e evolutivo. O objetivo é conseguir uma sincronização dinâmica, ou seja, um *groove*. Ao contrário dos negócios, essa forma de colaboração é mais emocional do que racional. Para funcionarem bem, as bandas de jazz andam juntas. Ouvem e discutem os grandes nomes, compartilham histórias e perguntam sobre coisas que não entendem. Alcançam um nível de respeito e compreensão mútuos que lhes permite antecipar as ações e intenções de cada um. Os membros ficam confortáveis se revezando entre liderança e apoio. O aprendizado é uma experiência compartilhada.

Encontramos mais frequentemente esse tipo de cultura em empresas jovens e startups. As organizações de menor porte normalmente têm características mais semelhantes às das bandas de jazz, enquanto grupos maiores tendem a funcionar mais como orquestras, com maior ênfase na estrutura e no planejamento. As empresas com as quais trabalhamos e que estão passando pela transição de "grande pequena empresa" para "pequena grande empresa" normalmente lamentam a perda de sua cultura de fundação. Eles sentem falta do tempo em que toda a empresa cabia em torno de uma única mesa, da camaradagem e da viagem de negócios na estação de esqui, mas aceitam que disciplina, processo, estrutura e profissionalismo são necessários para crescer. A improvisação é uma qualidade necessária em uma pequena empresa, mas parece falta de profissionalismo nas grandes. A questão de um milhão de dólares é como alcançar o melhor dos dois mundos: encontrar um modelo de colaboração que equilibra o dinamismo e a criatividade de uma banda de jazz com a disciplina e a precisão de uma orquestra.

Dropbox
Formas de trabalho mais esclarecidas

Encontrar melhores modelos para colaboração faz parte do DNA da Dropbox. O negócio começou em 2007 como uma forma simples de gerenciar arquivos, mas rapidamente aprendeu que, uma vez que os arquivos tendem a ser compartilhados por grupos de pessoas, seu verdadeiro negócio é tornar o trabalho melhor para as pessoas. A missão da Dropbox é "projetar uma maneira mais esclarecida de trabalhar". Discutimos essa missão com Nick Morris, diretor de relações públicas e comunicações da Dropbox na Europa, Oriente Médio e África. Talvez surpreendentemente, a Dropbox não acredita que a tecnologia seja um milagre para a colaboração eficaz. A organização acha que muitas ferramentas de produtividade drenam a energia criativa. Morris expressa isso sem rodeios:

> **Nick Morris:** A tecnologia não é a resposta. A resposta é como as pessoas se comportam juntas. A tecnologia desempenha um papel importante, mas você não coloca a tecnologia em processos e culturas que não funcionam e espera que essa seja a solução. O que a tecnologia tem feito é dar voz a muito mais pessoas. São hierarquias reduzidas e organizações democratizadas. As melhores ideias não têm que vir do topo, e, como alguém que dirige uma equipe, felizmente não é minha responsabilidade ter todas as ideias! Embora tenhamos a missão de projetar uma maneira mais esclarecida de trabalhar, estamos fazendo perguntas para os outros e para nós mesmos, e não apenas fornecendo respostas.

O conceito de energia é fundamental para a visão que a Dropbox tem do mundo do trabalho. A colaboração eficaz é tanto sobre a gestão da energia quanto sobre a organização do conhecimento. A tecnologia devia nos libertar do trabalho árduo das tarefas sem sentido para que pudéssemos nos concentrar em um trabalho mais interessante, mas, sem querer, nos tornou mais estressados, mais ocupados e menos felizes. Estamos tendo cada vez mais dificuldade em nos desprender dos dispositivos que deveriam nos libertar, tanto dentro quanto fora do trabalho.

Grande parte do trabalho que Morris e seus colegas fazem para melhorar a maneira como colaboram está centrada em como se tornar consciente, gerir e melhorar essa energia. Ele acredita que as organizações existem em três estados: sólido, líquido e gasoso.

> O estado sólido tem estruturas rígidas e equipes rígidas. Essas equipes têm hierarquias, e os chefes dessas equipes se reportam a hierarquias mais altas e, em última instância, ao topo da organização. A ordem existe, mas é tão rígida que não permite ao negócio ser ágil, então, eu não acho que essa seja a resposta, e talvez isso esteja mais próximo da orquestra. O estado gasoso é exatamente isto: tudo flutua e as pessoas

fazem o que gostam de fazer, e essa também não é a resposta. O estado intermediário é o que eu acho interessante — foi descrito para mim como uma luminária de lava. As equipes ficam juntas durante algum tempo e depois podem dividir-se ou juntar-se a outras equipes. Isso significa que talvez eu possa emprestar minha experiência a diversos tipos de equipe e depois voltar ao que estava fazendo anteriormente.

Essa abordagem fluida do trabalho é mais próxima da forma de trabalhar do "jazz" e representa amplamente o estilo de trabalho da Dropbox. A equipe de Morris está espalhada por diferentes países e fusos horários. Quando você não consegue olhar para sua equipe do outro lado da mesa, é mais difícil estabelecer a confiança e alcançar a colaboração eficaz. Não há uma forma fácil de resolver isso. A Dropbox não pode resolver o problema com uma plataforma de tecnologia, porque a questão é mais do que tecnológica, trata-se da ligação entre as pessoas. Em vez disso, Morris e sua equipe empregam um conjunto evolutivo de ferramentas práticas para estabelecer relações, construir confiança e desenvolver melhores formas de trabalhar.

E tudo começa por saber com quem você está trabalhando. Isso pode parecer óbvio, mas com que frequência as equipes da maioria das organizações se reúnem e discutem como cada indivíduo gosta de trabalhar e, consequentemente, como podem trabalhar melhor em conjunto? A cultura atual de trabalho enfatiza a eficácia pessoal em detrimento da colaboração efetiva nas equipes; as avaliações são focadas em indivíduos, e os objetivos tendem a ser pessoais. A resposta de Morris vem na forma de um documento simples, um documento "trabalhe comigo".

No fim do período de dois anos em que minha equipe esteve unida, todos produzimos documentos "trabalhem comigo" e aprendemos algo novo sobre os outros, apesar de nos conhecermos muito bem. Havia diferentes seções no documento. Coisas que realmente importam para mim no trabalho: a confiança é muito importante para mim, ser capaz de rir. Situações que me fariam seguir em frente: em geral, eu preciso estar feliz. Outra seção que tínhamos era "Que coisas realmente o irritam?" E também uma sobre "Como eu quero me comunicar". É uma espécie de documento "Sobre mim" — se eu o apresentasse a você, isso o ajudaria a me entender. Agora o compartilho com outras pessoas com quem posso trabalhar e com as equipes da minha agência.

Tal qual uma banda de jazz, a reciprocidade de compreensão é fundamental; os documentos "trabalhe comigo" funcionam melhor quando são trocados, em vez de simplesmente distribuídos. Eles estabelecem regras básicas sobre como, quando e onde se comunicar (ou não), com base em uma compreensão mútua e compartilhada das preferências dos membros da equipe.

Esses documentos são um ótimo começo, mas precisam ser complementados por interações formais e informais de apoio. Estas últimas são particularmente importantes quando as equipes estão espalhadas por vários locais. Como muitas outras empresas de tecnologia, a Dropbox valoriza a interação cara a cara.

> As mudanças no nosso modo de trabalhar fazem com que nos encontremos menos, mas aqueles momentos em que nos esbarramos são muito importantes: são os momentos de conversa. Então você precisa criá-los. Nós acabamos de ter uma equipe remota. Minha equipe se fala duas, três, quatro vezes por semana, mas queríamos nos encontrar fisicamente. Tínhamos um documento com uma lista de tópicos sobre os quais poderíamos querer falar. Analisamos essa lista e dissemos: "Ok, quais são as coisas que tentaremos resolver hoje?" Foi diferente de nos sentarmos em uma sala com uma pauta, e isso nos levou a um envolvimento diferente uns com os outros.

Não se trata tanto de uma conferência, mas de uma "desconferência": em vez de itens de uma pauta estruturados de maneira convencional, pré-acordados e pré-preparados, a equipe entrou em acordo sobre o que era importante discutir, e deram a si mesmos um tempo definido para conversar. A colaboração não poderia ser mais "jazzística". Mas funciona. A Dropbox vê o trabalho esclarecido como uma jornada, e não um destino, uma jornada que sempre será feita. Por isso, investe na experimentação para encontrar novas e diferentes formas de as pessoas trabalharem melhor em conjunto. É como um investimento em pesquisa e desenvolvimento cultural interno.

> Acho que você precisa ter algum tipo de experimentação. Falamos sobre espaços seguros para praticar. Espaços seguros são incrivelmente importantes, porque, se você não experimenta, nada avança. Acho que acontece muito com empresas como a nossa. O Facebook fala sobre se mover rapidamente e acabar quebrando coisas no caminho. Bem, eu trabalhei para empresas que querem se mover rapidamente, mas sem quebrar nada, e *é* incrível como elas se movem devagar. Isso não é ágil. Não podemos ser imprudentes, mas devemos criar um ambiente para as pessoas sugerirem novas ideias.

Essa forma de experimentação cultural não se limita a documentos "trabalhe comigo" e "desconferências" remotas; a mesma energia é canalizada para assegurar que as interações de rotina diárias e semanais permaneçam saudáveis.

> Minha equipe tem uma reunião regular todas as segundas-feiras. Eu costumava escrever a pauta, era anfitrião e presidente, costumava fazer tudo. A contribuição das outras pessoas não era o que deveria ser, por isso agora nós temos uma reunião com presidência rotativa. Eu organizo cada quarta, quinta ou sexta reunião, e todos conseguem presidir também, e depois eles têm que montar a pauta. Faz uma grande diferença.

Os paralelos com uma banda de jazz são impressionantes. Os membros da equipe são incentivados a se revezar para liderar, experimentar e improvisar. Para que isso aconteça, os indivíduos em papéis de "não liderança" precisam aprender e praticar comportamentos de liderança.

> A responsabilidade de criar uma grande cultura não é apenas do chefe da empresa ou da equipe. As pessoas nas equipes não se esforçam o suficiente porque estão à espera de que outros o façam. Estão todos ocupados. Ninguém quer assumir toda a carga de trabalho.

Para Morris — o líder titular da equipe —, tão importante quanto trabalhar dessa forma é a necessidade de se sentir confortável para seguir, bem como aprender a ser um bom seguidor (ou apoiador). É menos provável que as pessoas cometam os pecados diários contra a produtividade que a maioria de nós já nem percebe mais: aparecer em reuniões sem estar preparado, não saber que papel devemos desempenhar, talvez nem mesmo saber sobre o que é o encontro. O resultado é mais do que um simples achatamento da hierarquia, é um conceito mais fluido de hierarquia e um conceito compartilhado de liderança, que se torna uma responsabilidade coletiva.

TERRITÓRIO
COMPREENSÍVEL
E DEFENSÁVEL

—

A liderança é uma atividade compartilhada: é importante fazer revezamentos.

23

Você está em uma festa e escuta alguém falando mal do marketing, dizendo que ele não passa de exploração. Como você se sente?

Uma conversa com **Fiona Hazell**
Diretora de comunicação, política e engajamento
Breast Cancer Now

Seth Godin é o comerciante dos comerciantes. Ele é autor de dezoito livros best-sellers e escreve um dos blogs mais influentes do mundo sobre marketing e liderança. Em 2018, entrou para o Hall da Fama do Marketing. Além de tudo, tem uma aparência peculiar e distinta, algo entre Telly Savalas e Woody Allen. É a face aceitável do marketing: franco e encantador.

Ele também acha que o marketing pode ser explorador.

Em um blog de 2009 chamado Is Marketing Evil? [O marketing é do mal?, em tradução livre], Godin aponta alguns exemplos bastante condenáveis do que acontece quando o marketing dá errado: persuadir as crianças a começarem a fumar, manipular o processo político, mentir abertamente, comercializar medicamentos patenteados como se fossem mais eficazes do que os medicamentos genéricos mais baratos e "inventar novas formas de tornar a obesidade aceitável para que se possa ganhar mais dinheiro".[105] Alguns exemplos da lista são bastante controversos, mas, sejamos francos, ele poderia ter escolhido muitos outros: *greenwashing*, apropriação cultural, lucrar com *fake news*, vender produtos financeiros de maneira errada. O ponto de Godin é que o marketing é uma ferramenta poderosa e, como tal, não é inerentemente boa ou má. A culpa é dos marqueteiros. Seu blog é um desafio para os profissionais de marketing contemplarem a ética de suas ações. Para ele, o marketing funciona para a sociedade quando as pessoas que o fazem e o público a quem se destina estão cientes do que está acontecendo e ambos estão satisfeitos com o resultado. E sua crença é que os bons marqueteiros triunfarão sobre os maus.

Por todas as razões listadas, entendemos por que as pessoas desconfiam dos marqueteiros, mas é difícil não sentir que sua influência foi extremamente exagerada. A visão popular dos marqueteiros como mestres manipuladores, armados com yottabytes de dados pessoais e exércitos de cientistas comportamentais é grosseiramente exagerada e possivelmente muito mais lisonjeira que a realidade. Há alguns maus marqueteiros por aí, mas isso acontece mais frequentemente porque são dogmáticos ou ineficazes e não por serem moralmente errados. A grande maioria dos marqueteiros que encontramos é bem-intencionada e inteligente. Mas eles também lutam com orçamentos apertados, conjuntos de dados incompletos, colegas que subestimam seu trabalho e agências que não entendem, interpretam mal ou deturpam suas intenções.

A IMPORTÂNCIA DA SERENDIPIDADE

Para serem eficazes, os marqueteiros precisam de um contexto favorável para trabalhar. Talvez seja por isso que o acaso parece desempenhar um papel proeminente na história da maioria dos golpes de negócios e marketing. O logotipo icônico da Nike não é o resultado de uma visão profunda da psique do atleta aspirante ou de testes rigorosos com o público-alvo. Ele foi projetado por um estudante de design gráfico, que recebeu 35 dólares inicialmente. Quando Phil Knight o viu pela primeira vez, sua resposta foi: "Não amei, mas esse amor vai crescer em mim." O sucesso da 3M se deve em grande parte a momentos de sorte corporativa: Scotchgard e Post-it foram o resultado de acidentes felizes. Quando a eclosão da Segunda Guerra Mundial impossibilitou que a Coca-Cola Company alemã importasse os ingredientes necessários para fazer o refrigerante, eles foram forçados a desenvolver um que pudesse ser feito com frutas disponíveis no local, e assim nasceu a Fanta.

Isso significa que os marqueteiros devem desviar seus investimentos em marketing para comprar patas de coelho? Óbvio que não. Há uma visão de que os marqueteiros podem, até certo ponto, criar a própria sorte. No livro *The Virgin Way: Everything I Know About Leadership* [*O jeito Virgin: tudo que sei sobre liderança*, em tradução livre], Richard Branson argumenta que as pessoas que atribuem o sucesso à "sorte" pertencem à "brigada dos que jogam de maneira segura por medo de falhar". Na mente dele, a sorte é algo em que se pode trabalhar para melhorar. Ele cita o jogador de golfe profissional Gary Player, que disse: "Quanto mais eu treino, mais sorte eu tenho." Ele também conta a história de sua luta para encontrar um distribuidor americano para o *Tubular Bells*, de Mike Oldfield, nos primeiros dias da Virgin Records. Ele estava cortejando o presidente da Atlantic Records, Ahmet Ertegun, que simplesmente "não entendia" como um álbum instrumental poderia ter sucesso no mercado norte-americano, apesar de sua popularidade na Europa. Então, um dia, quando Ertegun o ouvia em seu escritório, em uma provável tentativa de "entender", entrou William Friedkin, que instantaneamente se apaixonou pela música, a usou na abertura de *O exorcista* e introduziu o disco para um público global. Sorte? Não na opinião de Branson. Ele acredita que, se não tivesse incomodado tanto Ertegun, ele nunca teria insistido em tentar "entender" o álbum, que teria permanecido um fenômeno exclusivamente europeu.[106]

AÇÕES OUSADAS COLOCAM A VIRGIN À FRENTE

A moral da história é que, independentemente de ter ou não uma bússola moral forte, o que separa o sucesso do fracasso é uma determinação obstinada e uma vontade de tomar atitudes ousadas. É claro que essas qualidades podem ser aplicadas para fins nefastos, mas a crescente disponibilidade de dados tornou o marketing — e os negócios em geral — cada vez mais responsáveis pelo cumprimento de promessas. Isso significa que as promessas feitas pelos marqueteiros serão cada vez mais escrutinadas, bem como a extensão em que essas promessas são cumpridas. A marca Virgin, de Branson, evoluiu em antecipação a isso, as empresas do grupo se tornaram um coletivo liderado por um propósito, com um compromisso compartilhado de "mudar os negócios para sempre". Para demonstrar que "praticam o discurso", a marca abandonou o patrocínio da F1 em favor do *e-racing* e introduziu medidas de sustentabilidade como parte dos seus acordos de licenciamento de marcas.

O grupo Virgin provavelmente está um pouco acima da curva. Seth Godin está certo quando sugere que o marketing teve um importante papel a desempenhar na criação de uma sociedade com obesidade acentuada, desigualdade de gênero persistente, discriminação racial, *fake news*, acesso desigual às oportunidades e consumo insustentável. O contexto está mudando. Isso se deve, em parte, ao fato de as atitudes em relação ao consumo estarem gradualmente se tornando mais esclarecidas, embora essa seja outra área em que as pessoas têm tendência a superestimar dramaticamente o grau em que a sustentabilidade e a ética verdadeiramente afetam nossas decisões de consumo. Sejamos honestos, questões como o plástico no oceano só existem porque não conseguimos sequer nos preocupar em jogar resíduos plásticos em uma lixeira, muito menos em uma caixa de reciclagem. A mudança no contexto se dá principalmente porque os dados estão se tornando mais baratos e fáceis de coletar, armazenar, combinar e analisar. Os comerciantes estão mais bem informados sobre a sociedade, mas a maior transparência e responsabilidade que os dados criam significam que a sociedade também está mais bem informada sobre os comerciantes e seu trabalho.

Breast Cancer Now
Um grande problema requer uma marca arrojada

Em muitos sentidos, Fiona Hazell, diretora de comunicação, política e engajamento da Breast Cancer Now, é a marqueteira típica. Um interesse juvenil pelo jornalismo a levou a estudar para obter o que chama de um diploma "genérico", abrangendo mídia, relações públicas e comunicações. Ela foi contratada diretamente da universidade pela KPMG, onde descobriu o quão pouco as pessoas realmente entendiam sobre o papel do marketing nas organizações. Passou pela Camelot, trabalhou pela agência por um tempo e depois viajou para a Austrália, onde foi contratada para cobrir a licença-maternidade de uma gerente de relações públicas no The Cancer Council. E é aqui que sua história se afasta do caminho que a maioria dos profissionais de marketing escolhe seguir. Ela tinha sido mordida pelo bichinho da filantropia. No seu regresso ao Reino Unido, Hazell juntou-se à Breakthrough Breast Cancer como diretora de relações públicas, sendo promovida posteriormente à diretora de comunicações. Iniciou-se assim um processo de vinte anos tentando ajudar as pessoas a entender o valor que o marketing pode trazer para o setor filantrópico.

> **Fiona Hazell:** Eu tinha pouca compreensão real, ou consciência, do setor filantrópico do Reino Unido. Por isso, acho que fui bastante ingênua. Vim com uma visão comercial corporativa muito, muito irritante,

pela qual todos riram de mim. Delyth Morgan era diretora executiva e, como já tinha sido diretora de comunicações, realmente compreendeu a importância da comunicação e do marketing: sua função fundamental para gerar mudança.

A marca evoluiu significativamente desde que Hazell se juntou ao Breakthrough Breast Cancer, em 2002. Em muitos aspectos, o setor tem seguido uma trajetória oposta à das marcas corporativas. As marcas filantrópicas sempre foram repletas de significado, mas tradicionalmente carecem das ferramentas de marketing e do orçamento necessários para capturar os corações e as mentes do público. As marcas corporativas, por outro lado, têm sido abençoadas com muito poder de fogo de marketing, mas tradicionalmente não têm o "significado" ou "propósito" nas quais a caridade está assentada. Os dois mundos convergiram na última década, com as marcas corporativas se tornando mais "carregadas" de propósito, enquanto as marcas filantrópicas adotaram muitas das ferramentas "profissionais" usadas pelas equipes de marketing corporativo. Um cínico poderia sugerir que as marcas filantrópicas adaptaram ferramentas corporativas para manipular os consumidores a fim de alcançar objetivos muito mais nobres. Mas Fiona Hazell não é cínica. Em sua experiência, a profissionalização do setor resultou em maior eficiência e eficácia. O marketing tem tido um papel importante. E as instituições de caridade não deviam pedir desculpas por isso.

> Se há um conjunto de marcas que precisa ser comercializado profissionalmente — o que para mim significa ser claro, eficiente e convincente —, é o das marcas filantrópicas. Tornar-se o mais profissional possível com o marketing precisa ser uma coisa boa. Se o fizermos, estamos nos comunicando com as pessoas que querem ouvir sobre nós. Estamos fazendo isso de forma eficiente e da maneira mais envolvente possível para obter o resultado de que precisamos. Trata-se de fazer campanha pelo acesso aos medicamentos. Trata-se de aumentar a consciência de quem somos e o que fazemos, e o impacto do câncer de mama nas pes-

soas afetadas. Trata-se de angariar mais dinheiro para pesquisas vitais. Temos um dever porque somos uma instituição de caridade. As pessoas esperam que estejamos fazendo o bem. Temos o dever de comercializar uma questão, ou uma causa, se necessitar de comercialização. Temos igualmente o dever de prestar contas de como estamos gastando o dinheiro dos nossos apoiadores e por quê.

O principal desafio de comunicação para qualquer entidade filantrópica envolve estimular a mudança. Muitas vezes, a mudança pretendida é externa: influenciar benfeitores, formuladores de políticas, tomadores de decisões, influenciadores e o público em geral. Por vezes, é interna: criar uma cultura capaz de reunir um grupo diversificado de pessoas para resolver um problema social. Esse aspecto interno vem à tona quando duas organizações se fundem, como a Breakthrough Breast Cancer fez em 2015, quando se fundiu com outra instituição filantrópica voltada para o câncer de mama, a Breast Cancer Campaign. Uma fusão é uma situação complexa. Há um desafio cultural inevitável envolvido. Mas há também um enorme bônus em demonstrar que a entidade resultante da fusão pode se tornar um todo coerente que é maior do que a soma de suas partes.

O marketing desempenhou um papel central no desenvolvimento e articulação de uma visão e conjunto de valores únicos que os colegas de ambas as organizações poderiam apoiar. Foi assim que nasceu a Breast Cancer Now. Sua visão é a de que até 2050 todas as pessoas que desenvolverem câncer de mama sobreviverão — e viverão bem. Esse é um enorme desafio, dado que mais de 55 mil mulheres e cerca de 350 homens são diagnosticados com câncer de mama todos os anos no Reino Unido. Isso significa que a instituição tem pouco mais de três décadas para construir uma comunidade de pesquisadores, profissionais de saúde, pacientes, formuladores de políticas, ativistas e captadores de recursos para trabalharem juntos na prevenção do câncer de mama, para detectá-lo mais cedo e com mais precisão e para tornar seu tratamento tão completo e compassivo quanto for humanamente possível. O marketing é fundamental para que isso aconteça.

Quer se trate de campanhas, progresso de políticas ou o progresso que tem sido feito ao longo dos anos em pesquisa médica, isso tudo aconteceu de uma maneira ou outra com a ajuda do marketing. Quer isso esteja mudando a percepção dos formuladores de políticas ou, mais amplamente, do público em geral. Seja em campanha. Seja em influência. O bem social do marketing em termos de financiamento da pesquisa médica é enorme. Há também a comunicação do impacto que as instituições de caridade têm, que é nossa responsabilidade fazer. Mas o marketing nunca funciona de maneira isolada.

A Breast Cancer Now enfrenta alguns grandes desafios para alcançar sua visão, e também não será capaz de trabalhar isoladamente. Para ser bem-sucedida, a instituição terá que financiar a pesquisa para impedir o avanço do câncer de mama e motivar mudanças fundamentais na sociedade. Beber menos. Fazer mais exercícios. Fazer o autoexame regular dos seios. Melhorar o diálogo entre os doentes e os profissionais de saúde. Isso significa que o marketing não é uma forma de comunicação de mão única. Ouvir é uma parte fundamental do trabalho. Compreender a realidade emocional das pessoas que você está tentando ajudar e o setor em que você está trabalhando. Trata-se também de compreender o conjunto mais amplo de público em que uma instituição filantrópica confia para ter sucesso, as expectativas dele e como responder a essas expectativas da forma mais clara e confiante possível. Isso inclui certificar-se de que as necessidades dos benfeitores são levadas em consideração e que a instituição seja clara sobre como cada centavo que recebe é gasto.

O que fizemos sobre estratégia e marca, após a fusão em 2015, foi perguntar aos mais queridos e próximos de nós o que queriam do futuro. A liderança no setor filantrópico é diferente da liderança no setor comercial, porque as pessoas esperam que sejamos abertos e inclusivos. Isso se aplica a tudo o que fazemos, incluindo o marketing. Trata-se de tomar as decisões certas e ser mais responsáveis do que as organizações comerciais, porque somos totalmente financiados pelas pessoas. Não se trata de ter lucro. Nosso objetivo é a entrega de bens sociais. Somos apoiados por pessoas porque financiamos pesquisas que farão a diferença para as gerações futuras. As evidências são realmente cruciais. Não se trata apenas disso, mas trabalhamos com uma comunicação baseada em evidências. Isso soa verdadeiro em tudo o que fazemos.

Em termos de responsabilidade, as marcas filantrópicas enfrentam quase as mesmas pressões que as marcas corporativas. Ambas medem a eficácia da campanha e a necessidade de demonstrar o ROI (retorno sobre o investimento, na sigla em inglês) do marketing. Ambas acompanham a aplicação dos serviços após uma campanha. Ambas rastreiam suas fontes de receita e medidas mais amplas de marca, como a conscientização, percepção da marca e atitudes e comportamentos mais amplos. Mas as marcas filantrópicas têm vantagens sobre suas contrapartes comerciais. Elas podem ser mais abertas e generosas. A marca Breast Cancer Now foi desenvolvida para ser facilmente apropriada e utilizada por voluntários. É simples o suficiente para ser escrita em um cupcake. A tipografia é Helvetica. Ao contrário das organizações comerciais, que protegem zelosamente suas marcas e restringem seu uso e reprodução, a Breast Cancer Now criou uma marca "de código aberto" que pode ser usada e apropriada por todos. Por mais que as marcas comerciais e as filantrópicas enfrentem pressões semelhantes, existem diferenças fundamentais que significam que estas precisam jogar com as próprias regras.

> Você tem responsabilidades diferentes, obrigações diferentes. Uma das coisas que eu gostaria que fizéssemos mais no futuro é abrir a instituição ainda mais para capacitar as pessoas. Isso seria um verdadeiro definidor do sucesso da organização.

Instituições de caridade como a Breast Cancer Now precisam se comunicar em todas as direções. O marketing requer uma capacidade de compreender as motivações de públicos muito diferentes e saber responder adequadamente: saber quando ser empático; quando ser enfático; quando ser suave ou barulhento, amigável ou prosaico. As marcas filantrópicas, por conseguinte, precisam demonstrar uma enorme gama emocional, particularmente em áreas onde as pessoas estão perdendo suas vidas. O potencial para causar transtorno ou ofender é enorme, por isso não é surpreendente que muitos errem optando pela precaução. Mas não é assim que a Breast Cancer Now pretende alcançar sua visão.

> Acho que a ousadia da marca Breast Cancer Now incorpora a ousadia da organização, que é realmente fundamental para nosso sucesso. Ousadia no nosso pensamento científico. Ousadia na nossa campanha. Ousadia na forma como trabalhamos com os outros. Nossa ousadia em pensar de forma diferente sobre quem somos e como queremos trabalhar com as pessoas. Para mim, isso é uma constante e algo fundamental que eu espero que continue.

Fiona Hazell incorpora muitas das qualidades que mais admiramos nos marqueteiros. É comercial, mas não impiedosa. Fala em termos convincentes sobre os resultados, mas compreende que os aspectos intangíveis da experiência são igualmente importantes para o sucesso do trabalho. Ajudou a articular uma promessa vigorosa e ambiciosa, mas pretende ficar por perto e ser responsável pelo cumprimento dessa promessa. Criou um senso de urgência para agir, mas não vai usar isso como desculpa para cortar custos. E usa os dados como um trampolim criativo, em vez de uma camisa de força para a criatividade. Ao fazer isso, ajudou a criar uma marca ousada o suficiente para transformar vidas.

TERRITÓRIO
COMPREENSÍVEL
E DEFENSÁVEL

—

Os dados devem torná-lo ousado, e não maçante.

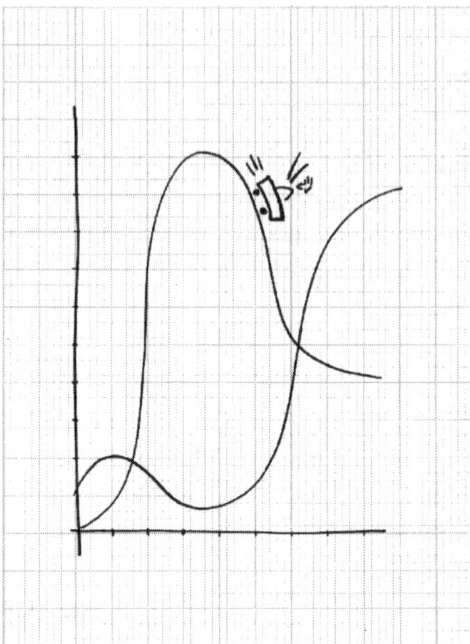

24

Qual é o menor detalhe que você consegue pensar que faz a maior diferença na forma como sua marca é percebida?

Uma conversa com **Mick Desmond**
Diretor comercial e de mídia
All England Lawn Tennis Club

Em fevereiro de 2018, vinte advogados dos Estados Unidos foram desafiados pela empresa de inteligência artificial LawGeex a vencer seu sistema de IA na identificação de brechas em cinco contratos-padrão de confidencialidade legal (em inglês, NDAs). Apesar de décadas de experiência na revisão desse tipo de contrato, a equipe de advogados foi atropelada pelo algoritmo, que atingiu uma taxa de precisão de 94 por cento em comparação com a média de 85 por cento dos advogados.[107] O estudo demonstra em termos claros como o crescimento exponencial do poder da computação significa que agora temos a capacidade de gerenciar grandes quantidades de detalhes para tomar decisões melhores. A Giorgio Armani é atribuída a observação de que, para criar algo verdadeiramente excepcional, sua mentalidade deve estar incansavelmente focada nos mínimos detalhes. Agora parece que *big data*, inteligência artificial, regressão múltipla e autoaprendizagem vão colocar o excepcional ao alcance da mão.

Mas há também uma longa tradição de divergência em relação a essa visão: a maioria das organizações não tem recursos (e desejo) de ficar obcecada com cada pequeno detalhe. Como Thoreau observou: "Nossa vida é desperdiçada pelos detalhes... Simplifique, simplifique." Nem todos os detalhes são criados iguais, portanto, quanto mais detalhes computarmos em nossa tomada de decisão, mais risco corremos de nos distrair por trivialidades irrelevantes. Em resposta, surgiu uma escola de pensamento alternativa, um grupo do "rápido e 'como der'", que promove a sabedoria das heurísticas ou das regras de ouro. Esse grupo está mais propenso a defender o "evoluindo rápido e quebrando coisas" do que a busca pelo que é verdadeiramente excepcional.

O OBJETIVO É SATISFAZER

Em vez de tomar decisões ótimas, o objetivo é satisfazer — uma mistura de satisfação e suficiência —, alcançando o melhor resultado possível com tempo, conhecimento e capacidade intelectual limitados. A ideia é tomar decisões o mais rapidamente possível, utilizando o menor número possível de dados (e os mais relevantes). Na visão que Giorgio Armani tem do mundo, cada detalhe tem um impacto potencial no resultado e deve ser incansavelmente focado, enquanto, na visão de Henry David Thoreau, a maioria dos detalhes é descartada como ruído de fundo.

Em um artigo de 1996 intitulado "Reasoning the Fast and Frugal Way" ["O raciocínio rápido e econômico", em tradução livre], os psicólogos Gerd Gigerenzer e Daniel G. Goldstein compararam o desempenho de um algoritmo de satisfação Take the Best com cinco algoritmos que integram toda a informação disponível para tomar decisões.[108] Por meio de simulação computacional, foram fornecidos pares de cidades alemãs para que os algoritmos determinassem qual cidade tinha a maior população, com base em informações variáveis. Para a surpresa dos autores, o Take the Best superou todos os algoritmos concorrentes, mais especificamente, produziu resultados tão precisos quanto os dos outros algoritmos e com mais rapidez. Isso porque, quando o conhecimento é imperfeito ou incompleto, obtemos melhores resultados ao nos concentramos nos detalhes que mais importam, em vez de tentarmos considerar todas as informações disponíveis. Seja um ser humano ou um algoritmo que está tomando a decisão, o truque é saber quais detalhes ignorar e quais considerar.

ENTÃO, COMO DECIDIMOS EM QUAIS DETALHES DEVEMOS NOS CONCENTRAR?

Um experimento de 2012 conduzido por pesquisadores da Columbia Business School sugere que a resposta está tanto no que sentimos quanto no que sabemos. No experimento, os participantes foram divididos em dois grupos. O primeiro foi manipulado para confiar menos nos próprios sentimentos, descrevendo uma série de situações em que tinham confiado nas suas emoções, mas o resultado foi negativo. Por outro lado, o segundo grupo foi manipulado para confiar mais nos próprios sentimentos, descrevendo uma série de situações em que isso foi a coisa certa a se fazer. Ambos os grupos foram então convidados a prever os resultados de eventos diferentes, desde o clima até indicações políticas, de bilheteiras de filmes até o resultado do *American Idol*. Em todos os casos, o grupo com maior confiança no próprio julgamento superou significativamente o grupo que fora levado a não confiar nas próprias emoções ao fazer as previsões.[109]

Os pesquisadores chamam esse fenômeno de "efeito do oráculo emocional" e argumentam que ele ocorre porque as pessoas que confiam em seus sentimentos são mais capazes de se sintonizar com os sentimentos coletivos da população em geral e, consequentemente, estão mais bem equipadas para prever resultados que dependem do comportamento agregado da população. Em outras palavras, se você quiser prever em quais detalhes é melhor se concentrar, então deve considerar o que parece certo, em vez de se concentrar apenas no que os dados lhe dizem. Isso apresenta um desafio potencialmente interessante para os proponentes da inteligência artificial, pois sugere que a inteligência emocional artificial também é necessária para tomar decisões verdadeiramente importantes.

O efeito do oráculo emocional é particularmente relevante quando se considera quais detalhes são mais importantes para a forma como as pessoas experimentam uma marca ou um negócio. Nem sempre se pode medir o que importa. Marcas e negócios dependem de qualidades intangíveis, como inteligência, empatia e criatividade, que não podem ser facilmente quantificadas. Possivelmente o exemplo mais rock'n'roll de uma atenção equivocada aos detalhes é o contrato de performance padrão do Van Halen, que estipula que a banda deve receber nos bastidores uma tigela de M&Ms da qual tenham sido retirados todos os confeitos marrons. Duvidamos que exista um modelo de regressão que demonstre uma forte relação entre a cor dos doces e o sucesso de um show de rock. No entanto, esse detalhe foi de vital importância para a banda, não como um determinante direto do sucesso, mas como sinal de que as exigências técnicas estipuladas no contrato haviam sido rigorosamente cumpridas. Como o vocalista David Lee Roth explicou em sua autobiografia: "Se eu estivesse andando nos bastidores, e visse um M&M marrom naquela tigela... Era uma garantia de algum erro técnico. Eles não leram o contrato. Certamente haveria algum problema. Às vezes, um problema que ameaçaria destruir todo o espetáculo. Tipo, algo realmente perigoso."

Só porque um detalhe é pequeno não significa que não seja importante. E, só porque não se pode quantificar sua relevância, não significa que deva ser ignorado. Não há uma resposta fácil para saber em quais detalhes você deve se concentrar. É uma habilidade que deve ser aperfeiçoada ao longo do tempo. E poucas organizações têm tanta prática em obter detalhes como o All England Lawn Tennis Club (AELTC), responsável pela realização do Torneio de Wimbledon — a competição de tênis mais antiga e prestigiada do mundo.

Torneio de Wimbledon
Desenvolvendo uma boa noção dos detalhes

Fundado em 1868, o clube sediou seu primeiro torneio de tênis de grama em 1877. As condições eram frugais, para dizer o mínimo: duzentos espectadores participaram da final, cerca de trinta deles estavam sentados em um estande temporário de três níveis erguido para a ocasião. Os tempos mudaram. Ao longo dos últimos 150 anos (aproximadamente), os torneios se tornaram um sinônimo de perfeição nos detalhes. Os campos de grama de Wimbledon são replantados todos os anos e cortados precisamente à altura ideal de jogo, oito milímetros, cerca de um mês antes do início dos torneios, e cortados novamente a essa altura em todas as manhãs da quinzena. O pó solto e a grama levantada pelos pés dos jogadores são aspirados. Um par de falcões de Harris patrulham os céus acima das quadras das cinco às nove horas da manhã para manter os pombos afastados. Os visitantes do torneio podem esperar ser igualmente bem tratados. Os morangos são colhidos em uma fazenda em Kent às quatro da manhã e transportados para o clube às onze para serem limpos e inspecionados. O tamanho ideal de um morango de Wimbledon é entre 25 e 45 milímetros, para que as pessoas possam desfrutar deles com creme sem a necessidade de cortá-los. Cada detalhe foi concebido para transmitir a impressão desejada de um jogo de tênis em um jardim inglês.

Muitas mãos fazem da marca Wimbledon o que ela é, mas o homem responsável pela integridade contínua do torneio é Mick Desmond, o diretor comercial e de mídia do AELTC. A parte principal do seu trabalho é equilibrar a preservação da atemporalidade e da integridade de Wimbledon com as pressões comerciais envolvidas na realização de um dos maiores e mais prestigiados eventos desportivos do mundo. Sua tarefa é delicada.

Mick Desmond: Penso que a melhor forma de proteger a herança e a história da marca Wimbledon é prepará-la para o futuro. Se você não fizer alterações na maneira como apresenta sua marca, acaba murchando com o tempo. Você pode ser uma empresa muito antiga em termos de idade, mas ainda tem um toque moderno. Há muitas outras empresas com as quais podemos nos comparar. A Burberry é um grande exemplo de marca com herança e tradição de longa data que mudou profundamente sua personalidade. Provavelmente a maior mudança para a Burberry foi na maneira como eles alteraram a experiência digital em suas lojas físicas.

A Burberry parece uma comparação adequada, as duas marcas são vintage. Thomas Burberry abriu sua primeira loja em Basingstoke em 1856 e inventou a gabardina dois anos após o primeiro Torneio de Wimbledon. E ambas as marcas atraem admiradores por sua introdução perfeita da tecnologia digital na experiência física. Quando Desmond chegou, em 2010, a organização estava atrasada em termos digitais. Talvez inesperadamente para um diretor comercial, sua resposta foi evitar a tentação de oferecer um retorno de curto prazo e se concentrar em construir uma visão de longo prazo para transformar os torneios em uma experiência on-line imersiva e visual que refletisse a qualidade da experiência física e de transmissão. Essa abordagem de longo prazo para a tomada de decisões é uma das vantagens de trabalhar para uma marca com tal longevidade, quando a marca existe há quase um século e meio, grande parte do seu trabalho envolve garantir que ela vai sobreviver no mínimo pelo mesmo período. A estrutura do clube também incentiva a adoção de uma visão de longo prazo. O conselho de administração do AELTC é efetivamente composto por um comitê não remunerado, escolhido pelos membros. Sua primeira responsabilidade é agir no interesse de longo prazo do clube, o que, muitas vezes, significa resistir à tentação de aproveitar as oportunidades comerciais de curto prazo que podem, com o tempo, corroer a integridade da marca. Consequentemente, ela está em constante mudança, mas muitas vezes de formas sutis e quase subliminares.

> Se você vai fazer alguma coisa, faça de forma positiva, que seja duradoura e funcional. Não estou dizendo para ser extravagante e pagar a mais, nós não fazemos isso. Há uma enorme atenção aos detalhes quando se fala em planejamento antecipado e gastos não excessivos nos orçamentos. Mas, se você vai fazer alguma coisa, faça como deve ser. Temos uma frase aqui: "Wimbledon está sempre mudando, sempre o mesmo." Você quer que um fã, que talvez não tenha vindo aqui nos últimos dez anos, passe pelos portões e sinta que é fantástico estar de volta a Wimbledon. Que tenha a sensação de assistir a uma partida de tênis em um jardim inglês. E, depois, ao longo do dia, note gradualmente o que mudou.

Em 2016, o AELTC desenvolveu uma campanha para chamar a atenção para todos os detalhes que tornam o torneio tão especial, desde o tamanho dos seus morangos e o modo como a grama é cultivada até o intenso processo de treino e seleção das meninas e dos rapazes. A campanha também introduziu um grito de guerra para a organização — "In Pursuit of Greatness" ["Em busca da excelência", em tradução livre] — projetado para explicar por que pequenos detalhes podem fazer uma grande diferença na experiência.

> Não podemos determinar quais serão os resultados nem o desempenho dos jogadores. Tudo o que podemos fazer é definir o melhor cenário possível, e acho que, quanto melhor definirmos o cenário, maior será a determinação dos jogadores. Todos falam de Wimbledon como a casa do tênis, então devemos continuar trabalhando para que o torneio seja especial. A surpresa faz parte da marca. Assim como a herança e a tradição. Mas é a surpresa que nos mantém jovens.

Vale a pena salientar que, para as pessoas no AELTC e seus parceiros, a "busca" é tão importante quanto a "excelência". Desmond e seus colegas entendem que eles nunca irão conseguir alcançar a perfeição, mas o foco é se esforçar continuamente para elevar o nível e chegar o mais perto possível dela. A busca pela excelência é mais do que estabelecer um *ethos* ou uma cultura de melhoria contínua; existem processos e procedimentos que consagram isso na forma como a organização faz seu negócio diariamente. E no centro da busca pela excelência está uma das ferramentas mais simples, porém mais poderosas para a melhoria que já encontramos: uma lista.

> Como elevamos o nível? Há uma lista que envolve todos os departamentos e todos os membros da comissão. Todos os anos, durante cerca de cinco minutos, nos parabenizamos pelo grande campeonato. Então, descansamos durante uma semana ou duas e depois partimos para o próximo. Os membros e os stakeholders são entrevistados. Há uma pesquisa formal com nossos parceiros de transmissão e nossos fornecedores oficiais. E, a partir daí, tentamos identificar onde melhorar. Os itens inscritos na lista variam desde mudanças estratégicas significativas até um portão no estacionamento quatro que não funciona corretamente. Os diretores levam uma semana para discutir cada item da lista. E então concordamos sobre o que vamos fazer para o próximo ano em termos de prioridades de construção, TI e outras mudanças estratégicas.

Todos os que trabalham no AELTC têm a lista e sabem o que está nela. Todos sabem quais melhorias devem ser obtidas. E todos os detalhes são tratados, desde o conserto de dobradiças e portões de estacionamento até o posicionamento das câmeras para as mais belas paisagens de Londres. Isso não é considerado distração. É parte da marca. Os projetos de infraestrutura de maior dimensão presentes na lista são classificados no "Plano diretor de Wimbledon", que normalmente abrange vários anos. A intenção da lista não é apenas conduzir mudanças internas, é também uma forma de garantir que o torneio proporcione um retorno maior para os parceiros a cada ano.

> Cada centavo investido no torneio pelos nossos parceiros vai em duas direções. Uma parte vai para a melhoria do tênis britânico, uma vez que damos um excedente à LTA, a associação britânica de tênis de grama, que supervisiona a participação e o atletas de alto desempenho no Reino Unido. O restante fica retido pelo clube e é investido nos campeonatos

para torná-los ainda mais especiais. A intenção é continuar elevando o nível a cada ano, e isso se torna uma boa história para contarmos a todos os parceiros. Eles podem ver que a cada ano nos esforçamos para tornar a marca maior, melhor e mais global.

Uma das diferenças mais marcantes entre Wimbledon e muitos outros eventos esportivos é o quão sutil e perfeitamente as marcas parceiras parecem se encaixar na experiência. Não fica parecendo que estão gritando ou lutando pela atenção do público. Esse é o resultado deliberado de uma abordagem que evita a parceria apenas pelo nome em favor de um pequeno número de parceiros que trabalham harmoniosamente com a marca e as histórias que ela conta. Aqui, os detalhes também importam. No fim da nossa conversa com Desmond, fizemos pressão para que nos dissesse quais dos detalhes discutidos fazem a maior diferença para a marca. A resposta dele é que o detalhe mais importante é a própria lista:

> Ter uma lista parece uma coisa pequena, mas ela guia o Wimbledon. É o que nos impede de nos tornarmos complacentes, porque vai haver sempre uma lista de coisas que podemos melhorar.

O planejamento estratégico na maioria das organizações é frequentemente tão focado em objetivos grandes e audaciosos que muitos de nós nos esquecemos de considerar as pequenas melhorias que poderiam tornar o local em que trabalhamos infinitamente mais agradável e produtivo. E, na agitação da vida profissional diária, é muito fácil esquecer esses detalhes, ou deixá-los ficar no fim da lista de prioridades. Complementar seu plano diretor com uma lista de detalhes para melhorar parece ser uma maneira eminentemente sensata de começar a busca pela excelência de sua organização.

TERRITÓRIO COMPREENSÍVEL E DEFENSÁVEL

—

Às vezes a melhor estratégia é ter uma visão e uma lista.

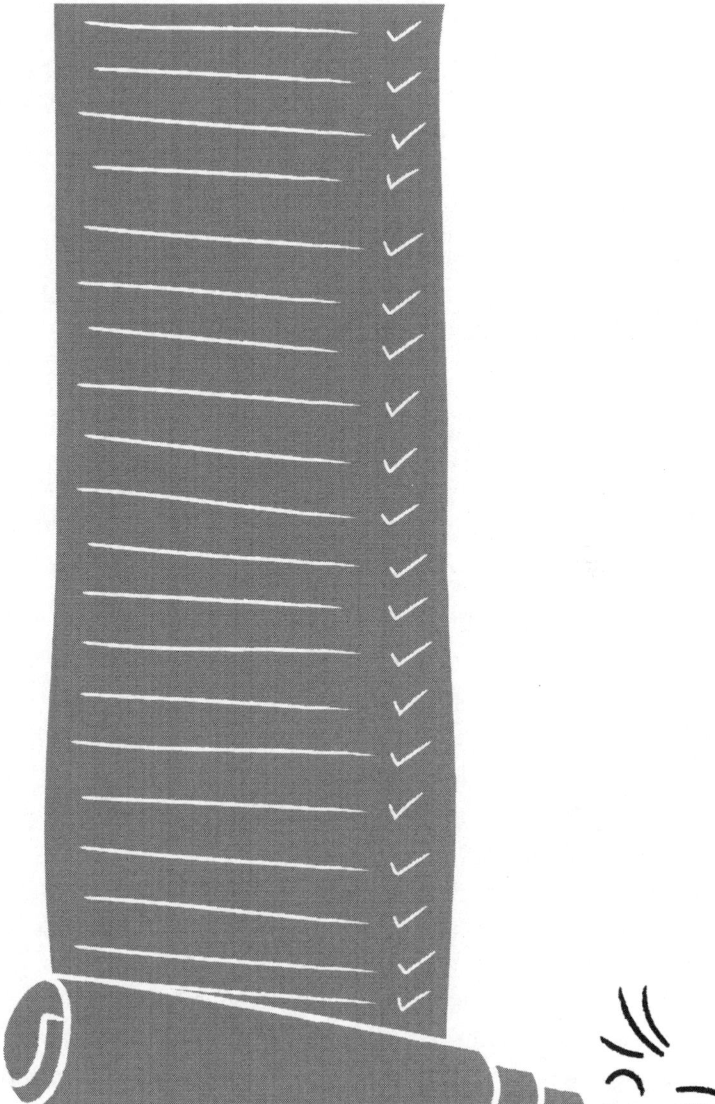

25
Você se diverte o suficiente no trabalho?

The Clearing

Seu escritório tem um espaço de descanso? Um salão de jogos? As pessoas com quem você trabalha se encontram em cabines temáticas ou descem pelos andares em escorregadores e postes de bombeiros? Se a resposta for sim, então são grandes as chances de você trabalhar para o Google em Zurique. Você pode até se referir a si mesmo como um "Zoogler". O Google não está sozinho quando se trata de levar a diversão a sério. A Zappos, varejista on-line de calçados, emprega uma equipe de *fungineers* ("engenheiros divertidos", em tradução livre) para criar intervenções malucas que dão vida a seus valores fundamentais: "Criar diversão e um pouco de estranheza." Estes incluem um botão no salão temático de Las Vegas com uma placa que diz: "Nunca pressione este botão." E, quando o botão é pressionado, ele ativa luzes e música e inicia uma festa instantânea. Os *fungineers* da Zappos também foram pioneiros em eventos internos como as "Quintas de botas e shorts" e "Terças de tutu". Vamos deixar o resto para sua imaginação.

A diversão se tornou um negócio sério, atraindo a atenção de acadêmicos renomados. Um deles é sir Cary Cooper, com o título de comendador (CBE), professor de saúde e psicologia organizacional na Universidade de Manchester e diretor fundador da consultoria de bem-estar ocupacional Robertson Cooper. Em 2016, ele fez uma pesquisa no Reino Unido sobre o que significa "diversão" no contexto do trabalho, listando as cinco atividades principais:

- Sexta-feira casual.
- Festas no escritório e noites de confraternização fora do trabalho.
- Mesa de bilhar.
- Animais de estimação no escritório.
- Dias de bem-estar e massagem.

OS BENEFÍCIOS DE SE DIVERTIR

De acordo com o estudo, os funcionários que participaram dessas atividades divertidas nos últimos seis meses estão mais motivados a trabalhar duro e ser produtivos e criativos, além de se sentirem mais valorizados e comprometidos com suas organizações. É preocupante que a pesquisa tenha encontrado uma desigualdade substancial em termos de diversão no trabalho. As pessoas que ganham menos de quinze mil libras têm metade da probabilidade de se envolverem em atividades lúdicas no trabalho do que os grupos com renda mais elevada, deixando-as menos inspiradas ou empolgadas no trabalho e mais suscetíveis a considerar que bater o ponto para ir embora é o aspecto mais divertido do seu dia de trabalho. A conclusão do relatório de sir Cary é que tais atividades são relativamente baratas, mas podem trazer benefícios significativos para o bem-estar dos funcionários e o desempenho organizacional. A diversão, ao que parece, tem um ROI elevado.

Nem todos abraçam o culto à felicidade. Críticos como André Spicer afirmam que a diversão no local de trabalho tem uma longa história: a noção de que um funcionário feliz trabalha bem existe desde os anos

1930, e desde então décadas de pesquisa não conseguiram estabelecer qualquer relação conclusiva entre a satisfação no local de trabalho e o sucesso organizacional. As conclusões de sir Cary baseiam-se em dados autodeclarados e não na análise objetiva do desempenho empresarial, por isso devemos ser cautelosos com elas.[110,111] Parece razoável sugerir que um local de trabalho feliz provavelmente fará com que o trabalho valha mais a pena, mas parece questionável se as sextas-feiras casuais e as mesas de bilhar são mais eficazes do que, por exemplo, dar às pessoas tarefas significativas para realizar e colegas decentes.

Somos a favor de um meio-termo. Discutimos anteriormente o papel da emoção negativa no trabalho. Criar uma cultura de diversão forçada vai na contramão da noção de que uma organização deve ser emocionalmente inteligente e, assim, capaz de lidar com situações que deixam as pessoas tristes, ansiosas, paranoicas ou temerosas. Isso não quer dizer que não vale a pena promover a felicidade no local de trabalho — claro que vale —, mas os pufes, a grama sintética e as sextas-feiras casuais não tornam as organizações mais criativas, as tornam mais clichês. As sextas-feiras casuais não são um indicativo de uma organização legal e permissiva, apenas destacam que, durante quatro dias por semana, as pessoas precisam estar em conformidade com um código de vestuário que não é necessário para que a empresa funcione efetivamente.

APRENDENDO A SER FELIZ

Então, onde está a verdadeira felicidade organizacional? Paul Dolan dedicou a carreira ao estudo da felicidade. Ele é professor de ciência comportamental na Escola de Economia e Ciência Política de Londres e usa uma combinação de estudos laboratoriais, *big data* e experimentos de campo para medir a felicidade.[112] Nós o conhecemos por um artigo de pesquisa escrito em coautoria com Mathew P. White, da Universidade de Plymouth, e publicado em 2009. Chama-se "Accounting for the Richness of Daily Activities" ["Sobre a riqueza das atividades diárias", em tradução livre] e introduz uma nova forma de pensar a felicidade, não apenas como resultado do sentir, mas como resultado do pensar.

A ideia é que qualquer atividade que realizamos — inclusive o trabalho — pode ser considerada sob duas perspectivas. A primeira diz respeito ao que sentimos sobre a atividade: ela é inerentemente prazerosa? A segunda, à forma como pensamos a atividade: ela contribui para um objetivo significativo? Os autores traçaram atividades diárias com base em dois eixos — um relativo ao "prazer" que sentimos com a atividade, e outro relativo à "recompensa" que pensamos extrair dela. Algumas atividades, como o trajeto diário até o trabalho, não são consideradas nem prazerosas nem recompensadoras. Algumas proporcionam prazer e recompensa, como socialização, exercício, culinária, tempo com as crianças e meditação. Outras são prazerosas, mas não recompensadoras, como relaxar e ver televisão. E depois há o trabalho, que é gratificante, mas menos prazeroso, entre eles o trabalho doméstico e, talvez surpreendentemente, o sexo.

Os autores concluem que o trabalho nos faz felizes na medida em que satisfaz e se alinha a um objetivo pessoal. A maioria de nós não vai trabalhar para fazer bagunça, estamos motivados a realizar um trabalho que consideramos significativo. Quando separado do seu significado, ele começa a parecer inútil e nossa motivação diminui. A felicidade consiste em encontrar um equilíbrio entre atividades "prazerosas", que parecem divertidas, e atividades "com propósito", que criam uma sensação de recompensa em prol de um objetivo. Esse equilíbrio varia dependendo da pessoa e da ocasião. Nós podemos ser o que Dolan descreve como uma "máquina do prazer" no fim de semana e nos transformarmos em um "monstro do propósito" no momento em que começamos a trabalhar na segunda-feira de manhã.

Então, como podemos aprender a ser felizes? Equilibrando prazer e propósito nas nossas vidas. No contexto do trabalho, isso significa que existem duas formas de tornar as pessoas mais felizes. A primeira é aceitar que o trabalho é dotado de propósito, mas menos prazeroso e, consequentemente, equilibrar isso com atividades prazerosas, como passar tempo com os filhos, se exercitar, socializar ou assistir TV: basicamente trabalhar menos e se divertir mais. A segunda maneira é tornar o trabalho mais prazeroso. E isso não está relacionado aos pufes, mesas de bilhar ou pingue-pongue. São apenas distrações do trabalho. Trata-se de encontrar formas melhores e mais prazerosas de trabalhar.

The Clearing
Diversão, fama e recompensa financeira

Sir Cary Cooper não aprovaria a The Clearing. Temos noites de confraternização fora do escritório, mas não dias de massagem. Não nos vestimos de maneira casual às sextas-feiras porque esperamos que as pessoas possam se vestir como adultas todos os dias. E, por mais que gostemos de cães, não empregamos nenhum em tempo integral. Às vezes as horas são brutais. O pagamento não é extravagante. Mas, mesmo assim, é tremendamente divertido.

Começamos o negócio porque descobrimos que fazemos nosso melhor trabalho quando estamos todos envolvidos em cada fase — gestores de clientes, roteiristas, designers e consultores. Em comparação com a maioria das empresas de consultoria, é uma forma desesperadamente ineficiente de trabalhar. Já tínhamos trabalhado em grandes consultorias que adotaram uma abordagem de linha de produção: os estrategistas entregavam o trabalho a roteiristas, que depois o entregavam a designers, e os gestores garantiam que cada entrega fosse perfeita o suficiente para que o cliente mal percebesse a mudança de equipe. Operamos um modelo muito menos fluido ou eficiente. Não há um fluxo de trabalho, porque todas as equipes estão envolvidas em todas as fases. Isso significa que nossa forma de trabalhar é menos estruturada e que colocamos menos ênfase nos parâmetros nos quais a maioria das empresas se baseia. Não há folhas de ponto. Não nos preocupamos com a rentabilidade dos projetos, nem estabelecemos metas para a porcentagem do tempo que cobramos dos clientes. No entanto, nosso negócio é estável, rentável e está em crescimento.

EM BUSCA DA QUALIDADE

A razão para isso é que somos movidos pela crença antiga de que a qualidade do nosso trabalho é mais importante do que tudo. E, como não há uma forma objetiva de medir a qualidade, então medir como gastamos nosso tempo seria contraproducente: não só pelo fato de nos distrair do foco na qualidade do trabalho, mas também porque as folhas de ponto são incrivelmente tediosas de preencher e analisar. Então, não nos preocupamos com isso. Nós nos preocupamos, acima de tudo, com a qualidade do trabalho e com a forma como a medimos, que se resume a três perguntas simples: satisfaz as necessidades de um cliente de uma forma que ele próprio não poderia ter resolvido? Todos nos sentimos orgulhosos do trabalho que produzimos? E o cliente também se sente orgulhoso? Isso funciona para nós e para nossos clientes.

Além da qualidade, temos três amplas medidas de sucesso que aplicamos a qualquer atividade com a qual estejamos prestes a nos comprometer:

- É divertido?
- Vai nos tornar famosos?
- É financeiramente gratificante?

Qualquer coisa que atenda a dois dos três itens vale a pena fazer. Caso contrário, vamos embora. Não trabalhamos em projetos só por dinheiro, porque é uma ótima maneira de perder pessoas talentosas. Também não trabalhamos em projetos só porque são divertidos — são projetos de vaidade que desviam recursos de atividades mais valiosas. Quanto mais nos apegamos a esses princípios, mais nos vemos trabalhando com pessoas da mesma opinião e mais agradável se torna o trabalho para nós e nossos clientes. A diversão deve funcionar nos dois sentidos e, desde o início, dizemos aos nossos clientes que as reuniões com a gente devem ser o ponto alto da semana. O trabalho que fazemos — ajudar as empresas a articular uma promessa clara e depois criar marcas que cumpram essa promessa — é tão divertido quanto o trabalho.

ESTILO E ESSÊNCIA

Simon Sinek encorajou o mundo a "começar com o porquê", para encontrar o propósito, causa ou crença que move cada um de nós.[113] Embora não estejamos tão apaixonados pelo culto dos propósitos como outras pessoas que conhecemos, achamos que é justo que as organizações entendam por que fazem o que fazem. Nós não nos importamos se você chama isso de propósito, promessa, visão ou missão, o que importa é se as pessoas estão bem e motivadas para começarem a trabalhar. Mas, o que muitas vezes fica de fora é a importância do "como". Você poderia ter um propósito nobre, mas buscá-lo torna a vida difícil ou desagradável. Para nós, o estilo com que você trabalha importa tanto quanto a essência do trabalho em si.

Os negócios e marcas que as pessoas mais admiram não são aqueles com propósitos mais nobres, mas aqueles que atingem seus objetivos de maneira convincente. As pessoas não estão obcecadas com a Southwest Airlines por seu propósito de marca. A maioria das pessoas que voa com eles não seria capaz de dizer qual é o propósito da empresa. Mas diriam que os funcionários são incrivelmente calorosos e acolhedores. Apesar de todo o amor e atenção que a Apple recebe, até mesmo os profissionais da indústria têm dificuldade de lembrar qual é o propósito dela — alguns afirmam que é "tornar a tecnologia acessível", outros que é "empoderar a experimentação criativa e a autoexpressão" ou criar "um abalo no universo". Nós procuramos por todo o site da Apple, mas todas as menções a um propósito, uma visão ou missão são decididamente evasivas. Essa é uma das empresas mais valiosas e admiradas do mundo. Ninguém faz ideia de qual é seu objetivo. Mas o estilo dela é inconfundível.

Você não precisa trabalhar na Apple ou na Southwest Airlines ou em uma consultoria de marca para que seu trabalho seja prazeroso. Trabalhamos com organizações de todas as formas e tamanhos e vimos surgir culturas de trabalho brilhantes nos mais improváveis lugares. Não há nenhuma decisão a tomar quando se trata de propósito e prazer. O trabalho de Paul Dolan demonstra que ambos são possíveis de alcançar simultaneamente.

Pensamos que grandes organizações têm a capacidade de articular uma promessa clara que dá significado ao seu trabalho e, em seguida, projetar uma cultura e um ambiente que tornem o cumprimento dessa promessa uma ótima experiência para colegas e clientes. O propósito importa. Mas funciona melhor quando é alcançado da forma mais prazerosa possível.

TERRITÓRIO COMPREENSÍVEL E DEFENSÁVEL

—

O propósito é inútil sem prazer.

Agradecimentos

Este livro não existiria sem Jules Griffith, que fez mágicas para que ele existisse.

Gostaríamos de agradecer à talentosa equipe de design da The Clearing por suas belas e ocasionalmente enigmáticas ilustrações. Rahul Ramanuj, Jon Norton, Lauren Millar, George Lewis-Jones, Martin Willitts, Louis Scott, temos orgulho de vocês.

Obrigado também a Matt Davenport e Hope Lowe, nossa equipe de redação, por nos ajudar a parecer mais inteligentes e interessantes do que somos na vida real.

Todos no The Clearing estiveram envolvidos no gerenciamento do caos e na separação do trigo literário do joio intelectual: Will Bedale, Oliver Bingham, Edita Cecetaite, Jeanne Charbit-Dunoyer, Claire Edwardes, Amanda Kubale, SJ Parker e Katy Wilkinson.

Também nos beneficiamos imensamente da inteligência e do entusiasmo de nossos coconspiradores: Lucy Kaur e Ewen Haldane na School of Life, Chris Cudmore e Lachean Humphreys, na Kogan Page, e Nick Carson.

Nossa mais profunda gratidão vai para todas as grandes pessoas que concordaram em ser entrevistadas para cada capítulo. John Allert merece uma menção especial: apoiou-nos desde o início.

E, claro, um agradecimento aos cofundadores do The Clearing, Pete Dewar, Andy Howell e Jonathan Hubbard: vocês fazem do trabalho um privilégio e um prazer.

Notas

Capítulo 1

1. M. Neumeier. *Zag: The #1 Strategy of High Performance Brands*. New Riders, 2006.
2. "Steve Jobs Vowed to 'Destroy' Android". *BBC Technology News*, 21 out. 2011. Disponível em: <www.bbc.co.uk/news/technology-15400984>.
3. "Apple to Pay Nokia Big Settlement Plus Royalties in Patent Dispute". *Guardian*, 14 jun. 2011. Disponível em: <www.theguardian.com/technology/2011/jun/14/apple-nokia-patent-case>.
4. "Apple Paid Nokia $2 billion as Part of a Patent Lawsuit Settlement". *Techcrunch*, 28 jul. 2017. Disponível em: <https://techcrunch.com/2017/07/28/apple-paid--nokia-2-billion-as-part-def-a-patent-lawsuit-settlement>.
5. "Apple, Rounded Corners and the New Debate Over Design Patents". *Fortune*, 19 ago. 2015. Disponível em: <http://fortune.com/2015/08/19/apple-patents-rounded--corners>.
6. Phillips-Melancon, J. e Dalakas, V. "Brand Rivalry and Consumers' Schadenfreude: The Case of Apple". *Services Quarterly*, 35 (2), p. 173, abr. 2014. Disponível em: <www.tandfonline.com/doi/abs/10.1080/15332969.2014.885370>.
7. Hickman, T. e Ward, J. "The Dark Side of Brand Community: Inter-Group Stereotyping, Trash Talk, and Schadenfreude". *NA — Advances in Consumer Research*, v. 34, pp. 314-9, 2007.

8. Kilduff, G.; Elfenbein, H. e Staw, B. “The Psychology of Rivalry: A Relationally Dependent Analysis of Competition”. *Academy of Management Journal*, v. 53 (5), pp. 943-69, nov. 2010. Disponível em: <https://journals.aom.org/doi/10.5465/amj.2010.54533171>.
9. Fowler, S. “Reflecting On One Very Strange Year at Uber”, 2017. Disponível em: <www.susanjfowler.com/blog/2017/2/19/reflecting-on-one-very-strange-year-at--uber>.
10. Christensen, C. *Disruptive Innovation*, 2018. Disponível em: <www.claytonchristensen.com/key-concepts>.

Capítulo 2

1. Grove, A. *Only the Paranoid Survive*. Perfil, 1998.
2. Gates, B. *The Road Ahead*. Viking, 1995.
3. Coget, J-F.; Haag, C. e Gibson, D. “Anger and Fear in Decision-Making: The Case of Film Directors on Set. *European Management Journal*, v. 29 (6), pp. 476-90, dez. 2011.
4. Christensen, C. “Jobs to be Done”. Blog, 2017. Disponível em: <http://jobstobedone.org/news/clayton-christensen-understanding-the-job>.
5. Sharp, B. *How Brands Grow*. Oxford University Press, 2010.

Capítulo 3

1. Thaler, R. e Sundstein, C. *Nudge: Improving decisions about health, wealth, and happiness*. Yale University Press, 2008.
2. “Have you been nudged?”. *BBC News*, 9 out. 2017. Disponível em: <www.bbc.co.uk/news/business-41549533>.
3. “How Uber Uses Psychological Tricks to Punch Its Drivers’ Buttons. *New York Times*, 2 abr. 2017. Disponível em: <www.nytimes.com/interactive/2017/04/02/technology/uber-drivers-psychological-tricks.html>.
4. Arrow, K. *Social Choice and Individual Values*. Wiley, 1951.

Capítulo 4

1. Bergh, C. “The CEO of Levi Strauss on Leading an Iconic Brand Back to Growth”. *Harvard Business Review*, jul.-ago. 2018. Disponível em: <https://hbr.org/2018/07/the-ceo-of-levi-strauss-on-leading-an-iconic-brand-back-to-growth>.

2. West, K. e Stixrud, E. “Does Culture Eat Strategy for Breakfast?”. *QZ.com*, 16 ago. 2018. Disponível em: <https://qz.com/work/1360661/more-senior-leaders-are--more-likely-to-value-culture-over-strategy>.

Capítulo 5

1. “Jeff Bezos Reveals What It’s Like to Build an Empire and Become the Richest Man in the World”, *Business Insider UK*, 28 abr. 2018. Disponível em: <http://uk.businessinsider.com/jeff-bezos-interview-axel-springer-ceo-amazon-trump--blue-origin-family-regulation-washington-post-2018-4?r=US&IR=T>.
2. “Aid Charities Need New Ombudsman to Tackle Sex Abuse, Say MPs”. *Financial Times*, 31 jul. 2018. Disponível em: <www.ft.com/content/24cee9ee-93e8-11e8-b67b-b8205561c3fe>.
3. “Blood-Testing Group Theranos to Dissolve Following Fraud Scandal”. *Financial Times*, 5 set. 2018. Disponível em: <www.ft.com/content/8e1e43d6-b0b7-11e8-8d14-6f049d06439c>.
4. “World’s Youngest Female Billionaire — Next Steve Jobs?”. CNBC.com, 23 set. 2015. Disponível em: <www.cnbc.com/2015/09/23/worlds-youngest-female-billionaire--next-steve-jobs.html>.
5. Campling, P. “Reforming the Culture of Healthcare: The Case for Intelligent Kindness”. *BJPsych Bulletin*, fev. 2015. Disponível em: <www.ncbi.nlm.nih.gov/pmc/articles/PMC4495825>.

Capítulo 6

1. “One Word Map”, 1 ago. 2016. Disponível em: <https://blog.oxforddictionaries.com/2016/08/01/one-word-map-least-favourite-word>.
2. “Offensive Language Ruins Search for World’s Worst Word”. *BBC News*, 28 ago. 2016. Disponível em: <www.bbc.co.uk/news/uk-england-37197699>.
3. “Attitudes to Potentially Offensive Language and Gestures on TV and Radio”. Ofcom, 2016. Disponível em: <www.ofcom.org.uk/data/assets/pdf_file/0022/91624/OfcomOffensiveLanguage.pdf>.
4. “Are these the worst examples of business jargon?”. BBC *News*, 8 fev. 2018. Disponível em: <www.bbc.co.uk/news/business-42891915>.
5. Ghosh, S. “Most FTSE 100 Brands Claim the Same Generic Brand Values Rendering Them Meaningless”. *Campaign*, 2016. Disponível em: <www.campaignlive.co.uk/article/ftse-100-brand-slaim-generic-brand-values-rendering-meaningless/1385192>.

6. Kellaway, L. "It Is Dangerous to Feel Passion for Your Work". *Financial Times*, 8 jun. 2014. Disponível em: <www.ft.com/content/413de4fe-eccb-11e3-8963--00144feabdc0>.

Capítulo 7

1. Maslow, A. "A Theory of Human Motivation". *Psychological Review*, v. 50, pp. 370-96, 1943. Disponível em: <https://psychclassics.yorku.ca/Maslow/motivation.html>.
2. Tay, L. e Diener, E. "Needs and Subjective Well-Being Around the World". *Journal of Personality and Social Psychology*, v. 101(2), pp. 354-65, 2011. Disponível em: <http://academic.udayton.edu/jackbauer/Readings%20595/Tay%20Diener%2011%20needs%20WB%20world%20copy.pdf>.

Capítulo 8

1. Porter, E. e Nohria, N. "How CEOs Manage Time". *Harvard Business Review*, jul.--ago. 2018. Disponível em: <https://hbr.org/2018/07/the-leaders-calendar>.
2. White, J. *Talking on the Water: Conversations about Nature and Creativity*. Trinity University Press, 2016.
3. Magee, B. *Talking Philosophy: Dialogues with 15 Leading Philosophers*. Oxford University Press, 2011.
4. Safian, R. "Spotify CEO Daniel Ek on Apple, Facebook, Netflix and the Future". *Fast Company*, 7 ago. 2018. Disponível em: <www.fastcompany.com/90213545/exclusive-spotify-ceo-daniel-ek-on-apple-facebook-netflix-netflix-and-the-future--of-music>.
5. Rich, A. *On Lies, Secrets and Silence: Selected Prose 1966-78*. Norton, 1978.
6. "CEO Tenure Drops to Just Five Years". *Equilar*, 9 jan. 2018. Disponível em: <www.equilar.com/blogs/351-ceo-tenure-drops-to-five-years.html>.
7. Russell, B. *Portraits from Memory and Other Essays*. Allen & Unwin, 1956.
8. Cain, A. "Inside the Daily Routine of 87-Year-Old Warren Buffett, Who Loves McDonald's, Spends 80% of His Workday Reading, and Unwinds by Playing the Ukulele". *Business Insider*, 1 set. 2017. Disponível em: <http://uk.businessinsider.com/ warren-buffett-daily-routine-2017-8/#buffett-wakes-up-every-day-at-645--am-i-have-no-desire-to-get-to-work-at-four-in-the-morning-he-told-pbs-1>.
9. Orwell, G. "A Nice Cup of Tea". *Evening Standard*, 12 jan. 1946. Disponível em: <http://orwell.ru/library/articles/tea/english/e_tea>.

Capítulo 9

1. Searls, D. *The Intention Economy: When customers Take Charge*. Harvard Business Review Press, 2012.
2. Werlin, R. "Is Relevance the Cure for Ad Blocking?" Blog, 19 jun. 2018. Disponível em: <www.audienceproject.com/blog/key-insights/ insights-attitude-towards--advertising-use-ad-blocking >.
3. Thaler, R e Tucker, W. "Smarter Information, Smarter Consumers". *Harvard Business Review*, jan.-fev. 2013. Disponível em: <https://hbr.org/2013/01/smarter--information-smarter-consumers>.

Capítulo 10

1. Gage, D. "The Venture Capital Secret: 3 out of 4 Start-Ups Fail". *Wall Street Journal*, 20 set. 2012. Disponível em: <www.wsj.com/articles/ SB10000872396390390443720204578004980476429190>.
2. Malek, K e Malgarejo, R. *Three Common Causes of Innovation Failure*. Nielsen, 25 maio 2018. Disponível em: <www.nielsen.com/eu/en/insights/news/2018/three--common-causes-innovation-failure.print.html>.
3. Lepore, J. "The Disruption Machine: What the Gospel of Innovation Gets Wrong". *New Yorker*, 23 jun. 2014. Disponível em: <www.newyorker.com/magazine/2014/06/23/the-disruption-machine>.
4. Christensen, C. *The Innovator's Dilemma: When New Technologies Cause Great Firms to Fail*. Harvard Business Review Press, 2013.
5. Nussbaum, B. "Clayton Christensen on the iPhone". *Bloomberg*, 18 jun. 2007. Disponível em: <www.bloomberg.com/news/articles/2007-06-17/clayton-christensen--on-the-iphone-dot>.
6. Sharp, B. et. al. "Are Big Brands Dying?". Ehrenberg-Bass Institute for Marketing Science, 4 out. 2017. Disponível em: <www.marketingscience.info/are-big-brands--dying www.marketingscience.info/are-big-brands-dying>.
7. O'Brien, C. "7 of the Most Impactful Campaigns of 2017… So Far". *Digital Marketing Institute*, 14 jun. 2017. Disponível em: <https://digitalmarketinginstitute.com/en-gb/the-insider/14-06-17-17-7-of-the-most-impactful-digital-campaigns-of-2017>.

Capítulo 11

1. Margolis, J. "The Joy of Boring Business Ideas", *Financial Times*, 18 abr. 2018. Disponível em: <www.ft.com/content/af904ad0-373d-11e8-b161-65936015ebc3>.

2. Liu, B. "This Entrepreneur Says Being Very Boring is Going to Make You Very Rich". Entrevista ao vivo no Facebook com Scott Galloway, 11 jul. 2016. Disponível em: <www.inc.com/betty-liu/this-entrepreneur-says-being-very-boring-is-going--to-make-you-very-rich.html>.
3. Cardone, G. *If You're Not First, You're Last: Sales Strategies to Dominate Your Market and Beat Your Competition.* Wiley, 2010.
4. Pinvidic, B. "The Celebrity CEO — Why Branding Yourself Is as Important as Branding Your Company. *Forbes*, 16 abr. 2018. Disponível em: <www.forbes.com/sites/brantpinvidic/2018/04/16/the-celebrity-ceo-why-branding-yourselfs-is-as--important-as-branding-your- company/#1cda78155fb3>.
5. Sorayaei, A. e Hasanzadeh, M. "Impact of Brand Personality on Three Major Relational Consequences (Trust, Attachment, and Commitment to the Brand): Case Study of Nestlé Nutrition Company in Tehran, Iran". *Australian Journal of Basic and Applied Sciences*, v. 6 (5), pp. 79-87, 2012.

Capítulo 12

1. Kantor, J. e Streitfeld, D. "Inside Amazon: Wrestling Big Ideas in a Bruising Workplace". *New York Times*, 15 ago. 2015. Disponível em: <www.nytimes.com/2015/08/16/technology/inside-amazon-wrestling-big-ideas-in-a-bruising-workplace.html>.

Capítulo 13

1. McGee, P. "VW Prepares for UK Action Over Emissions Fraud". *Financial Times*, 25 mar. 2018. Disponível em: <www.ft.com/content/681a49f4-3048-11e8-ac48-10c6fdc22f03>.
2. Cremer, A. "New VW CEO Vows Integrity Drive but Investors Unimpressed". *Reuters*, 3 maio 2018. Disponível em: <www.reuters.com/article/us-volkswagen--agm/vw-still-looking-at-whether-to-spin-off-assets-ceo-idUSKBN1I40R8>.
3. Ibarra, H. "The authenticity paradox". *Harvard Business Review*, jan.-fev. 2015. Disponível em: <https://hbr.org/2015/01/the-authenticity-paradox>.

Capítulo 14

1. Kotler, P. *Marketing Insights from A to Z: 80 Concepts Every Manager Needs to Know*. Wiley, 2003.

2. ESOMAR "Industry Report: Global Market Research 2016". Disponível em: <www.esomar.org/uploads/public/publications-store/reports/global-market--research-2016/ ESOMAR-GMR2016_Preview.pdf>.
3. Adams, R. "Famed Impulse Control 'Marshmallow Test' Fails in New Research". *Guardian*, 1 jun. 2016. Disponível em: <www.theguardian.com/education/2018/jun/01/famed-impulse-control-marshmallow-test-fails-in-new-research>.
4. Tadajewski, M. e Jones, D. "Hyper-Power, the Marketing Concept and Consumer as "Boss". *Marketing Theory*, v. 16 (4) pp. 513-31, 28 set. 2016. <Disponível em: <http://journals.sagepub.com/doi/10.1177/1470593116666408>.
5. Corkery, M. "Wells Fargo Fined $185 Million for Fraudulently Opening Accounts". *New York Times*, 8 set. 2016. Disponível em: <www.nytimes.com/2016/09/09/business/dealbook/wells-fargo-fargo-fined-for-years-of-harm-to-customers.html>.
6. Castillo, M. "Facebook's Mark Zuckerberg: I'm Responsible for What Happened". *CNBC*, 4 abr. 2018. Disponível em: <www.cnbc.com/2018/04/04/mark-zuckerberg--facebook-user-privacy-issues-my-mistake.html>.
7. Lartey, J. "United Airlines Passenger Violently Dragged from Seat on Overbooked Flight". *The Guardian*, 11 abr. 2017. Disponível em: <www.theguardian.com/us-news/2017/apr/10/united-airlines-video-passenger-removed-overbooked--flight>.
8. Obayashi, Y. "Kobe Steel Admits Data Fraud Went on Nearly Five Decades, CEO to Quit". *Reuters*, 5 mar. 2018. Disponível em: <www.reuters.com/article/us-kobe--steel-scandal-ceo/kobe-steel-admits-data-fraud-went-on-nearly-five-decades--ceo-to-quit-idUSKBN1GH2SM>.
9. Moynihan, T. "Samsung Finally Reveals Why the Note 7 Kept Exploding". *Wired*, 22 jan. 2017. Disponível em: <www.wired.com/2017/01/why-the-samsung-galaxy--note-7-kept-exploding>.

Capítulo 15

1. Frankfurt, H. *On Bullshit*. Princeton University Press, 2005.
2. Sagan, C. *The Demon-Haunted World: Science as a Candle in the Dark*. Paw Prints, 2008.

Capítulo 16

1. Garvin, D. "Competing on the Eight Dimensions of Quality". *Harvard Business Review*, v. 65 (6), nov. 1987. Disponível em: <https://hbr.org/1987/11/competing--on-the-eight-dimensions-of-quality>.

2. Stiglitz, J. "The Causes and Consequences of the Dependence of Quality on Price". *Journal of Economic Literature*, v. 25 (1), pp. 1-48, mar. 1987. Disponível em: <www.jstor.org/stable/2726189>.
3. Gale, A. "Why Aldi and Lidl Will Keep on Growing". *Management Today*, 1 maio 2018. Disponível em: <www.managementtoday.co.uk/why-aldi-lidl-will-keep-growing/article/1386497>.
4. Schwartz, B. *The Paradox of Choice: Why Less is More*. Harper Perennial, 2004.
5. Gottfredson, M. "Cutting Through Complexity". *Bain & Co*, 27 mar. 2006. Disponível em: <www.bain.com/insights/cutting-through-complexity-audio-slideshow>.

Capítulo 17

1. Berardino, M. "Mike Tyson Explains One of His Most Famous Quotes". *Sun Sentinel*, 9 nov. 2012. Disponível em: <http://articles.sun-sentinel.com/2012-11-09/sports/sfl-mike-tyson-explains-one-of-his-most-famous-quotes-20121109_1_mike-tysonundisputed-truth-famous-quotes>.
2. Klein, G. "Performing a Project Premortem". *Harvard Business Review*, set. 2007. Disponível em: <https://hbr.org/2007/09/performing-a-project-premortem>.
3. Green, P.; Gino, F. e Staats, B. "Shopping for Confirmation: How Disconfirming Feedback Shapes Social Networks". *Harvard Business School NOM Unit Working Paper*, n. 18-28, 2017.
4. Fisher, A. "'Google Was Not a Normal Place': Brin, Page and Mayer on the Company that Changed Everything". *Vanity Fair*, 10 jul. 2018. Disponível em: <www.vanityfair.com/news/2018/07/valley-of-genius-excerpt-google>.
5. Sandberg, S. "Interview with Reid Hoffman". *Masters of Scale*, 2017. Disponível em: <https://mastersofscale.com/sheryl-sandberg-lead-lead-again>.

Capítulo 18

1. Wolf, E. et al. "Managing Perceptions of Distress at Work: Reframing Emotion as Passion". *Organizational Behavior and Human Decision Processes* (137), nov. 2016.
2. "World Health Organization", set. 2017. Mental Health in the Workplace (information sheet). Disponível em: <www.who.int/mental_health/in_the_workplace/en>.
3. Perry, G. *The Descent of Man*. Penguin, 2017.
4. Lammy, D. Daily Politics. *BBC News*, 12 mar. 2018. Disponível em: <www.bbc.co.uk/programmes/p060wm2n>.

Capítulo 19

1. Clifford, C. "Jack Welch: This Is the No.1 Key to Success as a Leader". *CNBC*, 17 nov. 2017. Disponível em: <www.cnbc.com/2017/11/17/former-ge-ceo-jack-welch--how-to-be-a-grande-leader.html>.

Capítulo 20

1. Brenan, M. "Nurses Keep Healthy Lead as Most Honest, Ethical Profession". *Gallup*, 26 dez. 2017. <https://news.gallup.com/poll/224639/nurses-keep-healthy-lead--honest-ethical-profession.aspx>.
2. McCarthy, N. "Scandinavia Leads the World in Public Sector Employment". *Forbes*, 21 jul. 2017. Disponível em: <www.forbes.com/sites/niallmccarthy/2017/07/21/scandinavia-leads-the-world-in-public-sector-employment-infographic/#7842393b1820>.
3. "Everyone's Business: Public Attitudes Report". *CBI*, 2017. Disponível em: <www.cbi.org.uk/cbi-prod/assets/File/pdf/everyones-business.pdf>.
4. "Plan A 2025". *Marks & Spencer*, 2007. Disponível em: <https://corporate.marksandspencer.com/documents/plan-a/plan-a-/plan-a-2025-commitments.pdf>.
5. "Index Rankings: High Street Retail". *YouGov*, 2018. Disponível em: <www.brandindex.com/ranking/ uk/2018-index/category/high-street-retail>.
6. "Week in Review, 25 May". *Financial Times*, 26 maio 2018. Disponível em: <www.ft.com/content/edd5589a-6036-11e8-9334-2218e7146b04>.
7. Smedley, T. "Three Careers You Thought Paid Megabucks". *BBC Capital*, 13 ago. 2016. Disponível em: <www.bbc.com/capital/story/20160812-three-careers-you--thought-paid-megabucks-but-dont>.
8. "Creative Industries: Focus on Employment". Department for Culture, Media & Sport, 2016. Disponível em: <https://assets.publishing.service.gov.uk/government/uploads/system/uploads/attachment_data/file/534305/Focus_on_Employment_revised_040716.pdf>.
9. Braidwood, E. "New Stats Show Architects Are Mostly White, Male and Well-To-Do". *Architects' Journal*, 5 jul. 2016. Disponível em: <www.architectsjournal.co.uk/news/new-stats-show-architects-are-mostly-white-male-and-well-to-do/10007850.article>.

Capítulo 21

1. Sterling, C. e Smith, R. "The Two Faces of Invey: Studying Benign and Malicious Invey in the Workplace". *Researchgate*, out. 2016. Disponível em: <www.researchgate.net/publication/308766202_The_Two_Faces_of_Envy/download>.

2. Pay, A. "Cut out Jealousy if You Want to Outsmart Competitors". *Telegraph*, 29 dez. 2016. Disponível em: <www.telegraph.co.uk/connect/small-business/cut--out-jealousy-to-outsmart-competitors>.
3. Goffee, R e Jones, G. "Creating the Best Workplace on Earth". *Harvard Business Review*, maio 2013. Disponível em: <https://hbr.org/2013/05/creating-the-best--workplace-on-earth>.
4. Staley, W. "Thrashed". *California Sunday*, 24 mar. 2016. Disponível em: <https://story.californiasunday.com/jake-phelps-thrasher>.

Capítulo 22

1. "George Szell Talks to Alan Blyth". *Gramophone*, ago. 1969. Disponível em: <www.gramophone.co.uk/features/focus/90th-anniversary-interviews-george-szell>.
2. Thomson, A. *A Reader: Selected Writings*, 1924-1984. Routledge, 2002.
3. Barrett, A. "Coda: Creativity and Improvization in Jazz and Organizations, Implications for Organizational Learning". *Organizational Science*, (9) n. 5, Special Issue: Jazz Improvisation and Organizing (set.-out. 1998), pp. 605-22. Disponível em: <https://core.ac.uk/download/pdf/36735866.pdf>.

Capítulo 23

1. Godin, S. "Is Marketing Evil?". Blog, 2009. Disponível em: <https://seths.blog/2009/02/is-marketing-evil>.
2. Branson, R. *The Virgin Way: Everything I Know About Leadership*. Portfolio, 2014.

Capítulo 24

1. "Comparing the Performance of Artificial Intelligence to Human Lawyers in the Review of Standard Business Contracts". *LawGeex*, 2018. Disponível em: <www.lawgeex.com/AIvsLawyer>.
2. Gigerenzer, G. e Goldstein, D. "Reasoning the Fast and Frugal Way: Models of Bounded Reality". *Psychological Review*, v. 103 (4), 1996, pp. 650-69.
3. Pham, M; Lee, L. e Stephen, A. "Feeling the Future: The Emotional Oracle Effect". *Journal of Consumer Research*, v. 39, out. 2012, pp. 461-77.

Capítulo 25

1. Cooper, C e Bright, H. "It Pays to Play". Blog, 2016. Disponível em: <www.robertsoncooper.com/blog/it-pays-to-play-brighthr-and-professor-sir-cary-cooper-on--fun-at-work>.
2. Spicer, A. *Business Bullshit*. Routledge, 2017.
3. Dolan, P. *Hapiness by Design*. Random House, 2014.
4. Sineks, S. *Start with Why: How Great Leaders Inspire Everyone to Take Action*. Penguin, 2011.